Collection complète d  de l'Abbé de Mably Volume 1

Gabriel Bonnot de Mably

(Contributor: Gabriel Brizard)

(Editor: Guillaume Arnoux)

Alpha Editions

This edition published in 2024

ISBN : 9789361473135

Design and Setting By
Alpha Editions
www.alphaedis.com
Email - info@alphaedis.com

As per information held with us this book is in Public Domain.
This book is a reproduction of an important historical work. Alpha Editions uses the best technology to reproduce historical work in the same manner it was first published to preserve its original nature. Any marks or number seen are left intentionally to preserve its true form.

Contents

AVIS SUR CETTE ÉDITION. ....- 1 -
ÉLOGE HISTORIQUE DE L'ABBÉ DE MABLY, ...- 3 -
NOTES HISTORIQUES. ....- 42 -
    Note Ire, pag. 4 de l'Éloge. ....- 43 -
    Note II, page 6 de l'Éloge. ....- 45 -
    Note IIIe. relative aux pag. 8 et 80 de l'Éloge...................- 46 -
    Note IVe. page 82 de l'Éloge. ....- 57 -
    Note V et dernière, page 90 de l'Éloge. ....- 59 -
AVERTISSEMENT DE LA PREMIÈRE ÉDITION. ....- 61 -
LIVRE PREMIER. ....- 64 -
    CHAPITRE PREMIER. ....- 65 -
    CHAPITRE II. ....- 71 -
    CHAPITRE III. ....- 76 -
    CHAPITRE IV. ....- 83 -
    CHAPITRE V. ....- 88 -
    CHAPITRE VI. ....- 93 -
    CHAPITRE VII. ....- 101 -
LIVRE SECOND. ....- 104 -
    CHAPITRE PREMIER. ....- 105 -
    CHAPITRE II. ....- 108 -
    CHAPITRE III. ....- 120 -
    CHAPITRE IV. ....- 124 -
    CHAPITRE V. ....- 132 -
    CHAPITRE VI. ....- 138 -
LIVRE TROISIÈME. ....- 143 -
    CHAPITRE PREMIER. ....- 144 -

CHAPITRE II. ....- 148 -
REMARQUES ET PREUVES DES *Observations sur l'histoire de France.* ....- 153 -
LIVRE PREMIER. ....- 154 -
REMARQUES ET PREUVES DES *Observations sur l'histoire de France.* ....- 194 -
LIVRE SECOND. ....- 195 -
REMARQUES ET PREUVES DES *Observations sur l'histoire de France.* ....- 219 -
LIVRE TROISIÈME. ....- 220 -

AVIS SUR CETTE ÉDITION.

VOICI enfin tous les ouvrages de Mably, tels qu'ils sont sortis de sa plume. L'éditeur ne s'est pas permis d'y rien ajouter, ni d'en rien retrancher. Il en est un auquel il mettoit la dernière main, quand la mort vint l'enlever à ses amis, aux lettres, à la philosophie et à toutes les sociétés politiques; c'est *le Cours et la Marche des passions dans la société*. Le lecteur n'oubliera pas cette circonstance, en lisant ce traité.

Les lumières répandues dans ces ouvrages sur les gouvernemens, sur les lois, sur la morale, en rendent la lecture nécessaire à tous ceux qui sont appelés à l'administration des affaires publiques.

Pour gouverner les hommes, et les conduire au bonheur que leur nature comporte, il faut les connoître, il faut avoir porté le flambeau dans les profondeurs du cœur humain; il faut des talens, des connoissances et des vertus. Mably nous présente cette heureuse réunion; il a médité pour nous, il a écrit pour nous; ses écrits sont l'héritage qu'il nous a légué, c'est à nous à le faire valoir. Notre félicité a été l'objet de ses longs travaux; il nous a tracé la marche qui y conduit, c'est à nous à la suivre; pour parvenir à ce but, garantissons-nous de l'erreur et du vice qui nous en éloigneroient. Quand les destinées d'une nation sont entre les mains de l'ignorance et de la corruption, le peuple est en proie à tous les maux; il n'a alors d'autre ressource que d'appeler à son secours, la sagesse du philosophe, les lumières du législateur, la prudence et la vertu de l'administrateur. Les maladies politiques ne sont pas l'ouvrage de la nature ni du peuple, elles sont celui des législateurs et des administrateurs; leur guérison demande des remèdes efficaces; des palliatifs ne feroient qu'empirer le mal. Les ouvrages de Mably contiennent ces remèdes. Heureux les peuples, dont les gouverneurs auront la prudence, la sagesse et le courage de les employer!

Les peuples aiment autant la vérité, que les gouverneurs la craignent; la cacher, est une trahison, la crainte de la dire, une lâcheté. Les révolutions qui entraînent tant de maux après elles, ne sont que l'effet d'une injuste et odieuse administration. Quand les peuples sont gouvernés avec justice, ils sont tranquilles et heureux; ils aiment le gouvernement, ils aiment les lois, ils respectent les magistrats, ils leur obéissent, et les magistrats obéissent aux lois.

Si les magistrats flattent le peuple, c'est qu'ils veulent le corrompre et l'asservir. Un peuple trompé, peut tout bouleverser, et du sein de la liberté, il passe aux horreurs du despotisme. Toutes ces tristes vérités se trouvent consignées, avec une effrayante évidence, dans les ouvrages de Mably. Que les magistrats en fassent le sujet de leurs sérieuses méditations; le bonheur ou le malheur des peuples sont dans leurs mains, ils répondent au temps présent et à la postérité, de tous les maux qu'ils auroient pu éviter.

La nature a donné à l'homme, des besoins, le sentiment du juste et de l'injuste, le désir du bonheur; ces premiers élémens de la société, mis en œuvre par les lumières et la sagesse, feront la gloire des magistrats et la félicité publique, qui est le but de toute bonne politique.

Je devois à la mémoire de Mably, je devois à l'amitié qu'il avoit pour moi, et comme un de ses exécuteurs testamentaires, je devois à toutes les sociétés politiques, la publication de tous ses ouvrages; en remplissant ce devoir, j'ai encore versé des larmes sur la perte de ce grand homme.

ARNOUX.

ÉLOGE HISTORIQUE
DE
L'ABBÉ DE MABLY,

Discours qui a partagé le prix au jugement de l'Académie des inscriptions et belles lettres, en 1787.

PAR L'ABBE BRIZARD.

Non ego, Te, meis
Chartis, inornatum silebo.

HORACE, lib. IV, Ode VIII.

LES anciens croyoient que la politique n'étoit que l'art de rendre les peuples heureux, et qu'un peuple ne peut être heureux qu'autant qu'il a des mœurs: ils n'ont jamais séparé la morale de la politique, et leurs législateurs croyoient assez faire pour le bonheur des hommes, que de les former libres et vertueux. Voilà ce qui a rendu la Grèce si florissante, et Rome maîtresse du monde. Platon, Cicéron, tous ceux qui se sont occupés des lois et de la félicité publique, ont tenu le même langage: cette doctrine respire dans tous leurs écrits; la Grèce et Rome ne sont tombées que pour s'en être écartées: avec les mœurs a péri la liberté. Le débordement et les ravages des barbares nous avoient fait perdre jusqu'à la trace de cette grande vérité. Pendant quinze siècles une épaisse nuit étendit son voile sur la nature entière; toutes les lumières furent éteintes: on corrompit les sources de la morale; on honora du nom de politique l'art d'asservir et de tromper les hommes; on réduisit en maximes cet art funeste, et des écrivains pervers enseignèrent aux ambitieux à être injustes par principe, et perfides avec méthode. Si quelques hommes, par la force de leur génie, s'élevèrent au-dessus de la corruption générale, ils ne purent réformer leur siècle, et tous leurs projets périrent avec eux. L'ambition continua de nous égarer. La découverte d'un nouveau monde, le commerce, les arts nous donnèrent, avec de nouvelles richesses, de plus grands besoins et des vices nouveaux. Les peuples, après avoir placé leur gloire dans l'ambition et dans les conquêtes, mirent leur félicité dans l'avarice et dans les jouissances du luxe: on ne connut plus de frein; l'or devint le dieu de l'Europe; la vertu ne fut plus qu'un vain nom, et les mœurs, tombées dans l'oubli, parurent un sujet de mépris et de ridicule. Un homme est venu, qui, nourri de la lecture des anciens, retrouva dans leurs écrits les traces de ce type céleste, de ce beau dont nous avions perdu tout sentiment: il en étudia les élémens, et l'un des premiers parmi les modernes, nous dévoila l'alliance intime de la morale et de la politique, et démontra que les mœurs sont la source et la base de la félicité publique: il rappela tous les hommes et toutes les sociétés à cette idée simple et sublime par sa simplicité même. Toute sa vie, tous ses écrits, publiés dans l'espace de quarante ans, furent employés à développer cette utile et féconde vérité. L'exemple de tous les âges et de tous les peuples vint sous sa plume à l'appui de ses maximes: il y a dans tout ce qu'il a écrit une unité, je ne dirai pas de système, mais de doctrine, dont il ne s'est jamais écarté. Ses principes étoient sûrs; il s'y tint opiniâtrément attaché: on ne le vit jamais ni varier ni flotter au gré des opinions vulgaires. Il dit des vérités sévères; il les dit avec force, avec énergie, et quelquefois avec une certaine brusquerie, qui n'est que l'indignation de la vertu qu'irrite l'aspect du vice et de l'injustice; et dans un siècle essentiellement frivole et corrompu, il trouva pourtant des amis et des lecteurs.

Tel fut l'homme sage et vertueux que nous regrettons: son éloge est le premier qui se fasse entendre dans ce Lycée, sans que l'écrivain y ait pris place pendant sa vie, et peut-être on devoit cet honorable exemple aux lettres, aux mœurs et à la vertu. L'auteur de tant d'écrits profonds et lumineux appartenoit naturellement à cette académie, et étoit digne d'y recevoir le premier, le prix public de ses travaux et l'hommage de la nation. Il s'y étoit dérobé pendant sa vie; il étoit juste du moins qu'après sa mort son nom retentît dans ces murs, au milieu de ceux qui furent les émules de ses travaux et de sa gloire: recevoir un laurier de leurs mains, c'est être couronné par ses pairs.

Puisqu'on a choisi cette compagnie savante pour juge, on a voulu sans doute écarter de cet éloge l'exagération, les faux ornemens, et tout cet échafaudage d'éloquence qui a un peu décrédité ce genre d'écrire. Pour moi, interprète de la voix publique, mes paroles seront simples et modestes, comme celui qui en est le sujet; l'austère vérité formera toute mon éloquence, comme elle formoit son caractère; et dans cet examen que je vais faire de sa personne et de ses écrits, je n'oublierai pas que c'est un sage que je loue, et que c'est devant des sages que je parle.

Gabriel Bonnot de Mably naquit vers le commencement du siècle.[1] Le vœu de sa famille le portoit à la fortune; on lui fit prendre des engagemens qui, pour l'ordinaire, y mènent. Un parent, cardinal et ministre, sembloit lui ouvrir et lui tracer sa carrière; il y fit un premier pas, et ce fut un sacrifice; mais bientôt, impatient du joug, il dédaigna cette brillante servitude; il ne savoit ni flatter, ni ramper, ni fléchir; il se dégagea de tous ces liens importuns, et reprit sa liberté. Les lettres lui offroient un asyle, il se réfugia dans leur sein; il préféra l'étude, son cabinet, ses livres, une pauvreté noble et libre, à toutes les séductions de la fortune, et aussi tôt qu'il eut pris son parti, on ne le vit jamais jeter un regard en arrière. N'ayant rien à prétendre ni rien à perdre, ses sentimens étoient à lui: il ne fut point obligé d'enchaîner ses idées aux idées des autres, d'adopter leurs opinions, et de recevoir, pour ainsi dire, ses pensées toutes façonnées de leurs mains: il crut qu'il falloit être soi. Il se sépara de la multitude, et marcha presque seul dans l'étroit sentier qu'il s'étoit tracé. Ses principes et son caractère, ses écrits et sa conduite tranchèrent toujours avec le goût dominant et le ton général de son siècle.

Dans ses principes austères, il ne regardoit point les lettres comme un simple amusement, mais comme un instrument donné à l'homme pour perfectionner sa raison et contribuer à son bonheur. Aussi rechercha-t-il moins, dans la culture des lettres, ce qu'elles offrent d'agréable et de séduisant, que ce qu'elles ont de solide et d'utile. Il y cherchoit, non pas seulement des modèles de style et de langage, mais des leçons et des exemples de morale et de vertu. En se pénétrant des beautés mâles des anciens et des grands modèles,[2] il passoit des mots aux choses, et, suivant l'expression de Montaigne, de l'écorce à la moelle, et se nourrissoit de vérités plus substantielles, et de ces sentimens sublimes qui échauffent leurs écrits. Il ne croyoit pas que les rares talens, l'éloquence, les beaux vers fussent uniquement destinés à flatter l'oreille par des sons harmonieux, mais à parler au cœur, à éclairer l'esprit, à faire passer dans l'ame le sentiment du beau, l'amour du juste et du vrai, à y graver les grandes vérités de la morale et les leçons de la vertu. Par ce noble emploi des lettres, il sembloit qu'il voulût les venger du reproche qu'on leur a fait d'avoir accéléré la décadence des mœurs, et certes, si tous les écrivains en avoient fait un pareil usage, jamais le philosophe de Genève n'eût pensé à les flétrir de ce reproche, et jamais leur histoire ne seroit venue prêter des armes à son éloquence.

La plus noble des études, et la plus nécessaire au bonheur, celle de l'homme, de sa nature, de sa destination, de ses droits et de ses devoirs; tous les grands objets qui intéressent la félicité publique, la politique, la morale, la législation, ont été constamment le sujet de ses méditations, le but de ses veilles et de ses travaux: mais il ne se pressa point d'écrire. Peu jaloux d'une gloire facile et précoce, il ne fatiguoit point le public de productions éphémères; il laissa mûrir son talent. Long-temps renfermé dans le silence et la retraite, où s'alimentent les ames fières et fortes, il interrogea les sages de tous les siècles, les lois de tous les peuples, l'histoire de tous les pays; il recueillit ses propres idées, et se repliant sur lui-même, il sonda les abîmes du cœur humain, étudia la nature et la marche des passions dans chaque individu, et leur développement dans la société: de ces méditations combinées, il a tiré un petit nombre de résultats, de principes éternels et constans, qui lui ont donné les bases de la morale et la clef de toutes les associations politiques; et de ces principes, dont il ne s'est jamais écarté, découlent toutes ces vérités lumineuses qu'il a jettées dans ses écrits.

Il a vu que la destination de l'homme et son premier besoin est d'être heureux; que l'établissement des sociétés n'a d'autre but que de remplir ce vœu de la nature; mais il crut que l'homme ne pouvoit être heureux sans mœurs, qu'il ne pouvoit avoir de mœurs sans un bon gouvernement, ni un bon gouvernement sans lois justes et impartiales: il puisa ces principes dans la nature même des choses; mais il en chercha la preuve et l'application dans l'histoire, et sur-tout dans celle des anciens, dont il fit sa principale étude.

Mais quand de ces contemplations il descendit aux constitutions modernes, quand il voulut connoître sur quelles bases les états de l'Europe avoient appuyé le bonheur des peuples, et quelles étoient les lois politiques et les intérêts des diverses sociétés qui composent cette grande famille du genre humain, il ne trouva qu'un chaos. Il fut étonné de cet amas de volumes; et manquant de fil pour se conduire dans ce dédale, il conçut le projet de renverser ce monument gothique, afin d'édifier sur un nouveau plan: il tira la vérité de dessous ces décombres, fouilla dans les archives de toutes les nations, étudia les grandes transactions passées entre les peuples, forma un corps régulier de tous ces membres épars, et donna son *Droit public de l'Europe, fondé sur des traités*.[a]

> [a] Voy. pour cet ouvrage et les suivans, la *notice des ouvrages de l'abbé Mably*, dans les notes historiques sur cet éloge N°. III.[3].

Tant que l'anarchie féodale avoit embrassé de ses chaînes d'airain tous les états de l'Europe, il n'y eut entre ces états de relation que celle que nécessite le vol, la guerre, et le brigandage. Chaque état, concentré en lui-même, n'avoit de rapport avec ses voisins que par le mal qu'il en craignoit, ou qu'il pouvoit lui faire. Ils ne connoissoient d'autre droit que les armes, d'autre loi que la force; tout leur code étoit dans la tête du despote, et leurs expéditions lointaines, sans but comme sans politique, n'étoient que des incursions de barbares. Aux convulsions du régime féodal succédèrent les guerres plus atroces de la religion, et l'Europe fut long-temps un vaste cimetière où se promena le glaive du fanatisme. Affoiblis encore plus que lassés, les états prirent enfin une assiette plus tranquille. Quelques génies bienfaisans vinrent consoler la terre. Henri IV eut le premier des idées de balance et d'équilibre; il vouloit fixer la paix, trop long-temps exilée de ce triste univers: mais enlevé trop tôt au monde, c'est au règne de Richelieu, ou plutôt au traité de Westphalie, qu'on posa les fondemens de la politique qui enchaîne encore aujourd'hui tous les états de l'Europe. Toutes les sociétés partielles de cette grande république se trouvèrent liées entr'elles, et dès-lors tous leurs mouvemens et leurs intérêts particuliers se trouvèrent subordonnés aux intérêts et aux mouvemens de la confédération générale.

C'est à ce premier anneau que *Mably* attacha cette longue chaîne de traités dont il a suivi les variations et le développement jusqu'à nos jours, et qui servent de base aux intérêts si compliqués de l'Europe. Chaque nation y put lire ses titres écrits, ses droits discutés, les conventions qui fondent sa sécurité, et toutes, la réunion des lois politiques qui entretiennent l'harmonie générale. Débrouiller ce chaos, c'étoit rendre un vrai service à l'humanité; car il en est des grandes querelles qui déchirent l'Europe, comme des procès qui ruinent les particuliers; c'est le plus souvent faute de s'entendre qu'on devient ennemis. C'est bien moins le véritable intérêt des états, que des prétentions mal fondées ou de vains prétextes qui font entreprendre les guerres: éclaircir ces prétentions, ou détruire ces prétextes, c'est ôter un grand aliment à l'injustice et à l'ambition des hommes; c'est apprendre aux états jusqu'où s'étendent leurs droits et leurs devoirs réciproques; c'est poser les limites au-delà desquelles les prétentions seroient des injustices, et les entreprises des crimes; c'est les avertir, sous peine d'être odieux, de ne pas franchir ces limites; c'est les prémunir contre le délire des conquêtes: en les rappelant à la justice, à la modération, à la foi due à des engagemens sacrés, c'est leur crier d'épargner le sang humain. On dira que les cabinets des rois ne se décident pas d'après les maximes de la froide raison, de l'exacte probité, et les écrits des philosophes: sans doute, il est trop vrai que l'on consulte rarement les leçons de la sagesse et les droits de l'humanité; mais est-ce aux sages à flatter les passions des princes et des peuples? Au lieu de s'en rendre complices, ne doivent-ils pas plutôt tonner contre ces crimes publics, jusqu'à ce qu'on les entende? S'ils éclairoient l'Europe sur les démarches d'un ambitieux, peut-être il craindroit de s'attirer la haine et les reproches de l'univers, peut-être il s'arrêteroit sur le point de commettre une injustice bien manifeste. Si l'écrivain retenoit César sur les bords du Rubicon, s'il faisoit naître des scrupules au fond de son cœur, s'il prévenoit une seule guerre injuste, ne seroit-ce pas le plus grand bienfait qu'un simple citoyen pût exercer envers sa patrie et envers l'humanité?

C'est la conséquence et la morale qui résultent du droit public de l'Europe. L'auteur y démontre la nécessité de garder la foi des traités, les dangers qu'il y a toujours à les enfreindre; il y prouve que, pour leur propre sûreté, les princes devroient être justes et religieux observateurs de leurs sermens. Il montre, par l'exemple de tous les siècles et de tous les peuples, qu'au bout des conquêtes il se trouve un abîme; que le véritable intérêt des états est de se conserver, et jamais de s'agrandir. C'est à inspirer cet esprit de modération et de concorde, qu'il borne tous les secrets de la politique; et ses principes des négociations ne sont que la démonstration de cette vérité, et pour ainsi dire, l'art d'entretenir la paix et l'union parmi les hommes.

La politique, il faut l'avouer, n'a que trop souvent dégénéré de cette noble et sainte origine; trop souvent elle n'a été que la science de tromper les mortels, le secret d'envelopper dans ses pièges la bonne foi, la candeur et la vertu, l'art odieux de mettre le crime en pratique lorsqu'il est utile: telle étoit la politique des Borgia, des Ferdinand, dont Machiavel avoit tracé les funestes leçons, et dont Philippe II, Médicis et les Ultramontains avoient si long-temps effrayé l'Europe.

Porter toujours un double masque, se tendre des pièges, chercher à s'enlacer mutuellement, à tromper, à embarrasser ses rivaux, s'envelopper de mystère, d'astuce et de mensonge; se jouer et se déjouer tour-à-tour; opposer sans cesse le manége à la ruse, et la ruse au manége, c'étoit toute la science de ces négociateurs impies. *Mably* s'indigne avec raison qu'on ait prostitué le nom de politique à ce tissu de fourberies, plus dignes de brigands que d'hommes d'état; ce n'est que l'art usé des foibles et la ressource des lâches. Pour lui, il professe hautement une doctrine différente; il est persuadé qu'une conduite noble, franche et loyale peut applanir plus de difficultés dans une négociation épineuse, que tous les détours de la finesse et de la ruse.

Il trace les qualités que doit avoir un grand ministre de la paix et sur-tout le ministre d'une puissance prépondérante. C'est à lui de surveiller l'Europe entière: il doit être attentif à tous les mouvemens, pour les prévenir, connoître toutes les passions, pour les enchaîner; tenir dans ses mains tous les fils de la politique, sans qu'ils se mêlent ou qu'ils se brisent; être le lien commun de tous les intérêts divers: mais envain espère-t-il de réussir, s'il n'inspire la confiance, qui est la première des négociatrices. S'il donne de sa modération et de sa franchise une idée égale à celle de ses talens et de ses lumières, alors toutes les voies de conciliation s'applaniront devant lui; on ne craindra point de pièges cachés sous des propositions modérées, ni de trames de la perfidie sous les apparences de la bonne foi; on le choisira pour juge des différends, les ennemis même s'en remettront à son arbitrage; il sera le modérateur de l'Europe: son influence se fera sentir, sans qu'on apperçoive ses ressorts, comme la providence qui gouverne le monde en nous cachant ses moyens. Il ne se servira de son ascendant que pour entretenir la paix, éteindre les haines nationales, rapprocher les peuples rivaux, faire des traités d'union et de commerce, appaiser les troubles, prévenir les ruptures, éloigner le fléau de la guerre, et toutes les nations, en jouissant des douceurs de la paix, le nommeront leur bienfaiteur et leur ange tutélaire. Voilà l'homme habile et vertueux dont *Mably* nous a tracé l'image.

L'auteur ne se contente pas de déconseiller les haines, la vengeance, l'ambition, les conquêtes; il prouve combien elles sont funestes aux États, et qu'il n'est pour eux de solide bonheur que dans la modération; que chercher à s'agrandir, c'est hâter sa ruine; que le véritable moyen de se faire respecter de ses voisins, est de se rendre invulnérable chez soi, d'augmenter sa force intérieure, de travailler à se donner un bon gouvernement, à perfectionner ses lois; d'établir par-tout l'ordre et l'économie, de n'être point écrasé de dettes et d'impôts, de se ménager des ressources dans la confiance et dans l'amour des peuples, de se faire un rempart du patriotisme, et d'être plus jaloux d'avoir des citoyens que de commander à des esclaves. Plût à Dieu que toutes les puissances fussent convaincues de ces vérités, et que, lassées de leurs brillantes chimères, elles connussent enfin le secret de leurs forces et leurs vrais intérêts!

Le droit public de l'Europe étoit le premier ouvrage de *Mably*, car nous ne comptons pas celui que, malgré les éloges, il a lui-même rayé du nombre de ses productions. Il avoit alors près de quarante ans; c'est l'âge auquel Rousseau donna son premier chef-d'œuvre! On sait que Montesquieu passa vingt années à méditer l'esprit des lois: ce n'est qu'aux travaux opiniâtres et aux longues méditations que sont attachés les succès durables. *Mably* se montra le rival des Grotius et des Puffendorf, et vainquit ses rivaux; son livre fit époque dans la science du droit public; le grand Fréderic l'honora de son suffrage; des hommes d'état l'appelèrent le Manuel des politiques; ce livre devint classique d'un bout de l'Europe à l'autre, et la France put dès-lors s'enorgueillir d'un écrivain de plus.

Il avoit ouvert les portes du temple, il voulut pénétrer jusques dans le sanctuaire. Pour mieux apprécier les gouvernemens d'Europe, il se transporte chez les anciens; c'est là qu'il va chercher ses objets de comparaison, et c'est à l'école d'Athènes, de Sparte et de Rome qu'il étudie les causes auxquelles les états doivent leur grandeur et leur décadence.

Dans ses observations sur les Grecs, il examine quels ont été le gouvernement, les mœurs et la politique de cette patrie des héros et des sages; comme se sont formées ces républiques; à quelles causes elles dûrent leur gloire, leur prospérité, leurs grands hommes, leurs vertus, et quelles furent les lois qui firent fleurir dans ces climats les mœurs et la liberté.

Tant que la Grèce fut libre, qu'elle fut enflammée de l'amour de la patrie et de l'enthousiasme de la vertu, tant qu'elle préféra la pauvreté au luxe, et l'égalité aux richesses, il nous la montre heureuse, florissante, respectée; tous ses citoyens sont des héros, et tout le peuple est citoyen. Mais lorsque les richesses de l'Orient, rompant les digues que lui avoient opposées de sages législateurs, se furent débordées dans la Grèce à la suite des armées de Perses, et que le luxe asiatique eut germé dans ces mêmes plaines de Marathon et de Platée qui avoient vu triompher Miltiade et la liberté; qu'avec l'avarice entrèrent l'ambition, l'orgueil, le mépris des mœurs antiques et l'amour des voluptés; aussi tôt qu'Athènes, corrompue par Périclès et les arts, cessa d'estimer la pauvreté vertueuse, quitta la place publique pour des histrions, et convertit à l'usage des fêtes, et des spectacles le trésor destiné à l'entretien de la flotte et des armées; que Corinthe rendit plus d'honneurs à ses bouffons et à ses courtisanes, qu'à ses généraux; que Sparte, éblouie par l'or et le faste du grand roi, commença à les priser plus que les sages institutions de Lycurgue; alors tout fut perdu. Les Grecs, irrités par la soif de l'or, le délire de l'ambition et des besoins renaissans du luxe, oublient les lois et la patrie. Leurs passions exaltées prennent un autre cours; au lieu de l'égalité, règne l'esprit d'oppression et de tyrannie: tous veulent commander, quand personne ne veut plus obéir; ils tournent leurs armes les uns contre les autres. Corinthe, fatiguée de la liberté, appelle la tyrannie; la gloire de Thèbes naît et meurt avec

Epaminondas; Athènes brave Sparte, Sparte détruit Athènes; vingt tyrans se disputent la patrie de Lycurgue et celle d'Aristide: Philippe verse de l'or et la corruption pour gagner les orateurs et les sophistes. Les Grecs avoient triomphé des armes des Perses, mais ils ne peuvent supporter leurs richesses; ils avoient bravé les dangers et la mort, ils sont vaincus par le luxe, les plaisirs et la volupté: les ames dégradées s'ouvrent à toutes les passions, et les cœurs à tous les crimes. La liberté expirante n'a plus d'asyle: envain les derniers des Grecs tentent de la ranimer; envain la ligue Achéenne lui rend un moment de vie: fatiguée de ce dernier effort, la Grèce retombe et attend dans la mollesse, la langueur, les jouissances des arts et de la volupté, le joug que daignent enfin lui imposer les Romains.

Ces vainqueurs du monde s'emparent de la scène. *Mably* suit la fortune de Rome, dont les progrès, sous sa plume, nous offrent un spectacle non moins instructif et plus imposant encore. Il remonte aux causes de la grandeur et de la décadence des Romains; il venoit après Montesquieu; il n'eut point la prétention de lutter contre ce grand homme, et sa seule modestie lui eut fait juger le combat trop inégal; mais il entroit dans son plan d'examiner la constitution qui avoit rendu Rome maîtresse du monde, et comment elle avoit perdu son empire; c'en étoit une suite nécessaire, et nous ne parlons nous-mêmes de ses observations sur les Romains, que pour ne pas rompre la chaîne de ses idées. Il y poursuivoit une vérité unique, qu'il regardoit comme la clef de toutes les autres et qu'il cherchoit à démontrer par les faits; c'est que les mœurs sont le principe de la prospérité des états; que toutes les républiques, et Rome elle-même, n'avoient perdu leur liberté, leur gloire et leur bonheur, qu'en perdant leurs mœurs. Enfin, *Mably* présente par-tout la vertu comme le feu élémentaire et le principe conservateur des états bien constitués, sous quelques formes qu'ils soient modifiés; et c'est en quoi il diffère de l'auteur de l'esprit des lois, qui croit que la vertu n'est nécessaire que dans les républiques. Les faits viennent à l'appui de ses raisonnemens. Quand il n'y eut plus de vertu dans Rome, tous les liens se relâchèrent, les lois furent foulées aux pieds: les excès du luxe, une monstrueuse inégalité, et le fardeau des impôts croissant avec la misère publique, le pouvoir arbitraire, le despotisme des armées, éteignirent tout sentiment de citoyen; il n'y eut plus de patrie: et quand les barbares se sont présentés, les peuples, las du joug des tyrans, leur ouvrirent les portes de l'Empire; ils les reçurent comme des libérateurs, et le luxe et les barbares vengèrent le monde de l'ambition et de l'avarice de Rome.

Ce colosse s'étoit écroulé sous sa propre grandeur. Vingt états s'élèvent sur ses débris, et donnent naissance aux constitutions modernes. Mais si l'on en veut suivre les progrès et les révolutions, de quel contraste on est frappé! En parcourant les beaux siècles de la Grèce et de Rome, *Mably* avoit vu des vertus et des hommes extraordinaires. Leurs institutions, leurs lois, leur amour de l'égalité, de la patrie, de la vertu, le mépris de la mort et des richesses, tous ces traits d'héroïsme, de désintéressement, d'amour du bien public, ces élans de la liberté, qui embellissent chaque page de leur histoire, élevèrent son ame, et le remplirent d'admiration pour les législateurs qui savoient former de tels hommes, et imprimer de tels sentimens dans les cœurs. Le respect religieux qu'il conçut dès-lors pour les lois de Lycurgue et le gouvernement de Rome dans les beaux jours de la république, en le rendant plus sévère, laissèrent dans son esprit des traces qui ne s'effacèrent jamais; et de ces belles institutions, il en fit comme le modèle commun sur lequel il mesura tous les gouvernemens modernes.

Mais quand, au sortir de ces belles contrées de la Grèce et de l'Italie, il rentra dans les champs stériles et dévastés des peuplades du nord; quand il vint à jeter les yeux sur ces hordes de brigands qui désolèrent la terre, et qu'il voulut lier les causes de la chûte de l'Empire Romain à l'établissement et aux lois des barbares; enfin, quand il voulut descendre jusqu'à la racine de ce grand arbre de la féodalité, dont les branches couvrirent l'Europe entière, pendant tant de siècles; quelle différence dans ses résultats! que d'obstacles et de dégoûts pour pénétrer dans ce chaos! Il y avoit loin, sans doute, des lois de Lycurgue à celles des Wisigoths, et des institutions de Solon ou de Numa, aux lois Ripuaires et aux formules de Marculphe. *Mably* résolut de marcher entre les ronces et les épines; mais c'est principalement sa patrie qu'il avoit en vue; c'est sur elle qu'il ramena ses études et ses regards; il entreprit de tracer le tableau des révolutions qu'avoit éprouvées la France dans son gouvernement, depuis les premiers temps de la monarchie, jusqu'à nos jours.

Ce plan étoit beau, magnifique et neuf encore. Nous avions sur l'histoire nationale trente mille volumes, et pas une histoire. On avoit ramassé d'immenses matériaux, entassé des faits et des dates, raconté des siéges et des batailles, laborieusement compilé les faits et gestes des rois, les chartes des églises, leurs légendes et leurs miracles: des chroniques de moines avoient tout appris, hors ce qu'il est essentiel de savoir; et de graves historiens, moins excusables d'ignorer les vrais principes de la société et des gouvernemens, n'avoient fait que reproduire et propager ces erreurs. Mais remonter aux causes des événemens, approfondir les principes constitutifs de la monarchie, examiner la nature du gouvernement et le caractère de sa législation, fixer l'idée qu'on doit avoir des lois fondamentales, débrouiller les intérêts de tous les ordres de l'état, poser les limites des prétentions des corps, tirer de dessous les débris du colosse féodal, les chartes de la liberté et des droits des citoyens, marquer la naissance et les progrès du pouvoir, et à chaque période, déterminer quelle fut l'influence des lois sur les mœurs, et des mœurs sur les lois; c'est ce qu'on avoit presque totalement négligé, et cette partie de l'histoire de la nation restoit encore à faire.

Mably tenta cette entreprise, et au lieu de se traîner sur les pas des autres, d'ajouter de nouvelles erreurs aux anciennes, d'adopter ou de bâtir des systêmes, il eut le courage de soumettre le tout à un nouvel examen, d'écarter tous ces décombres, de s'enfermer dans ces ruines, d'étudier les monumens mêmes et les pièces de ce grand procès entre les rois et la nation, afin de n'offrir que des résultats certains et lumineux. C'est ainsi que toujours sous le titre modeste d'observations, il nous donna la meilleure et même la seule histoire que nous ayons encore du gouvernement de la France.

Il nous est impossible, dans le court espace qui nous est prescrit, de suivre le développement de ses idées et l'enchaînement de ses preuves; mais dans cette longue succession d'hommes, de siècles et d'événemens, deux idées neuves et brillantes ont frappé tous les esprits.

La première est le tableau que l'auteur nous trace d'une république des Francs, qui, quoiqu'on en ait dit, n'est nullement imaginaire. On y voit la liberté sortir avec eux des forêts de la Germanie, et venir arracher les Gaules à l'oppression et au joug des Romains. Clovis n'est que le général et le premier magistrat du peuple libérateur; et c'est sur une constitution libre et républicaine, que *Mably* place, pour ainsi dire, le berceau de la monarchie. Cette découverte anime d'un intérêt, jusqu'alors inconnu, ces premiers temps si obscurs et si dédaignés. C'est un jet de lumière qui colore ce vaste horizon, autrefois perdu dans les ténèbres, et dont la chaleur va fertiliser toutes ces landes de notre ancienne histoire.

La seconde est la législation de Charlemagne: c'est à ce grand homme, qu'il regarde comme un phénomène en politique, que *Mably* s'est arrêté avec le plus de complaisance. Il offre un modèle à tous les rois: il nous montre dans Charlemagne, le philosophe, le patriote, le législateur. Il nous fait voir ce monarque abjurant le pouvoir arbitraire, toujours funeste aux princes: Charles reconnoît les droits imprescriptibles de l'homme, qui étoient tombés dans l'oubli. Convaincu qu'il ne peut faire le bonheur du peuple, sans le faire intervenir dans la législation, il lui r'ouvre le Champ de Mars, fermé depuis si long-temps, et le rappelle à ces assemblées de la nation, dont les grands et le clergé l'avoient exclu. Il savoit, ce sage politique, qu'il n'y a que ce moyen de l'affectionner au bien public; qu'il ne peut y avoir de patrie où il n'y a point de liberté; et il crut qu'il étoit plus grand, plus glorieux d'être appelé chef d'une nation libre, que de commander à un peuple d'esclaves. Sa conduite noble, franche et généreuse rapprocha les différens ordres de l'état; il leur fit sentir qu'ils ne pouvoient maintenir leurs droits, qu'en unissant leurs intérêts. Chacun d'eux fit des sacrifices au bien commun; «et les Français étonnés comprirent qu'une classe de citoyens pouvoit être heureuse, sans opprimer les autres».

Pourquoi ne fût-ce qu'un moment brillant dans nos annales? A la mort de ce grand homme tout change; le gouvernement se dénature, et prend une forme inconnue à toute l'antiquité. Il faut voir avec quelle justesse et quelle sagacité, *Mably* trace la naissance et les progrès du régime féodal, et à quelles causes il assigne sa décadence. Ce n'est point ici une histoire des rois, des guerres, des siéges et des batailles; mais c'est le tableau et le développement de la constitution même de l'état, qui influe si puissamment sur le bonheur ou sur le malheur des peuples; c'est l'histoire du droit public de la nation, de ses lois, de ses mœurs, de ses assemblées, des progrès du pouvoir et des combats de la liberté. A cette lecture, l'ame d'un Français s'élève, il se compte pour quelque chose; l'orgueil national y gagne, l'esprit public se ranime; on sent une émanation de ces grands sentimens de liberté, de patrie et de vertu, qui règnent dans ses écrits. En effet, ce qui distingue cette histoire nationale de la foule des autres, c'est sur-tout l'esprit libre et patriotique qui l'a dirigée; c'est que l'auteur s'est plus attaché à faire connoître les droits du peuple que les caprices des rois, à éclairer les erreurs des divers ordres de l'état, qu'à pallier leurs fautes; qu'il n'a point trahi la vérité; qu'il s'est également élevé contre l'anarchie et contre le despotisme. Ses principes ont été adoptés par tous ceux qui n'ont point l'ame servile, les bons citoyens, tous les Français qui aiment encore la patrie; et il nous semble que cet ouvrage est généralement regardé comme le meilleur qui ait encore paru sur notre constitution, et celui qui a jeté le plus de jour et d'intérêt sur nos antiquités.

L'auteur s'est arrêté au règne de Philippe-de-Valois, et l'on en devine assez les raisons: mais que ceux qui aiment encore l'état, et qui ne craignent pas la vérité, se consolent; nous leur apprenons que la suite des *observations* existe[b], et sans doute, ils n'en seront pas privés. Nous pouvons d'avance les assurer que *Mably* n'a point trahi son auguste ministère d'historien de vérité; qu'il n'a point eu de lâches ménagemens pour le vice; que l'intérêt croît à mesure qu'il approche davantage de notre époque; que plusieurs morceaux, y sont décrits avec la vigueur et l'énergie de Tacite: et le seul regret que nous ayons est de ne pouvoir, par des citations, justifier nos éloges.

[b] *Note des Éditeurs.* La suite dont parle ici l'abbé Brizard, est contenue dans les trois derniers volumes de cette édition.

Mais il est, en effet, des vérités que la prudence force quelquefois, non point à dissimuler, mais à renvoyer à d'autres temps. Nous ressemblons plus ou moins à ces despotes d'Asie, auxquels on ne peut faire parvenir la vérité qu'en l'enveloppant sous l'emblême des fables ou de l'allégorie.

C'est le parti que prit *Mably*. Pour mieux frapper ses contemporains, pour leur être impunément utile, pour donner plus d'autorité à ses leçons et un plus beau développement à ses idées, il osa prendre l'un des noms les plus révérés de l'antiquité. S'il emprunta la voix de *Phocion*, s'il fit revivre ce sévère et vertueux disciple de Platon, c'étoit pour imprimer la sanction d'un grand homme aux instructions de morale et de politique qu'il vouloit donner à ses concitoyens. Il choisit son héros dans Athènes; il le plaça immédiatement après le grand siècle de Périclès, au moment où la république, sortant du plus haut degré de gloire, étoit encore éblouie de l'éclat de son administration; mais où, déjà épuisée de sa magnificence, amollie par le luxe et les arts, corrompue par les sophismes et perdue de mœurs, enivrée de ses spectacles et de ses courtisanes, elle marchoit à grands pas, mais gaiement, vers sa décadence. C'est en ce moment, en effet, que Phocion, le Caton des Grecs, ne se laissant imposer ni par un faste menteur, ni par les dehors de l'élégance, ni par les arts, ni par l'apparence de la prospérité, opposoit presque seul ses leçons et son exemple au torrent des mœurs publiques. Il paroissoit dans l'assemblée des citoyens; et bravant les flots irrités et les ris moqueurs de la multitude, il faisoit entendre sa voix sévère sur les maux dont ils étoient menacés: il leur montroit l'austère vérité, en dévoilant tout ce qu'ils avoient à craindre de leurs richesses, de leurs vices brillans, de leur amour effréné des spectacles, du luxe, de la perte des mœurs, de l'oubli de la patrie, du mépris des lois et des Dieux, du brigandage des finances, de l'éloquence vénale de Démosthène, et de la politique de Philippe.

Voilà celui que *Mably* a choisi pour donner des leçons aux modernes Athéniens. Que ne puis-je, à mon tour, recueillir toutes les paroles de ce grand homme!

Phocion s'entretient avec ses amis des maux qui affligent la patrie; il remonte à la cause de ces maux; il ose en chercher les remèdes, et cet excellent citoyen n'a point encore tout-à-fait désespéré de la république.

Il a vu que la Perse, l'Égypte et la Grèce même n'ont été libres, heureuses et florissantes, que par la sagesse de leurs lois; mais que bientôt les meilleures lois périssent, si elles ne sont mises sous la sauve-garde des mœurs. Dans tout pays les mœurs sont le rempart des lois; il faut donc, tandis que la politique règle la forme et la constitution des états, que la morale règle la conduite et les actions des particuliers: ce sont les vertus domestiques qui préparent les vertus publiques. Le législateur le plus habile est donc celui qui sait faire germer ces vertueux penchans innés au cœur de l'homme; qui, connoissant tout le pouvoir des bonnes institutions sur l'esprit et les habitudes des citoyens, a l'art d'imprimer en leurs ames les sentimens dont il a besoin pour les rendre plus heureux, en les rendant meilleurs; enfin, qui sait le mieux saisir les rapports secrets et l'alliance intime de la morale privée avec la politique, qui est la morale des états; cette alliance est telle, que si l'un de ces liens vient à se relâcher, elles perdent en même-temps leur force et leur empire. L'oubli des mœurs entraîne l'oubli des lois; le mépris des lois achève la perte des mœurs: il n'est plus de frein, et la porte est ouverte au luxe, à l'inégalité, à la discorde, à l'avarice, à l'ambition, à tous les vices qui précipitent la ruine de la république.

S'il est prouvé qu'un peuple ne peut être heureux sans mœurs, c'est-à-dire, s'il ne fait régner au-dedans l'ordre et la justice entre tous les concitoyens; si la prudence ne dirige ses démarches au-dehors; s'il ne joint au courage la modération et l'amour du travail; si l'égalité ne lui est chère; si l'amour de la patrie n'est l'ame de toutes les actions des citoyens, et s'il ne se fortifie chaque jour dans l'exercice de ces vertus par la surveillance d'un magistrat suprême, je veux dire l'amour et le respect pour les Dieux; puis-je douter que toute la politique ne soit fondée sur la morale, et que la vertu ne soit la base certaine et constante de la prospérité des états? Que doit donc faire un législateur habile? Pourquoi n'iroit-il pas réveiller dans le cœur de l'homme, ces affections sociales qui y sont empreintes de la main même de l'Auteur de toutes choses? pourquoi n'en feroit-il pas la base de ses institutions? pourquoi n'enteroit-il pas ses lois sur les lois éternelles de la nature? Elles seroient indestructibles comme elle. Tous les vrais plaisirs, les plaisirs purs de l'homme ne sont-ils pas dans le développement de ces qualités natives, dans l'exercice des vertus sociales, dans ce penchant irrésistible qui nous porte à chérir, à soulager, à secourir nos semblables? L'éternelle bienfaisance nous a fait une loi des premières et des plus saintes affections de la nature. Elle a placé nos plus douces jouissances dans l'accomplissement des devoirs sacrés de père, de fils, d'époux, d'ami, de citoyen: c'est à ce prix que cette tendre mère a mis notre bonheur; et c'est à développer ces germes heureux, à diriger nos plus doux penchans, que doivent tendre les lois de toute société bien ordonnée. Les principes de cette politique sont sûrs et invariables: il est vrai que cette science est trop simple pour vos sophistes, car, elle se réduit à rendre facile la pratique des vertus.

Mais, s'écrie Phocion, si tous les sentimens généreux sont prêts à s'éteindre, si la corruption a gagné jusqu'au cœur de l'état, cherchez-y la dernière étincelle de la vertu; pour l'exciter, servez-vous de cet amour inné de la gloire, de toutes les passions nobles, celle qui meurt la dernière chez un peuple corrompu. Commencez par ranimer celle-là, pour donner de nouveaux ressorts et créer de nouveaux organes à la machine entière, et tâchez, de vertus en vertus, de remonter jusqu'aux bonnes mœurs. Mais, Athéniens, poursuit Phocion, est-ce là ce que vous faites? Soyez vous-mêmes vos propres juges. Vous avez oublié les sages institutions de vos ancêtres; les goûts simples de la nature n'ont plus pour vous de charmes: vous vous êtes abandonnés à tous les délires du luxe; vous avez brisé tous les liens qui unissent les citoyens; la vertu vous importune; vous avez fait mourir Socrate, et forcé Aristide à languir dans l'exil: vous souriez avec dédain à ceux qui osent encore prononcer le vieux mot de patrie: la gloire ne vous enflamme plus; elle n'est plus qu'un vain nom: vos rhéteurs et vos sophistes vous ont affranchi de tout devoir; vos laïs et vos histrions ont fait le reste. L'amour des plaisirs, la mollesse et le luxe ont fondu vos ames; le mépris des lois a suivi le mépris des Dieux: l'argent est le seul Dieu de la Grèce. Qu'est-il devenu ce temps où une branche de laurier suffisoit à l'ambition d'un grand homme? Nos pères ont fait de grandes choses avec de petits moyens; et nous, qu'avons-nous fait avec tous les trésors de la Perse? «Ah! si l'argent est aussi puissant que le disent les Athéniens, que n'achetons-nous un Miltiade, un Thémistocle, des citoyens et des héros[c].»

[c] *Entretiens de Phocion*, p. 148.

O Minerve? souffriras-tu qu'Athènes soit livrée aux barbares? Quel est le génie puissant qui pourra nous régénérer? O ma chère patrie! «combien nous aurions besoin d'un Lycurgue qui nous fît une sainte violence et nous arrachât par force à nos vices![d]»

[d] *Ibid.* p. 183.

Ainsi parloit Phocion; ainsi, dans ses entretiens, il développoit à ses disciples et à ses concitoyens les leçons de la sagesse, les principes de la morale, et ses rapports secrets avec la politique. Son style s'animoit, quand il parloit de la patrie et de la vertu; il s'enflammoit d'une sainte indignation quand il gourmandoit les vices. On sait comment les Athéniens reconnurent son zèle. Ils traitèrent Phocion comme ils avoient traité Socrate; tant il étoit dangereux de dire la vérité à ce peuple aimable et léger! Ils s'en repentirent, mais trop tard. Déjà tout étoit perdu: Athènes devint successivement l'esclave de Lacédémone, des trente tyrans et de Rome.

Phocion avoit fait notre histoire; le voile étoit léger; on devina Nicoclès. Personne ne crut l'ouvrage antique; mais, à la morale qui y respire, à l'amour du beau, du juste et de l'honnête, à ce goût sévère qui y règne, on le jugea digne des anciens. Il a toute la pureté du trait et la simplicité des formes antiques. La raison même y parloit par la bouche de Phocion, et l'on croyoit encore entendre le disciple de Platon, qui avoit recueilli les leçons de la sagesse, de la bouche même de Socrate.

Aussitôt que l'ouvrage parut, il fut placé au rang des meilleurs écrits du siècle. Une république, célèbre par la sagesse de ses loix, de son propre mouvement, le proclama comme la production d'un écrivain supérieur et d'un excellent citoyen. Elle invita Nicoclès à laisser tomber le voile: alors seulement on apprit que c'étoit à l'auteur du droit public qu'on devoit les entretiens de Phocion. Cet hommage si honorable fut le premier de cette nature, et il acquit peut-être encore un nouveau prix quand, deux ans après, une pareille couronne fut décernée de la même manière à l'immortel auteur du traité des délits et des peines. Grâces vous soient rendues, ô vénérables citoyens de

Berne, d'avoir ainsi acquitté la dette sacrée de l'humanité! *Mably*, Beccaria, que vos noms ne soient jamais séparés dans ses fastes!

Dès-lors, si *Mably* l'eût voulu, tous les corps littéraires se seroient empressés de l'adopter; les portes de toutes les académies lui eussent été ouvertes; mais il lui suffisoit qu'on l'en jugeât digne. Ne chérissant rien tant que cette douce obscurité pour sa personne, et cette précieuse indépendance si chère au génie, redoutant toute espèce de chaînes, il se déroboit à sa renommée, il s'abandonnoit librement à ses vertueux penchans, loin du bruit, des querelles, des partis et des prôneurs. Il est si doux de pouvoir, sans intrigue et sur-tout sans protecteurs, cultiver en paix sa raison, de s'entourer d'illusions aimables et consolantes, d'exercer son ame, de perfectionner son être, de se livrer à des occupations délicieuses qui sont le charme de la vie! Tandis que tant d'intrigans subalternes poursuivent le bonheur et le cherchent où il n'est pas, il vient s'asseoir dans le cabinet d'un sage, d'un savant modeste, qui n'a d'autre ambition que d'être utile aux hommes et d'éclairer ses semblables: l'estime publique et la considération personnelle vont l'y chercher; c'est le noble fruit et la douce récompense de ses travaux. Il peut se dire à lui-même avec un modeste orgueil: je ne dois rien qu'à moi seul; j'ai payé à mon pays ma dette de bon citoyen; j'ai marqué honorablement la trace de mon passage sur la terre; j'ai lié mon existence à des vérités utiles et profitables à ma patrie; j'ai attaché mon nom à des ouvrages qui ne mourront point; je n'ai point à rougir de l'emploi de mes talens, et j'ai confié le dépôt de ma renommée, et commis le soin de ma gloire à la reconnoissance de mes concitoyens.

Sparte moderne venoit d'adopter la politique bienfaisante et la morale éclairée du moderne Phocion; une autre république lui rendit un hommage encore plus flatteur. La Pologne, fatiguée des convulsions de l'anarchie, s'adressoit à *Mably* pour lui demander des loix, comme autrefois les Athéniens, lassés des orages de la liberté, s'adressèrent à Solon pour régénérer la république.

La Pologne, prête à périr, avoit encore dans son sein des ames élevées et patriotiques, de grands citoyens qui désiroient ardemment de remédier aux maux de l'état. Ils s'étoient fortifiés par les liens d'une confédération, unique et dernier rempart contre la servitude. Ils avoient juré de soutenir la république sur le bord de sa ruine, et l'excès du malheur leur avoit rendu toute leur énergie. Tandis que d'un côté ces braves Polonois, le sabre à la main, défendoient les restes de leur liberté, de l'autre ils sollicitoient les lumières des sages et des politiques, pour chercher le remède à tant de maux, et donner une nouvelle constitution à la république. Ils jetèrent en même temps les yeux sur deux hommes célèbres, avec des talens bien différens, mais qui, sous un point de vue cependant, avoient un mérite commun, celui d'avoir le mieux connu et le mieux développé les vrais principes de tout gouvernement; l'auteur du contrat social, et celui des entretiens de Phocion. Cette déférence d'un peuple libre à l'égard de deux hommes qui n'avoient que du génie et de la vertu, nous transporte dans ces temps où les sages et les philosophes étoient choisis pour être les législateurs des nations; et si une pareille confiance est le plus bel hommage qu'on puisse rendre aux talens unis à la vertu, peut-être la concurrence avec le citoyen de Genève dût-elle secrètement flatter l'auteur de Phocion, autant que le suffrage de la république.

Jean-Jacques et *Mably* travaillèrent chacun de leur côté, et nous avons leurs ouvrages: l'amour du bien public a dirigé leur plume. Il s'agissoit de donner à la Pologne, non les meilleures loix possibles, mais les meilleures qu'elle pût supporter. Combien ne seroit-il pas utile de comparer les moyens différens que ces deux philosophes ont indiqués pour parvenir au même but; de suivre la marche que chacun d'eux propose pour arriver à la réforme désirée; de rapprocher leurs principes, et développer le plan qu'ils ont tracé pour bien pondérer tous les pouvoirs de la république! Mais le temps et l'espace nous manquent également pour cette intéressante discussion.

Tous deux attendent beaucoup de l'amour de la patrie, de cet élan que la vertu peut donner à des hommes libres. Rousseau y porta cette chaleur de sentiment, cette force de persuasion, en un mot, l'ame et l'éloquence qu'il lui étoit impossible de ne pas mettre dans ses immortels écrits. *Mably*, plus circonspect, plus méthodique, et qui d'ailleurs avoit fait le voyage de Pologne pour examiner les choses de plus près, a peut-être tracé un plan plus régulier; mais tous deux, sans s'être communiqués, s'accordent sur les bases fondamentales, les rapports de la morale et de la politique, les principes propres à régénérer la Pologne. Tous deux s'élèvent avec force contre l'abus intolérable du *liberum veto*, le défaut de discipline, les désordres de l'anarchie, le trop grand pouvoir des magnats. Tous deux leur crient d'armer leurs cœurs contre la corruption des nations voisines, proscrivent cette politique d'argent qui mine tous les états modernes, rejettent les récompenses pécuniaires; les troupes mercenaires; ils veulent que les défenseurs de l'état soient des citoyens, et qu'ils ne coûtent rien à la république. L'un et l'autre insistent sur la force des loix, l'empire des mœurs, la nécessité d'une éducation nationale qui en resserre les liens et en perpétue l'esprit. Mais le point essentiel sur lequel leurs voix se réunissent avec le plus de force et d'éloquence, c'est lorsqu'ils plaident la cause de l'humanité contre l'oppression, et qu'ils parlent en faveur du peuple esclave et de la liberté. Tant que vos paysans et vos malheureux vassaux gémiront dans les fers de la servitude, point de patrie pour eux, point de gouvernement pour la Pologne: adoucissez peu-à-peu leur joug; montrez-leur en perspective le prix qui les attend; préparez ces ames avilies par la servitude, à supporter le bienfait de la liberté, sans cette précaution, ils ne pourroient en soutenir l'éclat. «N'affranchissez leurs corps qu'après avoir affranchi leurs ames,» s'écrie Rousseau. «On ne viole point impunément les loix de la nature, dit *Mably*; la terre veut être cultivée par des mains libres; la servitude frappe les hommes et les terres de stérilité.» En un mot, faites aimer vos loix, et vous aurez une patrie et des citoyens; c'est par l'espoir d'un meilleur sort, c'est par l'amour qu'il faut attacher les hommes à la patrie; et de bonnes loix peuvent seules opérer ce miracle. Les points mêmes sur lesquels les deux philosophes diffèrent, peuvent infiniment éclairer la nation sur ses vrais intérêts. Leurs raisons respectives méritent bien d'être pesées, et peuvent jeter un grand jour sur cette discussion, d'où dépend peut-être tout le malheur ou le bonheur des Polonois.

Si les leçons de ces sages n'ont pas produit tous les bons effets qu'on étoit en droit d'en attendre, c'est que des causes étrangères ont disposé trop impérieusement des événemens; c'est que l'ambition et l'avarice ont rencontré des ames vénales; c'est que les préjugés de la noblesse polonoise parlent encore trop haut pour laisser entendre la voix de la raison; enfin c'est que les lumières, concentrées chez quelques grands, ne sont pas généralement répandues, et que le flambeau de la philosophie n'a pas encore éclairé ces contrées. La Pologne est, à plusieurs égards, ce qu'étoit l'Europe entière il y a dix siècles; c'est une nation qui est encore à créer: sans doute un moment viendra où les braves Polonois mettront à profit des avis si salutaires, où ils examineront plus à froid les institutions qui leur sont proposées; ces semences germeront, dans peu d'années, où la république n'existera plus, où elle se régénèrera d'après les leçons réunies des deux sages. Alors, sans doute, ils élèveront un monument à leurs législateurs, et les noms de *Jean-Jacques* et de *Mably* seront associés par la reconnoissance publique sur les bords de la Vistule.

Les princes, ainsi que les républiques, réclamoient les lumières d'un écrivain qui avoit si bien approfondi la science des gouvernemens, et démontré l'alliance toujours nécessaire de la morale avec la politique. On voulut former au grand art de régner un jeune Bourbon, et aux leçons tracées par les Bossuet et les Fénélon, on désira joindre celles de *Mably*, et il fit pour le prince de Parme son livre de l'étude de l'histoire. Il fut comme le mentor de ce jeune Télémaque, et le conduisoit d'états en états, il lui fit observer les mœurs, les lois, les usages de tous les pays, la forme de toutes les constitutions anciennes et modernes, en lui faisant sentir les avantages et les inconvéniens de chacune. Cet ouvrage, sous un titre peut-être trop modeste, est l'un des plus importans qui soient sortis de sa plume, et par le but que l'auteur s'y propose, et par la manière dont il l'a traité: c'est le résultat de l'expérience de trente siècles; on pourroit l'intituler morale de l'histoire: et toutes ces vérités semées à longs intervalles dans l'espace immense des temps, il les a rassemblées dans un petit volume, pour servir d'instruction aux hommes et de modèle aux princes.

En effet, si l'histoire, dont le but constant est de nous rendre meilleurs, est un cours de morale en action pour tous les hommes, elle est encore une école de politique pour tous les princes destinés à régner. Quand la voix des flatteurs les adule et les trompe, la voix de l'histoire leur dit sans lâches ménagemens, que leur mémoire sera flétrie s'ils vivent dans la mollesse et l'oisiveté, et qu'ils seront l'exécration de la postérité, s'ils sont les fléaux et les tyrans de leurs peuples. Elle les avertit que rien n'échappe à son œil vigilant; qu'elle immortalise leurs crimes ainsi que leurs vertus, et que chaque vice du prince est une calamité publique. Elle leur répète à chaque page qu'ils sont institués pour faire le bonheur des hommes; que c'est leur devoir, qu'ils ne sont que les agens de la société, et que les rois sont faits pour les peuples, et non les peuples pour les rois.

En posant d'abord les fondemens de toute société bien ordonnée, *Mably* réduit à un petit nombre d'élémens toute la clef de cette science politique dont des charlatans et d'étroits génies ont fait tant d'étalage; puis il fait passer sous les yeux de son élève tous les états, les peuples, les empires, non pour satisfaire une vaine curiosité, mais pour servir à l'application de ses principes, pour démêler à quelles causes ces états ont dû leur force et leur prospérité, quels vices ont amené leur décadence et consommé leur ruine. En méditant sur ces causes et en découvrant ces vices, il trouve par-tout les mêmes résultats: ce n'est point au hasard que sont arrivées ces révolutions; tous ont fini par les excès du luxe et de l'inégalité, le mépris des lois, l'abus du pouvoir, l'oppression, la révolte: toujours les mêmes causes ont produit les mêmes effets, et les états se sont plus ou moins rapprochés du bonheur, à mesure qu'ils se sont plus ou moins rapprochés de ce grand principe qui nous crie d'étendre l'empire des lois, et de restreindre le pouvoir des hommes.

Après avoir soumis à cet examen sévère, et pour ainsi dire, à cette pierre de touche, les gouvernemens actuels de l'Europe; marqué la période où ils se trouvent de leur splendeur ou de leur décadence, et assigné le rang qu'ils occupent dans l'échelle des constitutions politiques, il ramène l'attention de son jeune élève sur ses propres états, et l'invite à entreprendre une réforme nécessaire. Il lui trace les premiers pas dans la carrière; il le presse par toutes les considérations qui peuvent toucher une ame bien née et un souverain sensible; il pique d'émulation un jeune cœur qui n'est point encore corrompu par la voix de la flatterie; il l'excite par l'exemple des grands hommes, et lui montre la gloire immortelle qui attend un législateur, les hommages et les respects de l'univers, qui volent au-devant de lui, et la postérité occupée à bénir sa mémoire.

Un tel livre devroit être le manuel des souverains. Je ne crois pas que la vérité ait jamais pris un plus fier langage, un ton plus ferme et plus énergique, sans s'écarter de la décence et des égards qu'on doit au rang et à la naissance. S'il a fait retentir les droits de l'homme à l'oreille superbe des rois, ce n'est point l'auteur, ce sont les événemens qui viennent instruire et parler. Cet ouvrage est peut-être le premier qu'on devroit mettre entre les mains d'un jeune prince; c'est dans de tels livres que les héritiers du trône devroient apprendre à lire. Sans doute il ne sera point oublié dans l'éducation de l'auguste enfant sur qui repose l'espoir d'un grand empire. Faisons des vœux pour qu'il laisse dans cette ame neuve et tendre de longs et profonds souvenirs; ce sera le gage du bonheur des générations futures.

Ce livre n'est pas assez connu. Nous osons réclamer contre l'indifférence et la frivolité de la plupart des lecteurs; tandis qu'ils s'égarent dans cette foule de productions sans caractère, nous osons les rappeler à une lecture facile, propre à les instruire des droits et de la dignité de l'homme, à élever leur ame, à nourrir leur esprit de vérités substantielles, digne enfin d'être méditée par toutes les classes de citoyens d'une nation éclairée et sensible, qui cherche à sortir de sa trop longue léthargie.

Mably avoit dit et prouvé que la prospérité des états est fondée sur les lois, et les lois sur les mœurs qui sont la vertu publique; en l'annonçant aux princes, aux républiques, à tous les hommes, il avoit regretté de ne pouvoir poser lui-même les bases de ces lois. Il crut cette vérité d'une assez grande importance, et la matière assez belle pour devoir l'approfondir et en faire l'objet d'un traité particulier; il avoit même annoncé dans les derniers chapitres de l'étude de l'histoire, que si ses forces le lui permettoient, il auroit le courage d'entreprendre un tel ouvrage. Il recueillit donc toutes ses facultés, rassembla les leçons qu'il avoit puisées à l'école des Platon, des Xénophon, des Cicéron, et de tous les sages de l'antiquité: il y joignit ses propres méditations et les vérités éparses dans ses précédens écrits; il sut les enchaîner et les présenter dans cet ordre qui prête une nouvelle lumière à la raison, et de nouvelles forces à la vérité; il en fit un tout où il embrassa la science entière de rendre les hommes bons, sages et heureux. Il s'éleva, pour ainsi dire, au ton et à la dignité de législateur, et donna son livre des principes des loix ou de la législation. Malgré notre envie d'abréger, nous ne pouvons nous dispenser d'en présenter les idées générales, et d'entrer dans quelques détails: forcés de nous resserrer, nous serons encore trop longs; sans doute nous avons besoin d'un peu d'attention, et de beaucoup d'indulgence.

Si, comme on n'en peut douter, le bonheur ou le malheur des hommes tient à une bonne ou à une mauvaise législation, il n'est rien de plus important à étudier que les principes qui doivent servir de bases à un législateur; c'est, en d'autres termes, examiner quels moyens sont donnés à l'homme pour rendre la société heureuse et florissante; c'est la première des études; c'est la plus nécessaire des connoissances.

Mais quel spectacle frappe d'abord un observateur qui s'élève au-dessus des idées vulgaires, quand il considère quelle est la condition de l'homme, et à quels caprices sont livrées les lois qui enchaînent les sociétés? Quel contraste entre les vues de la nature et l'ouvrage de l'homme! «L'homme est né libre, et il est par-tout dans les fers[c].» La nature nous avoit fait égaux, et le genre humain rampe sous les pieds de quelques individus; elle nous avoit donné à tous les mêmes droits au bonheur, et le malheur couvre la surface de la terre; l'homme est né bon, et les hommes sont méchans: d'où vient ce renversement des choses? C'est que toutes les sociétés se sont plus ou moins éloignées des vues de la nature.

[e] *Jean-Jacques Rousseau.*

En effet, tous les maux de l'homme ne viennent que de sa négligence à se conformer à ces vues éternelles: l'égalité dans la fortune, et celle des conditions, étoit la première loi peut-être, à laquelle cette mère commune avoit attaché le bonheur des individus et la prospérité des états, et nous avons tout fait pour détruire cette précieuse égalité. Les mêmes organes, la même intelligence, les mêmes penchans, les mêmes besoins déceloient la même origine, et il nous a plu d'élever entre les enfans de la mère commune un mur de séparation, qui nous rend étrangers les uns aux autres, et qui, d'un peuple de frères, fait un peuple d'ennemis. Nous avions tous, aux fruits et aux productions spontanées de la terre, le même droit qu'à l'air que nous respirons, qu'à la lumière qui nous éclaire; et voilà que nous avons partagé la terre; nous en avons donné la propriété à quelques familles privilégiées, et nous avons déshérité le reste du genre humain du patrimoine commun de la nature. Nous avons tout donné aux uns et tout ôté aux autres; puis nous avons livré ceux-ci sans défense, leurs bras, leur sang, leurs vies, leur existence entière à la merci des premiers; et parce que de quelques-uns il nous a plu de faire des Dieux, les autres ne sont pas même des hommes. Après avoir ainsi perverti les intentions de la nature, avons-nous droit de nous en plaindre, et n'est-ce pas la calomnier que de lui reprocher les maux dont nous sommes seuls les auteurs?

Mais si les lois de la nature sont oubliées, si les droits de l'homme sont foulés aux pieds, ils n'en sont pas moins imprescriptibles; et de temps à autres quelques philosophes, stipulant pour l'espèce humaine, ont élevé la voix, et protestant contre la surprise, l'oppression et la violence, ont attesté la première des lois, celle qui est antérieure à toutes les autres: ainsi de nos jours ont fait le sage Locke, Montesquieu, Beccaria, le citoyen de Genève et l'abbé de *Mably*. Ils ont réclamé les droits sacrés de la nature; et pour me servir d'une expression déjà consacrée, le genre humain avoit perdu ses titres, et ils les ont retrouvés; ils les ont lus sur le front de l'homme, et mieux encore au fond de son cœur, où ils étoient écrits en caractères indélébiles: on peut les obscurcir, mais jamais les effacer.

Tous ces maux sont donc notre ouvrage. Dès qu'un homme, se jugeant d'une nature supérieure, s'est cru en droit d'assujettir la volonté d'un autre à la sienne; dès qu'il s'est arrogé une portion exclusive dans les biens communs, et que la propriété a été établie, les passions, irritées par la jouissance, n'ont plus connu ni frein ni bornes; toutes les idées d'égalité ont été détruites. L'ambition et l'avarice ont partagé le monde. Il y a eu des puissans et des foibles, des riches et des pauvres, des grands et des petits; et les lois, qui devoient garantir à l'homme son égalité primitive et son indépendance, ont appesanti le joug, consacré l'injustice et légitimé les usurpations. On en est venu au point d'imaginer, ou plutôt on a feint de croire qu'il y avoit des races privilégiées destinées à commander, et d'autres déshéritées par la nature, qui étoient nées pour obéir. Nous avons supposé à cette mère commune les caprices et les préférences d'une marâtre: de là, nous avons accumulé sur la tête des uns les faveurs, les dignités, les distinctions, le pouvoir, les richesses, comme leur apanage héréditaire; et, par une conséquence tout aussi juste, nous avons jugé que la misère, le dénuement, le travail, l'opprobre et le mépris étoient le partage nécessaire des autres. D'un côté, le temps, la force et la ruse; de l'autre, l'ignorance, l'habitude et les préjugés ont tellement obscurci la raison primitive et les lumières naturelles, que les uns se sont crus de bonne foi nés avec les chaînes de la servitude, et les autres avec un sceptre ou une verge de fer; et ces idées éternelles d'égalité et de liberté se sont tellement éteintes dans ces races dégradées, qu'elles ont perdu jusqu'à la trace de leur noble et céleste origine. L'égalité a été traitée de chimère et de paradoxe, et a fini par devenir un problème qu'on donnoit à résoudre aux savans et aux académies.

Plus ces lois partiales ont favorisé certaines familles au détriment des autres, et plus d'abus ont infecté les sociétés; moins elles ont connu l'innocence et le bonheur. D'un côté ont germé l'orgueil, l'ambition, l'avarice, la dureté, le mépris de l'homme, et tous les attentats de la violence et de l'oppression; et de l'autre, tous les vices des esclaves, la corruption, l'opprobre, l'oubli de la vertu, et tous ces crimes bas qu'enfantent l'extrême misère, l'avilissement, et la nécessité qui n'a point de loi. De là cette lutte perpétuelle, cette guerre sourde entre toutes les classes de la société, cette conspiration du luxe contre la misère, du fort contre le foible, des grands contre les petits, de celui qui a tout contre celui qui n'a rien; l'oppression du puissant qu'il appelle justice, les réclamations des foibles qu'on appelle révoltes; enfin la haine, les dissensions, la guerre ouverte, les combats qui ensanglantent la terre, et font de ce triste globe un champ de meurtres et de carnage. Nous n'avons que trop expié le crime d'avoir méprisé la voix et perverti les intentions de la nature.

Les institutions les plus sages seroient donc celles qui, prévenant de si funestes abus, combleroient l'intervalle immense qui sépare un homme d'un autre homme, et qui nous rappelleroient aux loix éternelles de la nature; mais comme il est impossible de rétrograder, que jamais la société ne pourra remonter à ces lois primitives, que l'égalité parfaite est maintenant une chimère, et qu'on ne pourroit pas plus la réaliser que l'âge d'or des poëtes, ou la république de Platon; dans l'état des choses, que doit donc faire, et quel but doit se proposer un habile législateur?

Chercher quelle est la mesure de bonheur auquel l'homme peut aspirer dans une société bien ordonnée, et à quelle condition il nous est permis d'être heureux. L'homme a consenti de sacrifier une partie de ses droits et de sa liberté pour assurer le reste; il s'est imposé des lois; il a fallu armer des magistrats de la force publique, pour faire exécuter ces lois: ce n'est donc plus l'égalité primitive, mais l'égalité politique, qui peut régner entre les citoyens du même état: et la liberté civile qui n'est autre que le droit de faire tout ce que les lois permettent[f], ce n'est plus au titre de la nature, mais en vertu du pacte social, que nous en devons jouir. Si les lois ne sont que l'expression de la volonté générale; si l'on a eu la sagesse de leur donner l'autorité qu'ailleurs on a imprudemment confiée aux hommes, si personne n'est au-dessus de ces lois; si elles répriment l'ambition des particuliers, qui détruiroit cette égalité, et celle des magistrats, qui détruiroit la république; si ceux-ci ne peuvent jamais abuser de leur pouvoir et sont comptables à l'état de leurs actions; si, depuis le plus élevé jusqu'au dernier des citoyens, tous ont un droit égal à la protection des lois, et qu'aucun ne puisse être impunément opprimé par l'autre, quel que soit son rang et sa dignité, alors régnera cette égalité politique qui assure les biens, la liberté et la vie de chaque individu, la seule à laquelle nous puissions aspirer, mais dont la perte tendroit à dissoudre la société entière. Que seroit-ce, en effet, s'il y avoit un pays où un homme irréprochable pût trembler pour sa liberté; et qu'à un coupable souillé du sang d'un citoyen, au lieu d'épouvanter les méchans par son supplice, on vînt à prodiguer des récompenses, des dignités, des honneurs et de l'argent? Si on pouvoit citer un pareil exemple dans les annales d'un peuple, seroit-il besoin de demander si, dans ce pays, il y a des lois et une patrie?

[f] Montesquieu.

Ces lois doivent être aussi vigilantes à enchaîner l'avarice, qu'à mettre un frein à l'ambition: si elles sont tellement dirigées, qu'elles gênent l'accumulation des richesses et la trop grande inégalité des fortunes; si elles s'attachent à rapprocher les degrés extrêmes, à diminuer la distance qu'il y a entre le riche et l'indigent, et tendent à diviser les propriétés en portions plus égales; si la république flétrit les fortunes scandaleuses ou trop rapides, et sait honorer la pauvreté vertueuse; si d'un côté elle proscrit le luxe qui dévore tout, et de l'autre la mendicité, cette lèpre des états modernes, et qu'elle soit plus occupée à diminuer les besoins qu'à augmenter la recette, à prévenir la déprédation qu'à lui fournir de nouveaux alimens; si les subsides nécessaires portent sur la classe opulente; si le fruit des sueurs du pauvre, le plus pur sang des peuples, ne devient pas la proie des favoris, des aigles et des vautours; si les ames ne sont point vénales; si les citoyens ne croyent pas que l'argent soit le prix de tout, que tout peut s'acheter, même le mérite, la réputation et la vertu; si la fortune n'est pas l'unique idole; si l'état ne souffre pas qu'à toutes les grandes places, qu'à toutes les dignités de la cour, de la magistrature, de l'église et de l'armée, soient attachés des profits énormes qui font désirer ces places, non pour l'honneur de servir la patrie, mais pour les vils gains qui y sont attachés: alors on peut espérer de voir fleurir avec l'égalité politique, la modération, l'innocence des mœurs, la piété fraternelle, les antiques vertus. Autant l'extrême inégalité dégrade l'ame et l'avilit, autant l'égalité l'agrandit et l'élève; ce sentiment de la dignité de l'homme l'ennoblit à ses propres yeux. Il l'imprégnera d'une force et d'une énergie qu'il ne peut déployer sous la verge du despotisme, le préparera à toutes les impressions honnêtes qu'on voudra lui donner, et lui rendra facile la pratique de toutes les vertus: tels sont les premiers élémens du code qu'a tracé *Mably*.

Ce n'est donc point dans la vaine distinction des climats, ce n'est point en consultant le thermomètre, c'est dans la nature même des choses et dans le cœur de l'homme qu'il va puiser les principes qui doivent servir de base à une législation sage et éclairée. Dans tout pays, dans tout climat, l'homme qui n'est point dégradé chérit sa conservation, a le désir et le sentiment du bonheur, aime sa liberté. Toutes les lois qui lui assureront ces biens, qu'il tient des mains de la nature, lui seront chères et précieuses. Que ces lois soient claires, précises, en petit nombre, et sur-tout qu'elles soient impartiales; car il n'y a que celles-là de justes. Si le foible y trouve une égide et un refuge, si le puissant n'y peut dérober sa tête; si sous leur empire, ma maison, mon champ, ma personne, mon honneur et ma liberté sont sacrés, je chérirai ces lois protectrices qui m'assurent tous les biens que m'avoit promis la nature.

Mais si ces lois sont vicieuses, ou leur interprétation arbitraire; si elles élèvent au-dessus de ma tête une classe d'oppresseurs, et lui livrent toutes les autres classes de la société: si elles n'enchaînent que le foible et l'infortuné, et prêtent de nouvelles armes au plus fort ou au plus méchant; si ces lois impuissantes m'abandonnent lâchement au moment que j'en réclame la protection; si l'oppresseur, loin de trouver en elles un frein et un juge, y cherche un asyle et l'impunité; et qu'au lieu de la protéger, elles accablent l'innocence: comment pourrois-je aimer ces lois, et croire que la patrie qui les a adoptées, soit la mère commune des citoyens?

Pour intéresser à leur conservation, il faut encore qu'elles soient douces et humaines; il faut, si je l'ose dire, planter la racine des loix dans le cœur des citoyens. Mais la plupart des législateurs n'ont su qu'imprimer la terreur; ils ont oublié que les lois ne sont pas seulement vengeresses des crimes, mais conservatrices de l'innocence et de la vertu. Ils en ont fait l'instrument de leurs passions, de leurs vengeances et de leurs caprices. De là ces lois féroces, nées dans des siècles d'ignorance et de barbarie, qui ont gouverné si longtemps l'Europe; de là les cachots, les instructions secrètes, la torture, l'inquisition civile et religieuse, les procédures mystérieuses, ce langage inintelligible qui a fait des lois autant de logogriphes; les amendes, les confiscations, tous restes d'un siècle barbare dans un temps de lumières, et qui attendent la main d'un législateur humain et bienfaisant. Il semble que ce soit le bourreau qui ait fait l'ancien code criminel de presque tous les états de l'Europe.

Si ces lois ne règnent en effet que par la crainte et la terreur; si elles ont totalement négligé d'intéresser les cœurs et l'ame des citoyens; si elles n'ont point cherché à développer les affections naturelles et les qualités sociales de l'homme; si elles n'ont songé qu'à punir, et jamais à prévenir le crime, jamais à encourager la vertu; si ces lois ont été l'ouvrage de la force et l'instrument de l'oppression; si la juste proportion entre les délits et les peines n'y est point observée; si elles ne pèsent que sur le foible, et que ce soit une prérogative du rang et de la naissance de pouvoir les éluder; si elles se font un jeu d'accabler l'innocence et d'effrayer la vertu; enfin, si elles ne veulent régner que par des châtimens sur des esclaves, et non par l'amour sur de libres citoyens; ceux qui en profitent ou qui en abusent, peuvent fort bien les aimer, mais jamais ceux qui en sont ou qui peuvent en être les victimes.

Ce n'est pas tout encore; et vos lois fussent-elles aussi sages que celles du sage Platon, quel bien produiront-elles, si le législateur n'a l'art de mettre les lois sous la sauvegarde des mœurs, comme il a mis les mœurs sous la sauvegarde des lois? Si elles ne sont pas appropriées au génie, au caractère, aux besoins de la nation à laquelle elles sont destinées, le torrent des mœurs publiques emportera toutes les digues qu'on voudra lui opposer; l'édifice une fois ébranlé s'écroulera de toutes parts. Il n'y a pas un peuple corrompu qui n'ait dans ses archives les plus belles lois du monde; il ne leur manque rien que d'être exécutées.

Mais comment donner des mœurs à un peuple? En commençant par lui donner une patrie; et jamais vous ne lui donnerez de patrie, s'il n'a d'abord une bonne constitution politique: car ce ne sont ni les murailles d'une cité, ni le sol d'un pays, mais un bon gouvernement fondé sur des lois justes, qui font le citoyen et la patrie. Dans toutes les villes d'Orient il n'est pas un seul citoyen; et quand, avant la bataille de Salamine, les Athéniens se sauvèrent sur la mer, ils emportoient avec eux leurs lois et leur patrie; tout Athènes étoit sur leurs vaisseaux. Une bonne constitution est donc au corps politique ce qu'elle est au corps physique; c'est la santé des états: elle résiste à toutes les attaques. Dans un corps débile, énervé, vous pouvez avoir quelques jours heureux, quelques jouissances passagères; mais point de bonheur constant sans une constitution saine et robuste.

Si au contraire tous les membres du corps politique jouissent d'un entier développement, se correspondent, se prêtent une force mutuelle, et participant tous au suc nourricier de la vie, concourent à l'harmonie générale, on peut dire que l'état jouit d'une santé forte et vigoureuse, et que les lois qui sont l'ame de ce grand corps, et lui impriment le mouvement, sont sagement combinées. Or, quand un peuple libre a fait lui-même ses propres lois, ou les a consenties par un pacte volontaire, il s'attache à ces loix, et parce qu'elles font son bonheur, et parce qu'elles sont son ouvrage; il s'identifie avec elles; il ploie insensiblement ses inclinations et ses habitudes sous ce joug salutaire, et ses mœurs sont le fruit heureux des lois. Si des institutions sociales resserrent encore ses liens et favorisent les plus doux penchans de la nature; si les premiers biens de l'homme et ses premiers droits, c'est-à-dire, l'égalité, la liberté, sa sûreté, lui sont garantis par le contrat social, sans doute il aimera mieux vivre sous l'empire de ces lois que sous aucun autre; il ne pourroit que perdre au change; il sera intéressé à leur conservation; il trouvera beau et glorieux de mourir pour elles; rien ne lui sera plus cher que son pays; il le défendra jusqu'à son dernier soupir; alors, il aura véritablement une patrie et des mœurs.

Une telle constitution donne de la permanence aux mœurs, et les mœurs à la constitution; mais pour assurer ces fruits heureux, pour donner plus de force à leurs institutions, il est d'autres ressorts que les sages législateurs n'ont point négligé d'employer; les deux plus puissans sont l'éducation et le culte public.

Quand au premier de ces mobiles, quel avantage les anciens n'avoient-ils pas sur nous par leur éducation publique? La patrie s'emparoit de l'enfant au moment de sa naissance, et ne le quittoit plus qu'elle ne l'eût fait homme et citoyen. Alors elle le rendoit à la république; elle lui avoit créé un caractère; elle lui avoit imprimé une marque nationale qui le suivoit par-tout; elle avoit fait germer dans le cœur d'un enfant toutes les vertus dont elle avoit besoin, lorsqu'il seroit homme, elle les enflammoit tous de ce saint enthousiasme, de cet amour pour la patrie, qui lui faisoit de leurs vies un rempart plus fort que les murailles et les bataillons; elle transmettoit, des pères aux enfans, cette riche succession de mœurs et de vertus; elle allumoit en ces ames tendres ce feu sacré, éteint depuis si long-temps dans la plupart des états modernes. Là, au milieu de leurs jeux, se retraçoit l'image de leurs devoirs; on leur apprenoit la justice, la tempérance, l'amour du travail et les règles de la vertu, comme ailleurs on apprend les règles de la grammaire et celles de l'éloquence. Là, leurs oreilles étoient continuellement frappées de la louange des grands hommes, et leurs yeux, de l'éclat de leurs triomphes. Les spectacles, leurs poëmes, leurs tableaux, leurs fêtes, leurs jeux, leurs statues leur retraçoient ces saintes et immortelles images; tout retentissoit de ces noms révérés. Ils recevoient, pour ainsi dire, par tous les sens, l'amour de la patrie, des lois et de la vertu. Les trophées décernés aux héros tourmentoient les jeunes citoyens; leur faisoient verser des larmes d'impatience; leur éducation étoit toute en exemples et en action, tandis que la nôtre est toute en préceptes et en vain babil.

Il ne paroît donc pas que les modernes législateurs aient senti toute l'influence que peut avoir une éducation uniforme, qu'un même esprit dirige au même but. L'instruction publique, qui ne doit être que l'apprentissage des devoirs de citoyen, est sans doute la meilleure base des mœurs: du moins a-t-on su mieux employer un ressort peut-être plus puissant encore pour attacher les cœurs et les ames aux lois et à la patrie.

Ce seroit ici le lieu d'examiner, avec *Mably*, si nos législateurs ont connu tout le pouvoir de la religion sur les esprits, ou s'ils ont abusé de ce pouvoir; jusqu'à quel point il faut frapper les yeux et l'imagination de la multitude: ou s'ils ne se sont point égarés sur les moyens; si, riches d'une morale sublime et céleste, ils n'ont point perverti ce don précieux, et abandonné les vertus réelles et sociales pour des vertus factices et de convention; quel seroit l'avantage d'un culte national, sa liaison nécessaire avec les institutions politiques, et quelle influence il auroit sur les mœurs? Je regrette que la forme et la destination de cet écrit ne me permettent pas d'approfondir ces questions intéressantes, et beaucoup d'autres encore, qui s'offrent en foule sur cette matière. Mais je m'arrête... Il suffit sans doute, et même il est plus sage de laisser parler les faits.

L'expérience prouve combien ils sont rares, ces législateurs qui ont su joindre la morale à la politique, combien peu de nations ont connu la force des institutions sociales et publiques. Presque toutes ont négligé les premières règles de la raison; toutes se sont écartées des lois de la nature; leurs codes, pour la plupart, sont l'ouvrage du hasard, ou de la superstition. «Des aveugles ont conduit des aveugles; les passions, les caprices, les préjugés et l'ignorance sont les législateurs du monde[g].»

[g] De la législation, page 262, de la seconde partie.

Mais, quand le mal est au comble, quand des obstacles presque invincibles s'opposent à toute réforme, comment se rapprocher des vues de la nature? comment faire entendre la voix de la froide raison à une multitude aveugle et passionnée? Peut-on espérer d'avoir des lois justes et impartiales, et de pouvoir remonter jusqu'aux bonnes mœurs? Il ne faut pas se le dissimuler; ce ne sont pas seulement nos vices, c'est la forme et l'étendue des états, qui s'opposent à cette régénération salutaire. Comment imprimer le mouvement et la vie à ces masses énormes, à ces machines si compliquées des gouvernemens modernes? Qui ne sent le malheur attaché aux grands états, et l'avantage inestimable des petits où tous les citoyens sont sous l'œil des magistrats, et les magistrats sous l'œil de la loi? Les grandes républiques mêmes offrent une grande résistance à la réforme. Ou les intérêts particuliers y sont suspendus dans une balance égale, et alors aucun n'a une voix assez prépondérante pour entraîner la majorité vers le bien général; ou des citoyens trop puissans maîtrisant les autres, la république flotte entre la corruption et la tyrannie, jusqu'à ce qu'un seul, triomphant de ses rivaux, s'élève sur la ruine de tous. Quant aux états despotiques, ils ne laissent point d'espérance; les ames y sont tellement engourdies, qu'elles n'ont pas même le désir de sortir de cette léthargie, et ils ne peuvent attendre de changement, que de grandes et inespérées révolutions. Il en résulte que, de toutes les formes du gouvernement, la monarchie tempérée est peut-être encore celle qui offre un succès plus certain au législateur qui voudroit régénérer sa nation.

«Un grand homme peut naître sur le trône d'une monarchie modérée[h];» et alors quel avantage le pouvoir légitime dont il est revêtu, ne lui donne-t-il pas pour tenter la réforme, aplanir les obstacles, et marcher à grand pas vers la félicité publique? S'il a su inspirer une grande idée de ses talens et une entière confiance dans sa justice, il n'a qu'à vouloir, et les cœurs voleront au-devant de lui. Mais pour descendre jusqu'à la racine des abus, il usera d'une extrême précaution; il saura préparer à l'avance l'opinion publique, répandre à propos les lumières, manier les passions, attaquer les préjugés; il consultera l'esprit de son siècle, le caractère de son peuple, le besoin et le vœu général. Toujours une nation vive, éclairée et sensible devance les vues du législateur, lui annonce le vœu de tous, et lui trace la marche qu'il doit suivre. Qu'il écoute cette voix, et toutes les volontés se réuniront dans la sienne. Il faut encore que ses coopérateurs soient dignes de lui, qu'on ne puisse jamais soupçonner dans leurs projets le dessein caché de voiler des abus et d'alimenter l'audace des déprédateurs; il faut que leurs intentions soient pures; et sur-tout qu'on puisse croire à leur probité. Alors, que le prince agisse de concert avec la nation; qu'il l'intéresse à ses vues d'ordre et d'économie; qu'il l'associe à ses projets de bienfaisance; qu'il expose ses motifs, qu'il prenne le ton d'un père au milieu de ses enfans, ou d'un ami qui consulte son ami; qu'une communication intime et une confiance réciproque s'établissent entre les peuples et le souverain; qu'on s'apperçoive enfin que le roi et la nation ne sont qu'un, qu'ils n'ont qu'un seul et même intérêt: alors il embrasera tous les cœurs du feu sacré du patriotisme, et avec ce mobile si puissant sur les ames sensibles, il n'y a point de grandes et belles conceptions en politique qu'il ne puisse réaliser. Mais il ne laisseroit point sa gloire imparfaite, il ne se borneroit pas à des bienfaits passagers, à un bonheur qui périroit avec lui. Les bons rois meurent, une bonne constitution reste. Convaincu que l'autorité n'est jamais mieux affermie que lorsqu'elle a pour base les lois, et pour rempart le cœur des citoyens, il seroit assez grand pour mettre des bornes au pouvoir arbitraire: s'il ne se réservoit que le droit illimité d'être juste et bon, ce seroit encore un assez bel empire. Il n'y auroit pas de monarque plus absolu sur la terre: par-là il éterniseroit sa gloire et la reconnoissance de son peuple; le bonheur des générations futures seroit son ouvrage; alors il mériteroit en effet le nom de législateur et de restaurateur de la patrie.

[h] De la législation, seconde partie, page 45.

C'est ainsi que *Mably*, s'abandonnant aux illusions d'une ame vertueuse, traçoit les élémens d'une législation plus impartiale, plus humaine, plus conforme aux besoins, aux droits, au bonheur et à la destination de l'homme, et cherchoit à nous rapprocher des lois éternelles de la nature. Après avoir fait voir combien l'homme s'est éloigné de ces vues primitives, il lui a montré du moins la route qui pouvoit encore l'y ramener; mais, il faut l'avouer, l'auteur a senti combien d'obstacles s'opposent à cette heureuse régénération; il a prévu que ces vérités seroient traitées de chimères; que cette vieille morale n'étoit plus de saison: il a connu son siècle, et cependant il a écrit; et, dût-on appeler aussi son livre les rêves d'un homme de bien, cette considération n'a pu lui arracher la plume; il n'a pas cru devoir lui sacrifier des vérités qu'il croyoit utiles: il a moins pensé au jugement qu'on porteroit de son ouvrage, qu'au bien qu'il pourroit produire, s'il se trouvoit enfin des hommes d'état capables de le méditer, et dignes de l'entendre.

Plusieurs regardent ce livre de *Mably* comme le plus profond et le meilleur de ses ouvrages. Le public a semblé donner la préférence aux entretiens de Phocion; les connoisseurs balancent: le premier n'est pas aussi séduisant peut-être; les principes et le style en sont encore plus sévères; la lecture n'en est pas également piquante pour toutes sortes d'esprits; il ne devoit pas avoir un succès aussi brillant; mais peut-être en a-t-il un plus solide encore et plus durable. Pour goûter ce bel ouvrage, pour en sentir tout le prix, il faut déjà de l'instruction: ce n'est point un aliment propre à des lecteurs frivoles et légers; mais s'il tombe entre des mains déjà exercées, s'il est lu par des esprits supérieurs, et médité dans le silence des passions; si on tient la chaîne des grandes vérités morales et politiques qui en font la base; si on veut en embrasser l'ensemble et les développemens, je ne doute pas qu'on ne lui donne la préférence. Quelle foule d'idées ce livre feroit germer dans la tête d'un prince courageux qu'animeroit le noble désir d'être le législateur de sa nation! Combien de vérités il pourroit y puiser! Les principes des lois seroient son guide et son flambeau.

Chacun de nous doit être à soi-même son propre législateur; il restoit donc à *Mably*, pour embrasser son plan tout entier, de faire en faveur des individus ce qu'il venoit d'exécuter pour la grande société, de tracer les principes qui doivent servir de base à nos devoirs, et de mesure à nos vertus, de redresser les méprises des moralistes vulgaires, comme il avoit redressé celles des politiques; en un mot, de tracer un code de morale privée, comme il venoit d'en tracer un de législation, qui est la morale publique.

Nous ne pouvons que dire un mot de ce nouvel ouvrage. Des enthousiastes et des illuminés ayant totalement négligé d'approfondir le cœur de l'homme et la nature des passions, avoient perdu la morale, dénaturé les vertus, confondu l'ordre de nos devoirs, et sous prétexte d'une perfection chimérique, au lieu de les resserrer, avoient brisé tous les liens de la société.

Mably osa renverser ces rapports mal combinés; et au premier rang se retrouvèrent les qualités sociales qui rapprochent, qui réunissent les humains; il les classa suivant les intentions et le vœu de la nature; il assigna l'ordre et la prééminence des vertus, l'importance et la chaîne de nos devoirs, suivant qu'ils sont plus ou moins intimement liés, plus ou moins nécessaires au maintien et au bonheur de la société.

Cette hardiesse, et quelques passages qui s'éloignoient des opinions vulgaires, ont excité des réclamations: cependant nous savons que le sacrifice d'une page de ce livre, d'une ligne même, d'une seule expression, peut-être auroit désarmé ces censeurs. Nous ne serons pas plus sévères: en faveur des esprits timides, qu'un sentiment hardi, énoncé trop cruement, pourroit effaroucher, nous sommes prêts à déchirer cette page de *Mably*; mais après ce sacrifice, s'il nous est permis de hasarder notre opinion particulière, nous n'hésiterons pas à mettre les principes de morale à la tête de ses meilleurs ouvrages, et peut-être le premier de tous. C'est du moins le plus rempli de vraies beautés, de leçons de morale et de philosophie les plus sublimes, des vérités pratiques qui nous sont plus immédiatement utiles, enfin de maximes analogues à notre nature, à nos besoins, et les plus propres à nous conduire au bonheur par le chemin de la raison et de la vertu.

C'est à regret que nous supprimons cette partie de son éloge; mais la vie de *Mably* est si pleine, et ses ouvrages présentent des vérités si importantes, que nous pouvons à peine les indiquer. Nous n'avons rien dit de ses doutes, adressés à une secte qui nous a un instant menacés de renaître de ses cendres; nous n'avons pas le temps de parler d'un manuscrit sur les droits et les devoirs du citoyen, où respirent la liberté la plus courageuse et la philosophie la plus éclairée, ni d'autres écrits qui n'ont point encore vu le jour; nous ne voulons pas d'ailleurs prévenir le jugement des lecteurs. Ce n'est point de nous, mais du public et de la postérité que de tels écrits doivent recevoir leur sanction. Nous nous contenterons d'arrêter un instant nos regards sur le livre de *Mably*, non le plus célèbre, mais celui qui a fait le plus de bruit, en raison de ce que l'amour-propre de quelques écrivains y étoit plus intéressé: nous parlons de son traité sur la manière d'écrire l'histoire.

Cet ouvrage est le fruit de ses observations sur un art dont il a fait toute sa vie son étude. Il n'est pas étonnant qu'un homme si profond, nourri des grandes vérités du droit naturel, des principes de la politique et des leçons de la morale, admirateur passionné des anciens, n'ait pas été satisfait de la manière dont la plupart des modernes ont écrit l'histoire. Il les a jugés avec sévérité, disons même, quelquefois avec dureté; il n'a pas traité sans doute avec assez d'égards l'homme universel, le poëte-historien, idole d'une partie de la nation; mais qu'importe, après tout, ses jugemens purement littéraires? Ses préceptes n'en sont pas moins excellens; toute la partie didactique de son ouvrage est pleine de raison et de sagesse; ses ennemis mêmes y ont trouvé des vues neuves et lumineuses; c'est, si j'ose le dire, la poëtique de l'histoire.

Mably exige des connoissances préliminaires, qui sont en effet indispensables à ceux qui se destinent à ce genre d'écrire. Si l'historien n'a pas des idées justes de la dignité de l'homme, du droit naturel, de l'ordre et de la fin des sociétés, des principes constitutifs des états, des vraies causes de la prospérité ou de la décadence des nations; s'il n'a des règles sûres de morale pour apprécier les hommes et les actions; il louera ce qu'il faut blâmer, et blâmera ce qu'il faut louer; on le verra errer au hasard; il s'égarera sans cesse: il se laissera entraîner au caprice des hommes et des événemens; et, sans ancre et sans boussole, au milieu de cet océan des passions humaines, cette mer ne sera fameuse que par ses naufrages.

Quel n'est pas, au contraire, l'avantage d'un écrivain, qui avant de prendre la plume, a long-temps médité sur son art? Lorsqu'il en a séparément étudié toutes les parties, qu'il l'a considéré sous toutes les faces, qu'il s'est pénétré des grands principes, qu'il s'est fait des bases certaines et invariables, et qu'il a nourri son esprit et sa pensée de toutes les connoissances préliminaires; alors il s'élance avec confiance dans la carrière: fidelle au plan qu'il s'est tracé, il dispose son action, il en tient tous les fils dans sa main, il les démêle sans peine et sans efforts; devant lui se déroule sans confusion cette longue série de siècles et de révolutions. Il domine son sujet, et dirige les événemens, au lieu d'être emporté par l'abondance et la complication des matières. De là naît cette démarche libre et rapide, que rien n'embarrasse, ce beau développement, ce *lucidus ordo*, qui est la majesté de l'histoire. De cette plénitude de connoissances, de cet amas de lumières naissent encore ces réflexions courtes et profondes, ces éclairs rapides qui étonnent et font suspendre la lecture. C'est faute d'avoir fait ces études et ces méditations préparatoires, de s'être nourri des grands principes, d'avoir des règles certaines pour apprécier les actions et les hommes, que la plupart des historiens modernes sont vagues, arides, maigres et décharnés; ils manquent de cette ame, de ce mouvement, de cette surabondance de sentimens qui vivifient les écrits des anciens; ils ne sont, à l'exception du petit nombre, que de froids discoureurs, quand les autres sont éloquens et sensibles.

Ce que l'auteur a dit de la connoissance du cœur humain est également bien senti et bien développé. L'art d'intéresser et de remuer les passions n'est pas moins nécessaire à l'historien qu'à l'auteur dramatique; c'est par la peinture du cœur humain que les anciens sont sur-tout admirables. Si vous ne savez pas faire agir, penser et parler vos personnages sur la scène de l'histoire comme sur celle du théâtre, je reste froid et tranquille à vos récits inanimés. L'histoire est un long drame où tous les acteurs viennent se peindre eux-mêmes, agir et parler. J'assiste à leurs conseils; je suis présent à leurs actions; je vois au fond de leur cœur; j'espère, je crains, je délibère, je me passionne avec eux; je lis dans leurs pensées, je pénètre dans les replis les plus cachés de leur ame. Je ressens tour-à-tour l'amitié, la haine, la pitié, la terreur, la vengeance et l'amour. Un grand intérêt me remue; mon cœur n'est point froid, il est plein, et l'ennui n'y peut pénétrer. S'il ne suffisoit que d'entasser des faits, d'accumuler des événemens et des dates, de faire un tableau sans proportion, sans couleur et sans vie, rien sans doute ne seroit si facile que de réussir. Mais dans ce grand drame de l'histoire, de transporter sous nos yeux, d'animer ces grands personnages qui ont fait le destin des nations, de conserver la vérité des caractères, et cette unité d'intérêt, charmes secrets de tous les bons ouvrages et de tous les bons esprits, de faire de l'histoire une scène instructive pour tous les états, une leçon perpétuelle de morale et de philosophie pour tous les hommes; l'expérience ne prouve que trop combien cet art exige d'études et de talens, combien il est rare et difficile d'être un grand peintre des passions. La France a ses Sophocle et ses Euripide; elle a ses Platon, ses Pline et ses Démosthènes; nous avons plus qu'Aristophane et que Térence; mais a-t-elle un Tacite? a-t-elle son Tite-Live? a-t-elle son Plutarque?

Tous les préceptes, je le sais, qui tiennent à l'art d'écrire, sont insuffisans. Dans tous les arts il y a, pour ainsi dire, la partie mécanique qu'on peut enseigner, qu'on est à-peu-près sûr d'apprendre avec un peu d'aptitude et beaucoup de patience. Mais il est une partie rebelle à tous les préceptes, contre laquelle toutes les leçons des maîtres et l'opiniâtreté des élèves viendront échouer. Eh! qui me donnera ce feu céleste, ce souffle créateur qui inspire les chefs-d'œuvres, le génie? voilà ce que l'art n'enseignera jamais; et quand je ne sais quel d'Aubignac traçoit laborieusement les règles de la tragédie, Corneille avoit déjà créé et le Cid et Cinna, et Polieucte et les Horaces: les poëmes immortels d'Homère ont précédé toutes les règles du poëme épique; et il en est de même de tous les genres qui ont besoin des émanations du génie. Quand il a expliqué les règles matérielles de son art, que doit donc faire un maître, et que doit-il dire à ses élèves?

Consultez votre talent, lisez les grands modèles; portent-ils le trouble dans votre ame? leur gloire vous touche-t-elle? versez-vous des larmes d'admiration à leurs récits? calculez-vous les années qui vous restent encore pour la gloire? portez-vous un cœur sensible? Si la vertu vous enflamme; si l'injustice vous soulève; si Caton, déchirant ses entrailles, vous imprime autant de respect que le crime heureux vous indigne et vous irrite: alors saisissez vos crayons, et vous aussi vous êtes peintre; burinez en traits ineffaçables l'ame d'un Tibère, d'un Borgia; dévouez-les à l'exécration de la postérité la plus reculée; qu'en sortant de dessous vos pinceaux leur image fasse frémir et reculer d'horreur; qu'elle soit abhorrée; que leur nom devienne une injure; qu'il serve d'épouvantail aux tyrans. Mais si la fortune vous présente quelques-uns de ces êtres qui sont l'éternel honneur de l'humanité, peignez-les de ces couleurs qui font chérir, qui font adorer la vertu; faites-les respirer dans vos peintures; offrez-les à la vénération de l'univers; dites qu'ils étoient hommes; mais n'affoiblissez pas ces traits de caractère, de bonté, de justice et de bienfaisance, qui les rendent adorables; offrez-moi des modèles, et qu'en peignant Aristide dans l'exil, Socrate buvant la ciguë, Phocion dans les fers, Henri IV assassiné, un grand homme proscrit; j'envie leur sort, leurs fers, leurs souffrances et leur mort; que leurs saintes images me transportent, qu'elles élèvent mon ame, et me donnent le courage de professer comme eux la vertu et la vérité aux dépens de mon repos, de mon bonheur, et même de ma vie.

En un mot, que votre histoire ne cesse jamais d'être une école de morale en action. Quand les lois sont oubliées, quand les mœurs se corrompent, l'historien réveille encore dans les cœurs les idées de justice et de vertu; il pèse dans la balance les actions des hommes et les fautes des peuples; il fait pâlir le crime sur le trône; il flétrit un despote, malgré ses gardes et ses soldats; il exerce une sorte de magistrature; il cite à son tribunal les hommes de tous les âges et de tous les pays; et le jugement qu'il va prononcer sera l'arrêt de la postérité et la leçon de ses contemporains. Si ses concitoyens sont amollis par le luxe et les richesses, s'ils se précipitent au-devant du joug, s'ils courent à la corruption, alors il saisit ses crayons, il écrit l'histoire d'une nation libre et vertueuse; il trace les mœurs des Germains.

Mais où prendra-t-il ses couleurs? Dans la sensibilité de son cœur et l'élévation de son ame. Respectez par-tout les mœurs, faites aimer la vertu, haïr le crime, détester l'oppression; vengez les droits de l'homme, et ne plaisantez point sur les maux de l'humanité; c'est à-peu-près à quoi se réduit la poëtique de l'histoire. Voilà ce qu'a dit, ce qu'a répété l'abbé de *Mably*; et au lieu d'être frappé de la sagesse de ses leçons, on a fermé les yeux à cette foule de beautés, pour ne voir que quelques négligences, et relever quelques jugemens littéraires. On ne lui pardonna pas de ne s'être point affilié à la secte dominante; on lui en fit un crime. *Mably* prit le parti que la vertu outragée doit prendre; il dédaigna les critiques et garda le silence.

Tandis que l'esprit de secte, toujours intolérant, exerçoit ses vengeances, un nouvel hommage venoit le consoler de cette légère disgrace: il étoit consulté par l'un des sages envoyés des États-Unis d'Amérique.

C'est un grand et beau spectacle de voir la liberté planter son étendard dans le nouveau monde, et y appeler tous ceux qui seroient opprimés dans l'ancien. Des philosophes ont été les législateurs des nouvelles républiques, et les Brutus de l'Amérique en étoient aussi les Solon. Il a enfin été permis, en traçant ces lois constitutives, d'écouter la voix de la sagesse et de la raison, et les droits sacrés de l'homme. Elles n'ont point été formées au hasard, comme presque toutes les constitutions modernes; et les lumières qui, depuis un siècle, ont éclairé nos erreurs et nos fautes, n'ont point été perdues pour l'Amérique. On a enfin connu les vrais fondemens de la société, qui posent sur le libre consentement des peuples. Si en effet ces républiques ont adopté les principes les plus conformes aux vues de la nature; si, en proscrivant les rangs et les distinctions héréditaires, elles ont pris pour base de leur code l'égalité; si on y montre par-tout un respect religieux pour les droits et la dignité de l'homme; si la tolérance y a établi son bienfaisant empire, grâces en soient rendues aux écrivains et aux sages qui ont éclairé l'univers! ce n'est pas le moindre service qu'aient rendu aux hommes les lettres et la philosophie.

Mably mêloit ses applaudissemens à ceux de l'Europe; il admiroit dans les législateurs du nouveau monde des vues pleines de sagesse: il étoit pénétré de vénération pour ces hommes célèbres. Il étoit sur-tout frappé de cette profonde connoissance des droits de la nature, qu'ils avoient développée dans leurs lois, et de l'habileté avec laquelle ils avoient lié toutes les parties de la confédération américaine. Mais en leur donnant de justes éloges, il a porté ses regards plus loin; il a proposé ses doutes; il a manifesté ses craintes pour l'avenir; il a tout examiné avec la sévérité d'un homme que les succès ne peuvent éblouir, dont rien ne peut corrompre le jugement, ni fléchir l'austérité. Incapable de trahir la vérité, et pressé de la dire, il l'a dite courageusement et avec la franchise que l'on doit à un peuple libre. Il applique donc ses principes aux constitutions des États-Unis; il pose par-tout les mœurs pour base aux lois; c'est sur cette échelle qu'il mesure la durée et la prospérité des empires. Or, il a trouvé chez eux des germes de corruption; il les croit déjà trop vieux; il craint, pour l'Amérique, les richesses, le luxe et les vices d'Europe. Je sais tout ce que l'on peut dire en faveur du luxe et du commerce; qu'on ne doit pas appliquer à de grandes républiques, et dans un siècle d'opulence, des principes sévères qui ne conviennent, dit-on, qu'à des siècles grossiers, à des mœurs simples et à de petits états. Il est certain que si l'on met la richesse avant la liberté, et l'or avant les mœurs, on trouvera sa politique désespérante, et ses principes trop austères. Mais il n'a point cru devoir s'en écarter: il n'a point deux politiques et deux manières de voir. Il a jugé les lois constitutives de l'Amérique comme il a jugé celles de Sparte, de Rome et d'Athènes; sa politique ne varie pas plus que sa morale; l'une et l'autre sont fondées sur une base éternelle. Si l'on vouloit s'abandonner au torrent des opinions, il étoit inutile de le consulter; et le luxe, et les richesses, et le pouvoir de l'or trouveront assez d'apologistes, sans qu'il soit besoin d'y joindre la voix austère de Phocion ou d'Aristide. Au reste, plût à Dieu qu'il se fût trompé dans ses conjectures! Puissions-nous voir long-temps l'égalité, la concorde et la paix régner avec les mœurs dans ces heureux climats; et puisse, dans tous les temps, l'Amérique offrir un asyle à la liberté, lorsqu'elle sera bannie du reste de la terre! A la lecture des observations de *Mably*, le ministre célèbre auquel elles sont adressées[i] s'écria: «ce livre fera un jour la gloire ou la honte des Américains.»

[i] John Adams, successeur de Francklin.

C'est un sujet digne de remarque que le nom d'un simple et modeste citoyen se trouve lié à tous les états qui aspirent encore à la liberté, ou qui craignent de la perdre. Berne avoit adopté ses maximes; la Pologne lui avoit demandé des lois; la Corse avoit réclamé ses lumières; Genève en avoit reçu des conseils capables de la garantir de l'oppression; et les sages de l'Amérique avoient sollicité son suffrage: tant est puissant l'empire et le charme des talens unis à la vertu! *Mably* a pleinement joui de ce double triomphe.

Nous avons tâché de suivre l'histoire de ses pensées, de voir comment elles se sont liées dans son esprit et dans son imagination, comment il les a développées dans ses ouvrages, et par quelle chaîne de principes ses écrits ont mérité de devenir le code des états libres. Mais entraînés par l'abondance des matières et l'importance des objets, nous n'avons pas eu le temps de nous arrêter sur la forme et le mérite littéraire de chacun de ses écrits. On n'a pas cru devoir insister sur ce mérite; on a préféré d'en extraire la substance. En général les compositions de *Mably* sont sérieuses et mêmes sévères; son style est austère et grave, comme les sujets qu'il a traités: on n'y trouve ni cette recherche d'esprit, ni cette enluminure, ni ces défauts brillans qui caractérisent les productions du jour; c'est un Spartiate qui écrit dans Athènes. Ses écrits n'intéressent ni la frivolité, ni les passions; ils parlent plus à la raison qu'aux sens: il faut déjà valoir quelque chose pour s'y plaire; il faut avoir l'ame calme et pure pour en goûter le charme. Ils ne seront recherchés ni par les esprits frivoles, ni par les courtisans, ni par les hommes à la mode, ni par cette foule de lecteurs oisifs, qui ne cherchent qu'à se débarrasser du poids du temps; mais ils seront lus avec fruit par les bons esprits, par les patriotes, par les gens de bien; ils seront médités par les sages et par les hommes d'état, et peut-être ils tomberont entre les mains d'un prince épris de la vraie gloire, qui voudroit être le restaurateur des mœurs et le réformateur de ses états. Quels fruits heureux ne peuvent-ils pas produire, si la semence qu'a jettée le philosophe, tombe enfin dans une terre neuve et féconde! et quelle gloire pour lui d'avoir ainsi préparé le bonheur des générations à venir!

C'est ainsi que, pendant quarante ans, *Mably* n'a cessé de travailler pour son siècle, et de semer pour la postérité: sa vie est pleine, et sa carrière honorablement remplie. Il n'a jamais varié, on ne l'a jamais vu flottant dans ses opinions: toujours d'accord avec lui-même, rien ne l'a pu faire départir de l'austérité de sa morale, et de la sévérité de ses principes; ils tenoient à son caractère[4].

Ce caractère étoit fièrement prononcé, et l'homme, chez lui, n'offroit point de scandaleux contrastes avec l'écrivain; il étoit dans sa conduite tel qu'il s'étoit montré dans ses écrits, et tout ce qu'il avoit tracé de préceptes en morale, il le mettoit en action.

Il a fui les honneurs, la fortune, les places, les distinctions, avec autant de soin que les autres les recherchent: la modération de l'ame étoit son trésor; il pouvoit l'augmenter, sans nuire aux droits et aux prétentions de qui que ce fût; il ne rencontroit personne sur sa route, et son bonheur ne coûtoit rien à celui des autres. Il n'affectoit point de se montrer sur la scène; il ne cherchoit nullement à se répandre. Solitaire au milieu de Paris, son nom étoit très-connu, et sa personne l'étoit très-peu. Il dédaignoit les brigues, les prôneurs, autant qu'il redoutoit les protecteurs; il ne pouvoit se plier au manége de l'intrigue; il n'avoit point la souplesse nécessaire pour se faire des partisans et des prosélytes. Il repoussoit, et même avec humeur, ce commerce d'éloges dont l'amour-propre est si facilement la dupe. Nous savons qu'il se mit un jour véritablement en colère contre un homme qui le comparoit à Platon, et qui, pour prix de sa complaisance, attendoit peut-être que Platon le comparât à Socrate.

Mettant la liberté au rang des biens, il voulut être pauvre pour pouvoir être libre; c'est à ce prix qu'il acheta le droit de dire la vérité. Comment, en effet, avoir le courage de la professer, lorsqu'on est dans la dépendance de la fortune, et que ses chaînes nous atteignent de toutes parts, quand on a tant à craindre, tant d'abus à caresser, de protecteurs à ménager, tant de choses à perdre? Si *Mably* nous parla souvent de mœurs et de modération, ce n'est point, comme Sénèque, en nageant dans l'opulence et les délices: il vécut jusqu'à soixante ans avec un revenu au dessous du médiocre, et il en avoit de reste pour faire du bien.

Il retraçoit la simplicité des mœurs antiques; mais, sous ces dehors simples et modestes, il avoit une ame grande et fière; il conserva toujours la dignité d'homme de lettres: on ne le vit jamais prostituer sa plume, ni à la faveur, ni à l'esprit de parti. Il ne s'abaissa point, pour plaire à la multitude, à prendre le goût à la mode, le ton du jour, à caresser les opinions dominantes; il préféra les vérités sévères à des choses agréables. Il ne prit jamais la plume que dans l'espoir d'être utile. Il dédaigna les louanges banales et les lecteurs vulgaires: il n'écrivit que pour les honnêtes gens, les ames pures et élevées. Il osa être sérieux, grave et solide dans un siècle frivole; il parla de mœurs et de vertu dans un siècle corrompu. Il étoit, dans sa conversation comme dans ses écrits, simple, sans apprêt, mais ferme et vrai; et il poussa quelquefois la franchise jusqu'à la rudesse. On lui reprochoit une dureté qui n'étoit que l'indignation d'une ame vertueuse. Il ne manquoit aucune occasion de venger le mérite modeste et la vertu, des sarcasmes et des mépris, de l'orgueil et de la sottise. Un grand, parlant un jour devant lui d'un homme d'un mérite très-distingué, mais qui avoit le tort de n'être ni riche ni d'une haute naissance, dit, avec dédain: qu'il l'avoit tiré de son grenier. *Mably* ne craignit pas d'élever la voix:

«Monsieur le comte, dit-il, ce sont les gens de mérite qui logent dans des greniers, et les sots.... habitent dans des hôtels».

Il me semble qu'il est aussi une règle pour mesurer les ames: nos goûts, notre inclination, nos caractères nous portent vers les objets qui nous sont analogues, vers tel homme plutôt que vers tel autre, parce que son ame répond à la nôtre; des éloges involontaires, des expressions échappées nous décèlent. L'homme que Jean-Jacques a le plus loué, c'est Fénélon. Celui qui obtint tous les hommages de *Mably*, c'est Caton; et le gouvernement qu'il loua le plus, c'est Lacédémone. Aussi comme une femme d'un mérite rare lui applaudissoit sur ce qu'il montroit du caractère:—Du caractère, Madame, on n'en peut avoir dans certains pays, mais si j'étois né à Sparte, je sens que j'aurois été quelque chose.

C'est ce caractère indomptable, cet amour pour la liberté et l'indépendance, qui lui faisoient chérir sa médiocrité. Il ne vouloit prendre d'engagement d'aucune espèce, ni avec la fortune, ni avec les préjugés, ni avec les corps. Il redoutoit toutes sortes de chaînes; il ne fut d'aucune secte, d'aucun parti, d'aucune cabale. L'amour-propre des autres n'étoit point intéressé à vanter son mérite. Non-seulement il ne fit jamais de démarches pour entrer dans aucun corps littéraire, mais il s'opposa à toutes celles que ses amis auroient pu faire pour lui. Quand on lui proposoit de l'admettre dans quelque société particulière, il répondoit: «je suis déjà d'une grande société dont j'ai bien de la peine à remplir tous les devoirs.» En aucun genre il ne vouloit prendre l'engagement de penser en tout point comme son confrère.

Il ne fut donc d'aucune académie. Toutes les fois qu'il y avoit des places vacantes, le public se plaisoit à le désigner. La malignité dit quelquefois de certains écrivains: pourquoi sont-ils de l'académie? Peut-être l'orgueil de *Mably* étoit-il secrètement flatté de ce qu'on demandoit: «pourquoi n'est-il pas de l'académie?» La réponse est sans doute la même qu'on a faite à l'occasion d'autres hommes de lettres, également nommés par la voix publique: «il ne s'est pas présenté.» Je sais qu'une compagnie célèbre se seroit empressée de le recevoir dans son sein, et que toutes se seroient honorées de l'adopter, s'il avoit fait les premières avances. Me seroit-il permis, à ce sujet, de hasarder une réflexion? Si l'on fait un juste reproche aux princes de ne pas aller au-devant du mérite, ne seroit-on pas en droit, et avec plus de justice encore, de faire le même reproche à des corps littéraires, et qui sont essentiellement fondés sur le mérite personnel? Pourquoi faire dépendre l'honneur de leur adoption de la nécessité de le solliciter? Et pourquoi forcer un savant timide et modeste à venir vous dire: «je vaux mieux que tous mes concurrens, et vous me devez la préférence?» Il nous semble qu'il seroit glorieux à une compagnie littéraire de donner l'honorable exemple d'aller au-devant du savoir modeste et de la vertu qui se cachent. Au reste, c'est une question que je soumets à l'académie même, qui m'honore de son attention. Je lui présente mes doutes: je me confie à l'intégrité de mes juges. Jamais les souverains ne se sont montrés plus grands, que lorsque, dans les causes douteuses entre eux et leurs sujets, ils n'ont point hésité à prononcer contre leurs propres intérêts.

Quoi qu'il en soit, pourroit-on blâmer *Mably* d'avoir conservé son caractère, ces traits primitifs, que la nature avoit gravés dans son ame; de ne s'être point abandonné à cette facilité de mœurs, qui prend toutes les formes et toutes les empreintes, sans en garder aucune? En convenant même qu'il a peut-être quelquefois porté trop loin cette roideur et cette austérité de mœurs et de principes, n'est-elle pas préférable à cette nullité qui n'offre que des masques et des surfaces? N'avons-nous pas assez d'ames dégradées et jetées dans le même moule? Avons-nous peur de manquer d'écrivains qui soient aux gages de nos passions? Craignons-nous que les maximes d'un sage et l'exemple d'un seul homme ne deviennent contagieux? Eh! s'il a gourmandé nos vices, avons-nous bonne grâce de nous en plaindre? Certes, si jamais il fut permis de rapeller les grands et éternels principes de la sagesse et de la morale, c'est dans un siècle où ils sont si scandaleusement méconnus; dans un temps où l'intérêt personnel, la soif de l'or, les délires du luxe, l'oubli de toute vertu, l'effronterie des mœurs ont perverti toutes notions naturelles; où le vil égoïsme a frappé de stérilité tous les sentimens honnêtes, a dénaturé toutes les qualités sociales, desséché tous les cœurs, et su rendre ridicules jusqu'aux noms de vertu et de patrie; dans un siècle où il a fallu inventer des mots nouveaux pour peindre une perversité nouvelle. A cette vue, comment en effet se défendre d'un mouvement d'indignation? et pourroit-on ne pas pardonner un peu d'humeur à un homme nourri de principes sévères, habitué à réfléchir sur les causes qui amènent la décadence des états; à un sage qui, regardant le luxe, les richesses, les arts, la mollesse, la perte des mœurs comme les avant-coureurs de la chute des empires, auroit voulu nous retenir sur le bord de l'abîme déjà entr'ouvert sous nos pas? Ce vœu n'est-il pas le produit d'une probité rigide et d'un grand caractère? Si c'est un tort, c'est celui de Caton et celui de la vertu.

Mais cet homme qui s'élevoit si courageusement contre les abus corrupteurs, que les vices publics irritoient, qui s'indignoit contre les prévarications dont tout un peuple est victime, et qui cachoit rarement son indignation, étoit indulgent pour les fautes qui n'altèrent point l'ordre général; il étoit presque indifférent aux injustices qui n'avoient que lui pour objet. Il étoit bon, humain, généreux, compatissant; mais où il déployoit sa sensibilité, c'est dans le commerce intime de l'amitié; il en connut tout le prix: c'est un plaisir réservé aux ames pures; elles seules en éprouvent toutes les jouissances délicieuses; elles seules en savent goûter tout le charme. *Mably*, incapable de se plier aux convenances d'une société qui laisse le cœur vide, lui qui fuyoit le joug des liaisons sans intimité, aimoit à s'abandonner aux doux épanchemens de l'amitié; il en remplissoit affectueusement tous les devoirs.

Il aimoit à se réfugier dans son sein; mais il étoit d'autant plus sévère dans le choix de ses amis: il connoissoit trop tout ce qu'exige ce titre sacré, pour en jamais prodiguer le nom et les démonstrations; il y cherchoit l'entière confiance, la liberté, l'accord des ames, et la douce égalité, sans laquelle il n'y a point de parfaite <u>amitié</u>. Il y cherchoit plus encore les qualités du cœur que celles de l'esprit. Heureux ceux qui lui ont inspiré ce sentiment! Leur seul titre d'amis d'un homme de bien est aujourd'hui pour eux un éloge. Aussi, quand il a été enlevé aux lettres, à la vertu, à l'amitié, ont-ils amèrement pleuré sa perte. Sa gloire leur en est devenue plus chère; leurs sentimens et leurs regrets l'ont suivi bien au-delà du tombeau[5].

Peut-être eux seuls étoient dignes de nous révéler ces vertus sociales et domestiques, qui ne se développent que dans l'intimité; de nous retracer cette probité journalière qui s'étend sur toutes les actions et sur tous les instans de la vie; ce caractère que rien ne pouvoit ébranler, inaccessible à la crainte comme aux espérances; cette ame stoïque et pure qui ne gauchit jamais dans le sentier de la vertu. Ils nous auroient fait sentir le rapport intime de sa morale avec ses actions, de ses maximes avec sa conduite, de ses vertus avec ses écrits, et jusqu'à quel point ses ouvrages ont pris la teinte de son caractère. Dans leurs peintures vives et fidelles auroient respiré tous ses traits: le langage de l'amitié a je ne sais quoi de touchant et d'affectueux qui entraîne et persuade; on ne peut résister à ses doux accens. Sans doute l'éloge de leur ami y auroit gagné; mais cet éloge appartenoit à tous les gens de bien: c'est une dette nationale qu'il falloit acquitter, un tribut public qu'il falloit payer à un ami de l'ordre et des mœurs.

O toi, qui as si bien mérité de la patrie, philosophe aussi vertueux qu'éclairé! s'il est vrai que tu n'as eu d'autre passion que celle d'être utile, d'autre motif que le noble orgueil de faire le bien et de nous arracher à nos vices; si tes travaux, tous les instans de ta vie ont été consacrés à l'instruction, au bonheur et à l'utilité de tes semblables; si tu n'as cessé d'opposer, presque seul, ton inflexible sévérité au torrent des mœurs publiques, et de nous rappeler aux antiques vertus, aux grandes vérités morales et politiques qui font la félicité des hommes et la splendeur des états; si tous tes écrits respirent les leçons de la sagesse, l'amour des lois, la haine du despotisme; si tu n'as cessé de plaider courageusement la cause des peuples, des foibles et des infortunés, contre les puissans, les riches et les oppresseurs; en un mot, s'il est vrai que tu te sois montré, dans tous les temps et par-tout, l'organe de la vérité, l'apôtre des mœurs, le défenseur de la liberté, le vengeur des droits et de la dignité de l'homme; sans doute tu méritois un hommage public dans ta patrie, l'estime de l'Europe et la reconnoissance de l'humanité entière!

Heureux celui qui, chargé de ce dépôt sacré, s'acquittera dignement d'un si noble emploi, et dont l'écrit, interprète fidelle des sentimens particuliers et du vœu général, pourra mériter également le suffrage de ses amis qui le pleurent, des sages qui l'apprécient, et de tous les gens de bien qui chérissent sa mémoire!

NOTES HISTORIQUES.

Note Ire, pag. 4 de l'Éloge.

Naissance et jeunesse de l'abbé MABLY.

[1] L'ABBE de *Mably* naquit à Grenoble le 14 Mars 1709, d'une famille honorable. Il avoit pour frère l'abbé de Condillac: ses neveux, fils de M. de *Mably*, grand prévôt de Lyon, ont eu l'honneur d'avoir quelque temps *Jean-Jacques* pour instituteur; c'est pour l'un d'eux que Rousseau fit le petit écrit qui a pour titre: Projet pour l'éducation du jeune Sainte-Marie; c'est peut-être à ce premier essai que nous avons dû l'Emile.

Le jeune *Mably* fit ses humanités à Lyon, chez les Jésuites, école célèbre, d'où sont sortis tant d'illustres disciples, et dont peut-être on sent trop aujourd'hui le vide.

Sa famille étoit alliée des Tencin. Une dame qui a rendu ce nom célèbre réunissoit alors chez elle l'élite des gens de lettres; outre ses dîners de beaux esprits, elle avoit des dîners politiques; Montesquieu en étoit; *Mably* y fut admis. Il venoit de donner le parallèle des Romains et des Français, dont on disoit du bien. Madame de Tencin, entendant le jeune abbé parler des affaires publiques, et raisonner avec beaucoup de sagacité sur les événemens politiques, jugea que c'étoit l'homme qu'il falloit à son frère, qui commençoit à entrer en faveur et dans la carrière du ministère.

Le cardinal, occupé jusqu'alors des affaires d'église, étoit fort peu instruit des intérêts de l'Europe. C'est pour l'instruction particulière de ce ministre, pour l'endoctriner, que le jeune abbé fit l'abrégé des traités depuis la paix de Westphalie jusqu'à nos jours; ce travail, perfectionné depuis, a produit le droit public de l'Europe.

Le cardinal sentoit sa foiblesse dans le conseil: pour le tirer d'embarras, l'abbé de *Mably* lui persuada de demander au roi la permission de donner ses avis par écrit: c'étoit *Mably* qui préparoit ses rapports et faisoit ses mémoires. Il avoit souvent communication des instructions et des dépêches des ambassadeurs. Ce fut lui qui, en 1743, négocia secrétement à Paris avec le ministre du roi de Prusse, et dressa le traité que Voltaire alla porter à ce prince. Frédéric, qui ne l'ignoroit pas, conçut dès-lors une grande estime pour l'abbé *Mably*: c'est une singularité bien digne de remarque, que deux hommes de lettres, sans caractère public, fussent chargés de cette négociation importante, qui alloit changer la face de l'Europe.

On détermina Louis XV à se mettre à la tête de ses troupes. Le conseil vouloit établir les armées sur le Rhin; c'étoit le sentiment de Noailles et de Tencin: *Mably* soutint qu'il falloit faire la campagne dans les Pays-Bas; il se trouva que le roi de Prusse demanda la même chose. *Mably* eut la gloire de s'être rencontré avec le monarque: il avoit jugé juste.

Ce fut encore lui qui dressa les mémoires qui devoient servir de base aux négociations du congrès ouvert à Breda au mois d'avril 1746: ces divers travaux décidèrent sa vocation pour la politique.

Mais peu de temps après il se brouilla avec le cardinal, pour une querelle qu'ils eurent à l'occasion d'un mariage protestant que Tencin vouloit casser. Il disoit qu'il vouloit agir en cardinal, en évêque, en prêtre. *Mably* lui soutenoit qu'il devoit agir en homme d'état. Le cardinal ajouta qu'il se déshonoreroit s'il suivoit son avis; l'abbé, indigné, le quitta brusquement, et ne le revit plus.

Pour complaire à sa famille, l'abbé de *Mably* étoit entré de bonne heure dans les ordres; mais il s'en tint au sous-diaconat, et on ne put jamais l'engager plus avant. Il ne vouloit point se mettre, par son état, en contradiction avec ses principes. En quittant le cardinal, il sacrifia sa fortune à sa liberté; il s'adonna tout entier à l'étude, et vécut dans la retraite.

Note II, page 6 de l'Éloge.

Son amour pour les anciens.

[2] *Mably* s'est nourri dans tous les temps de la lecture des anciens: il savoit presque par cœur Platon, Thucidide, Xénophon, Plutarque, et les ouvrages philosophiques de Cicéron.

Il fut toujours leur admirateur passionné; et véritablement les anciens sont encore et seront toujours nos maîtres: ils sont et seront les législateurs du goût, de la morale et de la vertu, tant qu'il y aura des hommes éclairés et sensibles sur la terre. L'étude de l'antiquité n'est pas moins indispensable pour les littérateurs que pour les artistes. Ils nous ont donné des modèles que nous n'avons pas encore surpassés; ils étoient plus près de la nature: et c'est sans contredit une des plus belles et des plus utiles institutions des peuples modernes, que d'avoir établi dans leur sein une société d'hommes choisis, qui fussent, en quelque sorte, les dépositaires des beautés et des trésors des anciens, dont la principale occupation fût de nous conserver et de nous transmettre les lumières qui brillent dans leurs écrits, comme le feu sacré de Vesta: ce sont les prêtres du temple; ils veillent sans cesse à ce que ce sacré foyer ne s'éteigne ou ne s'évapore dans un siècle futile ou chez un peuple frivole. C'est à cette école des anciens, et sur-tout dans l'histoire et les écrits des peuples libres, que l'on puise avec leur génie, des leçons de morale, de grandeur d'ame, d'amour de la patrie, des lois et de la liberté; ceux qui ne voient que du grec et du latin dans cette étude, s'abusent étrangement: tant qu'on pourra puiser à cette source pure, l'ignorance et la servitude ne s'empareront pas tout-à-fait de l'univers; il y aura toujours de l'espoir. C'est là que s'est formé *Mably*; et il a peut-être encore plus cherché dans ces saintes émanations les traces de leurs vertus que le feu de leur génie.

On lui a reproché d'avoir outré cette admiration pour les anciens; mais s'il l'a poussée trop loin, ce dont on peut douter, s'il est vrai que cet amour de l'antiquité l'ait rendu quelquefois trop sévère envers ses contemporains, il faut avouer aussi que l'engouement du public pour certaines nouveautés, l'oubli des bons principes, le torrent qui nous précipite dans un goût et dans les mœurs dépravées, dont nous ne pouvons prévoir le terme, ne justifient que trop peut-être ses craintes et ses alarmes.

Note IIIe. relative aux pag. 8 et 80 de l'Éloge.

Notice des ouvrages de l'abbé MABLY, *par ordre chronologique.*

[3] L'abbé de *Mably* n'est pas encore assez connu. Nous avions d'abord formé le projet de donner l'analyse raisonnée de tous ses ouvrages: peut-être seroit-il agréable et intéressant de lire dans une centaine de pages l'extrait de vingt volumes: ce travail est à peu près fini; mais il auroit pu paroître prématuré avant le jugement de l'académie, et il ne doit appartenir qu'à celui que son suffrage en aura déclaré le plus digne. Nous nous contenterons de donner ici une notice chronologique de ses ouvrages.

1°. *Parallèle des Romains et des Français.*

Deux volumes in-12, 1740.

(Page 15 de l'Éloge.) Le public accueillit l'ouvrage, et encouragea le jeune auteur. Un critique sévère trouvoit ce livre noblement écrit, et, en plusieurs endroits, avec beaucoup d'esprit et de génie. (Observations sur les écrits modernes, année 1740.) Un autre disoit: Je ne sais si Sparte et Athènes ont eu quelque citoyen plus éclairé que l'abbé de *Mably* sur leurs intérêts. (Mercure d'octobre 1740, page 2210, 2217).

L'auteur fut plus sévère que le public. Il trouva le livre mauvais, et il le dit: «Pour moi, quand je vins à revoir mon ouvrage de sang froid, je trouvai qu'un plan qui m'avoit paru très-judicieux, n'étoit en aucune façon raisonnable: nul ordre, nulle liaison dans les idées, des objets présentés sous un faux jour: ce n'étoient pas là les seuls défauts où m'avoit fait tomber la manie du parallèle, &c.». (Avertissement des observations sur les Romains.)

Il est rare de trouver une contradiction de cette nature entre un auteur et ses critiques: au reste, cet aveu noble et courageux annonçoit dès-lors un ami de la vérité, un homme droit et austère, et peut-être la conscience du talent qui se sent en état de mieux faire. «Au lieu de corriger mon parallèle incorrigible, ajoute-t-il, j'en fis deux ouvrages séparés et absolument nouveaux.» Ce sont les observations sur les Romains et les observations sur l'histoire de France.

Mably étoit tellement honteux du succès de son livre, qu'un jour, le trouvant chez M. le comte d'Egmont, il s'en saisit malgré ceux qui étoient présens, et le mit en pièces.

2°. *Droit public de l'Europe, fondé sur les traités, depuis la paix de Westphalie, en 1648, jusqu'à nos jours.*

(La première édition est de 1748, en deux volumes; la seconde de 1754, en 3 vol.; la meilleure est celle de Genève 1764, aussi en 3 volumes).

(Page 8 de l'Éloge.) Le droit public de l'Europe parut la même année que l'esprit des lois.

Cette science du droit public, jusqu'alors hérissée de difficultés, parut claire, méthodique et facile sous la plume de l'auteur. Le succès n'en fut pas douteux. Ce livre écrit pour des hommes d'état, et même pour de simples citoyens, s'ils savent penser[j], est dans tous les cabinets de l'Europe, depuis la cour de Pétersbourg jusqu'à la république de Lucques. On l'enseigne publiquement dans les universités d'Angleterre. Il est traduit dans toutes les langues, et il plaça l'auteur au rang des premiers publicistes de l'Europe.

[j] V. Préface du Droit public.

Ce n'est pas sans éprouver d'obstacles qu'il enrichit la France de cet ouvrage nécessaire; quand *Mably* voulut le faire imprimer, l'homme en place à qui il s'adressa, le reçut fort mal, et lui dit: Qui êtes-vous, M. l'abbé, pour écrire sur les intérêts de l'Europe? êtes-vous ministre ou ambassadeur? Il auroit pu faire la même réponse que Rousseau fit à ceux qui demandoient s'il étoit prince ou législateur, pour écrire sur la politique.—«Si j'étois prince ou législateur, je ne perdrois pas mon temps à dire ce qu'il faut faire, je le ferois ou je me tairois.» (Contrat Social, pag. 2.)

La permission d'imprimer, lui fut donc durement refusée; l'abbé de *Mably* contint son imagination, et se retira sans rien dire. Il fit imprimer son livre chez l'étranger, mais il fallut toute la protection d'un autre ministre moins timide[k], pour empêcher qu'on n'en saisit les exemplaires.

[k] M. d'Argenson.

L'esprit des lois, et quelques autres livres qui honorent la langue et la nation, ont été arrêtés par les mêmes obstacles, qu'ils n'éprouveroient certainement pas aujourd'hui sous un ministère ami des lettres, qui loin de les redouter, semble solliciter les lumières des esprits supérieurs.

3º. *Observation sur les Grecs.*

Un volume, Genève, 1749.

..... *Rerum cognoscere causas.*

VIRGILE.

(Page 16 de l'Éloge.) Dans une épitre dédicatoire à un ami, et il n'en fit jamais d'autres, l'auteur donne lui-même ses motifs. «Je cherche les causes de la prospérité et de la décadence de la Grèce. L'histoire, envisagée sous ce point de vue, devient une école de philosophie; on y apprend à connoître les hommes; on y enrichit, on y étend sa raison, en mettant à profit la sagesse et les erreurs des siècles passés.»

C'étoit faire pour les Grecs ce qu'un grand homme venoit d'exécuter pour les Romains. Aussi dit-on alors de cet ouvrage que c'étoit une espèce de pendant de Montesquieu. (Voyez les 5 années littéraires, tom. 1, pag. 268.)

Ce en quoi il s'est le plus éloigné de son modèle, dont il ne parle d'ailleurs qu'avec les égards que l'on doit même aux erreurs d'un homme de génie, c'est à l'occasion du système des climats, système plus brillant que solide, imaginé par Bodin, et que l'auteur de l'esprit des lois a revêtu de tout l'éclat de son imagination vive et féconde.

En effet, tous les climats ont vu tour-à-tour naître, tomber et renaître la liberté et l'oppression: le despotisme a successivement promené sa faulx dévorante sur la surface du globe, et sur le sol brûlant de l'Asie et dans les marais glacés du Nord. La constitution politique, l'éducation et les lois ont fait alternativement germer dans le même pays ou des héros ou des esclaves, et il n'est point de lieux que la liberté n'ait honorés de sa présence.

4°. *Observation sur les Romains.*

Un volume, Genève, 1751.

(Page 18 de l'Éloge.) Cet ouvrage sentoit encore plus l'imitation que le précédent; ce n'est pas que l'auteur prétendît lutter contre Montesquieu; il avoit une intention différente, et malgré les désavantages de la comparaison, son livre a obtenu des éloges.

Ce n'étoit pas une petite entreprise de dire des choses nouvelles sur un sujet que Montesquieu venoit de traiter, ni une gloire médiocre pour l'auteur, de se faire lire après ce grand homme, comme ce ne seroit pas un médiocre éloge pour un peintre, quel qu'il fût, d'attirer encore les regards près d'un tableau de Raphaël, de Michel-Ange ou de David.

5°. *Principes des négociations.*

Un volume, la Haye, 1757.

(Il y en a une seconde édition de 1767.)

..... *Humanis quæ sit fiducia rebus*

Admonet.

VIRGILE.

(Page 12 de l'Éloge.) Cet ouvrage de *Mably* est proprement une introduction à son droit public de l'Europe; c'est la connoissance et l'exposé des vrais principes par lesquels doivent se conduire les nations à l'égard les unes des autres, pour entretenir entr'elles la concorde et la paix.

Une chose sur laquelle nous n'avons pas assez insisté dans l'éloge, c'est le courage avec lequel l'auteur s'élève contre ces traités, ouvrage de la mauvaise foi, où, par des équivoques et des obscurités affectées, on se ménage des prétextes de rompre à la première occasion. Il démontre qu'un traité cauteleux est une semence de discorde et de haine; qu'il peut procurer un succès passager, mais qu'il rend à jamais odieux, et traîne après soi des craintes et des inquiétudes qui empoisonnent les jouissances de l'ambition; il fait voir que la fourberie a ses revers, et la mauvaise foi ses remords.

S'exprimer clairement et franchement dans un traité, c'est souvent prévenir une guerre; et le temps n'est pas loin que des articles obscurs et louches ont été un flambeau de discorde qui a incendié les deux mondes. Il proscrit également les traités secrets qui ne sont que de misérables palliatifs qu'on met à la hâte sur les plaies de l'état, et qui se changent en poisons: d'un autre côté, dicter des conditions injustes ou trop dures, c'est inviter à les enfreindre; et la seule base sur laquelle une puissance victorieuse puisse asseoir une paix durable, c'est la bonne foi, la justice, et la modération qui désarme les haines et sait gagner les cœurs. Cette politique n'est pas tout-à-fait celle que prêche Machiavel, mais c'est celle qu'a professée *Mably*; et l'expérience démontre que c'est encore la plus sûre et la plus utile.

On y voit avec le même plaisir que c'est encore notre adorable Henri IV, qui, le premier chez les nations modernes, connut et pratiqua ces vrais principes: sa manière franche et noble de négocier, et ses instructions à ses ambassadeurs y sont proposées pour modèles, ainsi que les dépêches du cardinal d'Ossat, son fidelle et vertueux ministre.

6°. *Entretiens de Phocion.*

Un volume, Amsterdam,

..... Quid leges sine moribus
Vanæ proficiunt?

HORACE.

(Page 26 de l'Éloge.) Cette production en paroissant, fut estimée l'une des meilleures du siècle; et quand la société de Berne lui décerna la couronne, ce n'est point suivant l'usage ordinaire des académies, qui ne proclament que les ouvrages dont elles ont elles-mêmes donné le sujet; ce fut un choix fait sur la foule des livres qui paroissent journellement en Europe, et qui se fixa sur celui qu'on regarda comme le plus utile à l'humanité entière: c'étoit le premier exemple d'un pareil concours.

La même chose s'est renouvelée en 1765. La république décerna une semblable couronne à l'auteur du traité des délits et des peines, comme une marque d'estime due à un bon citoyen, qui ose élever sa voix en faveur de l'humanité contre les préjugés les plus affermis.

On ne se rappelle pas que d'autres écrits aient depuis partagé le même honneur.

Nous n'ajouterons qu'une seule remarque sur les entretiens mêmes de Phocion, donnés sous le nom de Nicoclès, l'un des disciples de ce grand homme.

Il y est dit: que l'amour de la patrie doit être subordonné à l'amour de l'humanité. Peut-être cette maxime, ainsi énoncée, est-elle le seul passage qui décèle l'ouvrage d'un moderne. L'amour de la patrie, chez les anciens, étouffoit, ou du moins diminuoit tout autre sentiment. L'auteur l'a senti; aussi dans les notes prétend-il que Phocion a puisé cette doctrine à l'école de Platon son maître, qui la tenoit de Socrate, qui, le premier des philosophes, appliquant la philosophie à l'étude des mœurs, se crut citoyen de tous les lieux où il y a des hommes.» (V. Entr. de Phocion, p. 122, 123, 124.)

Il est certain que ce sentiment de bienveillance universelle, tout sublime qu'il est, doit affoiblir l'amour de la patrie, qui, comme toutes les sortes d'amours, n'est qu'un sentiment de préférence.

7°. *Observations sur l'histoire de France.*

Deux volumes, Genève, 1765.

(Page 22 de l'Éloge.) L'auteur éprouva pour ces observations les mêmes difficultés que pour le droit public. Chaque ouvrage utile est une conquête qu'il faut remporter sur les préjugés. Des courtisans ne manquèrent pas de trouver ce livre dangereux, comme contenant des vérités trop palpables. C'est l'histoire des réverbères de Duclos; et sans la protection d'un ministre qui ne craignoit pas les réverbères[1], cet excellent ouvrage auroit été étouffé dès sa naissance.

[1] Le duc de Choiseuil.

Quelques personnes qui en avoient une autre idée, désiroient que l'auteur donnât à son livre le titre d'histoire de notre ancien gouvernement, et de ses révolutions: sa modestie ne lui a pas permis d'adopter un titre aussi ambitieux, quoiqu'il avouât lui-même avec candeur qu'il regardoit ces observations, comme l'histoire jusqu'alors inconnue de notre ancien droit public. (Préface des observations.)

En effet, ses preuves marchent d'un pas égal avec ses raisonnemens; sa critique est sûre, ses exemples bien choisis, ses citations précieuses et décisives: également éloigné des systèmes de Dubos et des paradoxes de Boulainviliers, il les combat tous deux avec avantage; il cherche et trouve souvent la vérité. Les points les plus obscurs sont ceux auxquels il s'attache de préférence: il n'élude jamais les difficultés; tout ce qu'il traite, il l'éclaircit. Aux connoissances du savant, il joint le mérite plus rare d'un jugement sain, d'une érudition bien digérée, d'une critique lumineuse. Cet ouvrage doit être le guide de tous ceux qui veulent étudier à fond notre histoire. Il y a plus; si jamais la France a son Tite-Live, et peut enfin s'enorgueillir d'une histoire nationale, c'est sur-tout dans les écrits de *Mably* qu'il faudra puiser les principes sûrs, les idées justes, les vues patriotiques, enfin l'esprit général qui doit animer ce bel ouvrage, encore à faire, le seul peut-être que les Français aient à envier aux Romains.

Ce qui reste à imprimer des observations, formera trois volumes égaux aux premiers. Parmi les nombreux morceaux qui peuvent exciter l'intérêt, nous nous contenterons d'indiquer le chapitre intitulé: «des causes par lesquelles le gouvernement a pris en Angleterre une forme différente qu'en France;» la peinture des désordres du règne de Charles VI, et de la sombre politique de Louis XI, qui nous ont paru des tableaux dignes du pinceau de Tacite; ce que l'écrivain dit des états-généraux, des trois ordres, des prétentions des corps, de la politique de Richelieu &c. &c., &c.

L'auteur s'est arrêté au commencement du règne de Louis XIV: il a seulement ajouté quelques réflexions générales sur la dernière révolution de la magistrature, et sur le caractère des ministres qui l'ont opérée. L'abbé de *Mably* affectionnoit singulièrement cette suite des observations, comme y ayant déposé des vérités qui deviendroient un jour utiles à ses concitoyens; et nous en parlant vers les derniers temps de sa vie, il nous dit: «cet ouvrage est mon testament.»

8°. *Doutes proposés aux économistes, sur l'ordre naturel et essentiel des sociétés.*

Un volume, 1768.

(Page 69 de l'Éloge.) On a appelé les économistes, les convulsionnaires de la politique; nous sommes bien éloignés d'adopter cette dénomination; d'ailleurs nous ne voulons point insulter aux morts: nous dirons seulement que, sous le titre modeste de *doutes*, l'abbé de *Mably* bat en ruine un système qu'il a cru dangereux autant que ridicule. Cette critique n'est que l'ouvrage des circonstances; mais l'auteur en prend occasion de remonter aux vrais principes et aux fondemens de la société; de développer des vérités très-importantes; de relever la dignité de l'homme, avilie par des sophismes, et de combattre des erreurs dont les conséquences pourroient être dangereuses. Sa logique est pressante et ses raisonnemens concluans: il y mêla quelquefois une ironie fine et délicate, mais point d'injures, arme de ceux qui ont tort; point de sarcasmes ni de personnalités. Il usa de ménagemens et d'égards; il donna même des éloges à l'auteur qu'il critiquoit: c'est ainsi qu'en devroient toujours user les gens de lettres; ils ne se rendroient pas la fable des sots; eux, le public et la vérité y gagneroient.

9°. *Du gouvernement de Pologne.*

Un volume écrit en 1770 et 1771, et imprimé seulement en 1781.

(Page 36 de l'Éloge.) C'est M. le comte Wielhorski qui fut chargé par les confédérés de Pologne de consulter en France le philosophe de Genève et l'abbé de *Mably*. Jean-Jacques en fait un bel éloge; et c'est à lui que *Mably* adressa son ouvrage: on n'en fit tirer qu'un très-petit nombre d'exemplaires, que l'auteur donnoit à ses amis et à ceux qu'il honoroit d'une confiance particulière.

En 1770 l'abbé de *Mably* avoit fait avec cet excellent patriote un voyage en Pologne, pour mieux étudier la nation sur laquelle il avoit à travailler: il y demeura plus d'un an avec lui.

Son ouvrage pour cette république, et son séjour dans le pays, y ont laissé un tendre souvenir d'estime et de reconnoissance. Nous avons vu une lettre du prince Potocki, où tous ces sentimens sont exprimés d'une manière bien honorable pour l'abbé de *Mably*. Nous citerons une partie de cette lettre, datée de Warsovie le 2 septembre 1777.

«Monsieur, vous jouissez du privilége des hommes célèbres: connu dans les pays les plus éloignés, vous ignorez ceux qui vous lisent et que vous éclairez. On a toujours cherché, consulté et quelquefois ennuyé les philosophes: souffrez, à ce titre, les désagrémens de votre état. Le conseil préposé à l'éducation nationale, m'a chargé, monsieur, de suppléer aux livres élémentaires pour lesquels il n'a plus jugé de publier la concurrence: de ce nombre est la logique. Comme je connois votre ouvrage, et que le conseil a suivi vos principes dans le système de l'instruction publique pour les écoles Palatinales, personne assurément ne sauroit mieux que vous remplir cette importante tâche. Vous avez travaillé pour un prince souverain, refuseriez-vous d'appliquer votre ouvrage à l'usage d'une nation qui devroit l'être?.... Si vos occupations ne vous permettoient pas d'entreprendre cet ouvrage, vous me feriez un plaisir bien sensible de m'indiquer la personne que vous croiriez en France, aidée de vos lumières et de votre direction, en état de répondre à nos vues: ce ne sera toujours qu'un de vos élèves. Il est à souhaiter pour l'humanité que vous en ayez dans toutes les nations. Je suis, etc.

Ignace POTOCKI.»

10°. *De la législation ou principes des loix.*

Deux volumes en un, Amsterdam, 1776.

Ad respublicas firmandas et ad stabiliendas vires, sanandos populos, omnis nostra pergit oratio.

CICERON, *de Leg*.

(Page 45 de l'Éloge.) Plusieurs personnes regardent cet ouvrage de *Mably* comme un chef-d'œuvre. Il n'est point de sujet plus important, puisque les principes qui doivent servir de base à la législation, embrassent le bonheur possible de tous les hommes, de tous les lieux et de tous les temps.

Mais prétendroit-on, avec certains critiques, que ces savantes théories sont inutiles; et l'écrivain qui se sent pressé de dire des vérités qu'il croit utiles, doit-il les renfermer dans son sein? Nous ne le croyons pas: il est toujours bon de montrer le but où nous devons aspirer, même lorsqu'on ne peut y atteindre. Ces vérités générales, semées comme au hasard, peuvent enfin germer dans la tête d'un législateur; et l'exemple récent d'un prince plus grand par son génie que par ses états, qui n'a pas craint d'avouer qu'il avoit puisé en partie dans nos écrits ces principes d'humanité qu'il a transportés dans son code, en seroit une nouvelle preuve, s'il en étoit besoin. Léopold (nom heureux dans les fastes de l'humanité!), Léopold qui sait également mériter et refuser des statues[m], vient de donner un modèle à l'Italie et un grand exemple à l'Europe; et peut-être à notre tour il nous prendra un jour envie de l'imiter. D'ailleurs ces leçons de morale, de politique et de philosophie, présentées par un écrivain sage, qui instruit sans aigreur, qui ne prend le ton, ni d'un énergumène ni d'un inspiré, qui se contente de parler le langage de la raison, préparent doucement les esprits, prémunissent contre nombre d'erreurs, augmentent la masse des connoissances, entretiennent une nation dans l'espoir d'une réforme salutaire, et quand un grand homme se présente, il trouve la matière toute préparée; l'opinion publique le précède ou le seconde; il peut alors s'élancer dans la carrière, s'abandonner à son génie, à son amour pour le bien public et à cette passion, le besoin des grandes ames, d'immortaliser son nom et ses bienfaits. Le philosophe sème, c'est aux états à recueillir.

[m] Le grand duc de Toscane a refusé une statue que ses sujets, d'un vœu unanime, lui offroient en reconnoissance du nouveau code criminel qu'il vient de publier, et le produit de ces souscriptions volontaires doit être employé à des fontaines publiques. (Voyez gazette de France, du 23 février 1787.)

11°. *De l'étude de l'histoire.*

Un volume, 1778.

(Page 40 de l'Éloge.) Un prince à jamais regrettable, le Dauphin, père de notre auguste monarque, appeloit l'histoire la leçon des princes et l'école de la politique: il ajoutoit que l'histoire est la ressource des peuples contre les erreurs des rois. On n'en pouvoit donner une plus belle définition: il semble que *Mably* ait entrepris de la justifier.

Son traité de l'étude de l'histoire avoit d'abord été imprimé dans le cours d'études de l'abbé de Condillac son frère; il a été fait pour l'instruction du jeune prince, devenu duc de Parme et de Plaisance, en 1765.

Mably lui adresse la parole, comme Bossuet, dans l'Histoire Universelle, au grand dauphin. Le commencement en est admirable: Voulez-vous être un grand homme, lui dit-il, oubliez que vous êtes prince? &c. &c. Sans prétendre en aucune façon comparer la hauteur du génie et l'éloquence entraînante et sublime de l'aigle de Meaux à la sagesse de l'écrivain moderne, nous oserions dire que l'écrit du dernier, s'il étoit bien médité, est plus propre encore à former un prince à ses devoirs, à lui inspirer les sentimens de justice, à le prémunir contre l'empire des passions, et sur-tout à lui enseigner la route qu'il faut suivre pour faire le bonheur de ses peuples, que le chef-d'œuvre de l'éloquence française.

Il nous seroit facile de justifier par des citations tous les éloges que nous avons faits de ce traité; mais nous aimons mieux espérer qu'enfin on le lira: d'ailleurs ces notes sont déjà trop longues. Un écrivain qui paroît avoir beaucoup médité sur ces matières, dit, en parlant de ce livre de l'étude de l'histoire: «Nous croyons que la première partie de ce petit ouvrage est ce que M. l'abbé de *Mably* a jamais imprimé de plus neuf et de plus utile.» (Jugement sur l'ouvrage de Pierre Chabrit, par M. Garat.)

12º. *De la manière d'écrire l'histoire.*

Un volume, 1775.

(Page 70 de l'Éloge.) A l'exception des jugemens, sans doute trop sévères et même, nous osons le dire, injustes à plusieurs égards, que *Mably* a portés contre Voltaire et l'illustre Robertson, nous pourrions peut-être le justifier avec avantage sur tous les reproches qu'on lui a faits; mais par de justes égards que nous croyons devoir à l'homme de lettres estimable d'ailleurs, et qui, trop jeune encore, s'est laissé emporter à l'impulsion du moment, ou à des impressions étrangères, et que son zèle a égaré en l'attaquant, nous nous interdirons toute discussion sur cette querelle. Nous pensons qu'on ne sauroit faire trop de sacrifices au bien de la paix et à l'honneur des lettres. Seulement qu'il nous soit permis d'opposer aux détracteurs de l'abbé de *Mably*, s'il en étoit encore, un suffrage qui vaut mieux que le nôtre, et dont on peut être orgueilleux. *Mably* n'avoit encore fait ni les entretiens de Phocion, ni les observations sur l'histoire de France, ni le gouvernement de Pologne, ni les principes des lois, ni ceux de morale, ni l'étude de l'histoire, qu'il étoit déjà cité par un écrivain, après Fénélon, l'abbé de Saint-Pierre, Montesquieu, l'ami des hommes, &c. au nombre des bons Français et des gens éclairés, qui n'ont pas craint de dire des vérités utiles, et de dévoiler les fautes de la législation; et cet écrivain c'est Jean-Jacques. Voyez sa réponse à un écrit anonyme, à la suite de sa lettre à d'Alembert sur les spectacles.

13º. *Principes de morale.*

Un volume, 1784.

(Page 68 de l'Éloge.) Ce livre n'a pas excité moins d'orages que le précédent: le même motif du bien de la paix nous engage au même silence.

Le grand Condé, arrachant quelques feuillets de son histoire où l'on racontoit ses exploits contre son pays, est l'image de ce que je voudrois faire pour l'auteur de cet excellent écrit. Je le représenterois, par égard pour les esprits timides, arrachant quelques pages de ces principes de morale, et je croirois par ce sacrifice avoir acquis le droit de dire tout le bien que j'en pense.

Au reste, dans toutes les attaques qu'on a portées à l'abbé de *Mably*, ses amis ont pu chercher à le venger, (voyez les lettres sur la censure de la Sorbonne); mais pour lui, il n'a jamais écrit une seule ligne pour sa défense.

14º. *Observations sur les États-Unis d'Amérique.*

Un volume, 1784.

(Page 77 de l'Éloge.) Ce sont quatre lettres adressées à l'un des envoyés des États-Unis, M. John Adams, qui avoit désiré les remarques de l'auteur sur les constitutions de l'Amérique: c'est ce qui avoit induit en erreur, et fait dire dans le temps, que les Colonies Angloises l'avoient choisi pour leur législateur.

Ses observations parurent sévères, mais il crut pouvoir dire la vérité toute entière. «Les Américains, dit-il, ne sont plus sujets du roi d'Angleterre: ils sont aujourd'hui des hommes libres; et si mon opinion leur paroissoit aussi dure et aussi sauvage qu'elle peut le paroître en Europe, je ne pourrois m'empêcher d'en tirer un mauvais augure pour l'avenir.» (Observations, page 76.)

Aussi, est-il très-faux qu'on ait brûlé en Amérique, ou traîné dans la boue l'ouvrage de *Mably*, comme on l'a prétendu dans quelques papiers publics: il étoit plus digne d'un peuple si sage d'y répondre.

C'est ce que vient de faire M. Adams dans un ouvrage intitulé: Apologie des constitutions des États-Unis de l'Amérique. Nous n'avons pas encore vu ce livre, qui n'est qu'annoncé; mais nous connoissons une lettre imprimée de M. Adams (Journal Encyclop. du mois de Mai 1787, pag. 113 et suiv.), où il semble se défendre d'avoir invité l'abbé de *Mably* à écrire ce qu'il pensoit sur les constitutions Américaines; il invoque le témoignage de MM. les abbés de Chalut et Arnoux, amis communs de M. Adams et de l'abbé de *Mably*; et nous, nous sommes prêts à donner, s'il en est besoin, la déclaration de ces deux Messieurs, que nous avons entre les mains, et qui éclaircit pleinement la question à l'avantage de l'abbé de *Mably*.

Au reste, s'il avoit besoin de justification pour avoir regardé les Américains comme étant déjà trop vieux, et sur ce qu'il sembloit redouter pour eux du commerce et des vices de l'ancien monde, nous la trouverions dans l'ouvrage même du sage ministre qui a succédé, en France, au John Adams et au Francklin. M. Jefferson, dans ses observations sur la Virginie[n], craint aussi, pour l'Amérique, que les étrangers n'y apportent leurs vices, leurs préjugés et leur servilité d'Europe; et les semences de discorde qui commencent à éclater, les mécontentemens, les réclamations armées, &c. sont peu propres, peut-être, à nous rassurer sur ces craintes.

[n] *Notes on Virginia*. Voyez Merc. du 2 Juin 1787, p. 28.

15°. OUVRAGES MANUSCRITS.

1°. *Des droits et des devoirs du citoyen.*

Petit in-folio, pouvant faire deux volumes in-12.

(Page 69 de l'Éloge). Ce sont des entretiens que l'auteur suppose avoir eus avec milord *Stanhope*. Ce livre fait connoître à l'homme ses devoirs, ses droits et sa dignité. Il éclaire l'esprit, il échauffe le cœur; l'ame s'élève à la lecture de ces lettres: c'est le catéchisme du citoyen.

Il y a des pensées grandes et fières, à la manière de Montesquieu. Par exemple: «La pompe des noms et des titres n'impose plus à mon imagination: dans les hommes les plus humiliés par la fortune, je crois voir des princes détrônés qu'on retient dans les fers.

«Tout peuple qui n'est pas barbare, a une religion; et Dieu ne manque jamais d'avoir révélé aux prêtres ses volontés; c'est ce qu'on appelle ordinairement lois divines.»

Nous regrettons de ne pouvoir en citer davantage; mais le temps nous instruira mieux, et nous dévoilera ce que nous devons penser de cette production.

2°. La suite des observations sur l'histoire de France, dont nous avons fait mention sous le n°. 7 de cette notice.

3°. &c. Un traité du beau, et d'autres traités des talens, des passions, &c. &c., dont nous n'avons pas une connnoissance particulière.

Note IVe. page 82 de l'Éloge.

Sa personne et son caractère.

[4] En faisant dans plusieurs de ses écrits l'éloge d'un philosophe pratique, sans faste, et qui fuit toute espèce d'ostentation, même celle de la vertu, *Mably* semble avoir tracé son portrait: voilà pourquoi l'on a peu d'anecdotes sur sa personne. Sa vie est toute entière dans ses écrits, comme l'éloge d'un législateur est tout entier dans ses lois.

Nous ajouterons seulement ici quelques traits de caractère à ceux que nous avons déjà cités.

Son désintéressement étoit tel qu'il ne retira jamais rien de ses ouvrages; à peine exigeoit-il quelques exemplaires pour les présens d'usage; bien différent de ces littérateurs qui n'estiment dans le commerce des muses que le profit que ce commerce leur rapporte. Riche du retranchement de tous les besoins factices, il pouvoit s'écrier comme Socrate, en se promenant dans Athènes: «que de choses dont je n'ai que faire!»

Il n'eut jamais qu'un seul domestique; et sur la fin de ses jours, il se priva de ces commodités de la vie que son âge et ses infirmités lui rendoient cependant plus nécessaires, afin d'accroître la petite fortune de ce serviteur fidelle. Il pratiquoit à la lettre cette maxime si douce et si humaine, «de regarder ses domestiques comme des amis malheureux.»

Faire sa cour, est une expression qui n'étoit point à son usage. On voulut un jour l'entraîner chez un ministre qui même l'avoit invité; on ne put jamais l'y déterminer: mais il dit qu'il le verroit volontiers, lorsqu'il ne seroit plus en place.

M. le maréchal de Richelieu pressoit un jour l'abbé de *Mably* de se mettre sur les rangs pour l'académie française; *Mably* refusa. «Mais, lui dit le vainqueur de Mahon, si je faisois toutes les démarches, et que vous fussiez agréé, refuseriez-vous?...» Le maréchal le pressa tant, il y mit tant de grâces, que, vaincu par ce noble procédé, *Mably* n'osa persister, et fut comme forcé de promettre. Mais aussi-tôt qu'il fut sorti, il courut chez son frère de Condillac, lui raconta comment la chose s'étoit passée, et le conjura de le dégager, à quelque prix que ce fût. «Mais pourquoi cette grande résistance?» lui dit son frère.—«Pourquoi? Si j'acceptois, je serois obligé de louer le cardinal de Richelieu, ce qui est contre mes principes; ou si je ne le louois pas, devant tout à son petit neveu dans cette circonstance, je serois coupable d'ingratitude.»

Condillac se chargea de la négociation, et les choses en demeurèrent là. Nous tenons cette anecdote d'un ami particulier de l'abbé de *Mably*, et lui-même est membre de l'académie française.

Le bruit avoit couru qu'on lui proposeroit l'éducation de l'héritier d'un grand empire; il dit hautement, que la base de son éducation seroit: «que les rois sont faits pour les peuples, et non les peuples pour les rois,» et que ce seroit la chose sur laquelle il reviendroit sans cesse: il ne fut point nommé.

Il aimoit à répéter cet adage de Leibnitz, «le temps présent est gros de l'avenir,» et son propre exemple en prouve la justesse et la profondeur. Il s'étoit tellement exercé à étudier le jeu et la marche des passions, et à rechercher dans les révolutions des Empires les causes et la chaîne des événemens; il avoit acquis une telle expérience des hommes et des choses, que cette connoissance du passé avoit, pour ainsi dire, déchiré pour lui le voile de l'avenir: il a en quelque sorte tiré l'horoscope des états. Dès la paix de 1762, et au moment où l'Empire Britannique étoit à son plus haut période de gloire et de puissance, *Mably* prédit la révolution de l'Amérique; il prévoyoit dès-lors la défection des Colonies Anglaises. «Si un jour elles se rendent libres et indépendantes, dit-il, etc. (Voyez le droit public de l'Europe, tom. 2, page 422, édit. de 1764; et tom. 3, pag. 412 et 414, et principes des négociations, édit. de 1767, pag. 90.») Ce qui s'est passé à Genève, il l'avoit également prévu. (Voyez principes des lois, Iere. part. pag. 169.) Et si l'on veut savoir ce qui se passe aujourd'hui en Hollande, il faut voir les principes des négociations (pag. 162.) et le traité de l'étude de l'histoire (pag. 213, 214.) Cette expérience lui donnoit quelquefois de l'humeur; ses amis lui en faisoient le reproche, et l'appeloient en plaisantant, «prophète du malheur.» «Il est vrai, répondoit-il, que je connois assez les hommes pour ne pas espérer facilement le bien.»

Note V et dernière, page 90 de l'Éloge.

Sa mort et son épitaphe.

[5] Ses amis, la France et l'Europe le perdirent le 23 avril 1785, étant âgé de 76 ans.

Son épitaphe, ouvrage de l'amitié éclairée, contient tout son éloge; nous ne pouvons nous refuser au plaisir de la copier.

D. O. M.

HIC JACET
GABRIEL BONNOT DE MABLY,
GRATIANOPOLITANUS,
JURIS NATURÆ ET GENTIUM
INDICATOR INDEFESSUS, AUDAX, FELIX
DIGNITATIS HUMANÆ VINDEX,
ORBIS UTRIUSQUE SUFFRAGIIS ORNATUS,
POLITICIS SCRIPTIS NULLI SECUNDUS;
EVENTUM PRÆTERITORUM CAUSAS DETEXIT,
FUTUROS PRÆNUNCIAVIT,
QUÆ AD PRÆPARANDOS, QUÆ AD AVERTENDOS
DOCUIT;
RECTI PERVICAX
QUID PULCHRUM, QUID TURPE,
QUID UTILE, QUID NON,
DIXIT:
VIR PAUCORUM HOMINUM,
CENSU BREVI NIHIL RERUM INDIGUS
HONORES, DIVITIAS,
OMNIMODA SERVITII VINCULA
CONSTANTER ASPERNATUS;
VITA INNOCUUS, RELIGIONIS CULTOR,
ÆQUISSIMO ANIMO
OBIIT 23â. D. APR. 1785. NAT. 14â.
D. MART. 1709.
H. M.
MODICUM ET MANSURUM,
AMICO ÆTERNUM FLEBILI,
TESTAMENTI CURATORES POSUERE.

Les mêmes amis de l'abbé de *Mably*, qui ont si bien caractérisé son ame et ses écrits, avoient formé le projet de consacrer à sa mémoire un modeste monument dans l'église où il a été inhumé; tout alloit être exécuté, quand des ordres émanés des supérieurs ecclésiastiques ont tout arrêté. On a refusé un tombeau au moderne Phocion; c'est une ressemblance de plus avec le Phocion d'Athènes.

Ces amis, vraiment dignes de ce nom, ont voulu perpétuer ses traits: on ne pouvoit du moins leur envier cette douce satisfaction. L'abbé de *Mably*, différent des gens de lettres, qui commencent par gratifier le public de leurs gravures, en attendant qu'ils soient illustres, n'avoit pas souffert qu'on gravât son portrait pendant sa vie; mais après sa mort, ils le firent exécuter par un artiste habile, Pugos, et ce portrait est parfaitement ressemblant. Tous les traits de l'homme de bien y sont vivans; la vertu sévère y respire: au bas, on lit ce vers de *Juvénal*, qui semble fait pour lui:

Acer et indomitus, Libertatisque Magister.

(Satyre 2, v. 78.)

Ainsi donc, après que l'éloge public qui lui a été décerné, aura obtenu le suffrage et la sanction de l'académie, et qu'elle aura ainsi imprimé à son nom, le sceau de l'immortalité, il ne manquera plus rien à sa gloire, qu'une statue à côté de celles de ces grands citoyens qui ont bien mérité de la patrie.

Fin de l'Éloge.

AVERTISSEMENT
DE LA PREMIÈRE ÉDITION.

Je me propose dans cet ouvrage de faire connoître les différentes formes du gouvernement auxquelles les Français ont obéi depuis leur établissement dans les Gaules; et de découvrir les causes, qui, en empêchant que rien n'ait été stable chez eux, les ont livrés, pendant une longue suite de siècles, à de continuelles révolutions. Cette partie intéressante de notre histoire, est entièrement inconnue des lecteurs qui se bornent à étudier nos annalistes anciens, et nos historiens modernes. Je l'ai éprouvé par moi-même; dès que je remontai aux véritables sources de notre histoire, c'est-à-dire, à nos lois, aux capitulaires, aux formules anciennes, aux chartes, aux diplômes, aux traités de paix et d'alliance, etc. Je découvris les erreurs grossières et sans nombre où j'étois tombé dans mon parallèle des Romains et des Français. Je vis paroître devant mes yeux une nation toute différente de celle que je croyois connoître. J'appris trop tard combien la lecture de nos anciennes annales est peu instructive, si on n'y joint pas l'étude des pièces; je vis qu'il ne faut lire qu'avec une extrême circonspection nos historiens modernes, qui, tous ont négligé l'origine de nos lois et de nos usages, pour ne s'occuper que de siéges et de batailles; et qui, en faisant le tableau des siècles reculés, ne peignent jamais que les mœurs, les préjugés et les coutumes de leur temps.

Les Français n'eurent point de lois, tant qu'ils habitèrent la Germanie; et quand ils s'établirent en-deçà du Rhin, leur politique se borna à rédiger des coutumes qui ne pouvoient plus suffire à un peuple qui avoit acquis des demeures fixes, et jeté les fondemens d'un grand empire. La férocité de leurs anciennes mœurs les attachoit autant que l'habitude et leur ignorance aux usages Germaniques; mais les vices nouveaux que leur donna le commerce des Gaulois, de nouveaux besoins et de nouveaux intérêts les forcèrent malgré eux de recourir à des nouveautés. Ils firent des lois avant que de connoître l'esprit qui doit les dicter, et la fin qu'elles doivent se proposer; et ces lois, souvent injustes et toujours insuffisantes, n'acquirent presque aucun crédit. Les Français continuèrent de se laisser conduire au gré de leurs passions et des événemens; et confondant la licence avec la liberté, le pouvoir des lois avec la tyrannie, ne formèrent qu'une société sans règle et sans principe. Ils se familiarisèrent dans l'anarchie, avec les désordres auxquels ils n'avoient pas l'art de remédier; l'intérêt du plus fort sembla toujours décider de l'intérêt public, et jusqu'au règne de Philippe-de-Valois, les droits de la souveraineté appartinrent tour-à-tour, ou à-la-fois, à tous ceux qui purent ou voulurent s'en emparer. Si j'ai réussi à développer la suite et l'enchaînement de ces révolutions, causes à la fois et effets les unes des autres, j'ai composé l'histoire inconnue de notre ancien droit public. Quelques personnes ont désiré que je donnasse à mes observations le titre d'histoire de notre gouvernement; je n'ai pas osé suivre leur conseil; je sens combien mon ouvrage est inférieur à ce qu'auroit promis un pareil titre. Je n'ai fait qu'un essai; et c'est assez pour moi, s'il peut être de quelque secours aux personnes qui veulent approfondir notre histoire.

Rien n'est plus propre à nous faire aimer et respecter le gouvernement auquel nous obéissons, qu'une peinture fidelle des malheurs que nos pères ont éprouvés, pendant qu'ils ont vécu dans l'anarchie. Quel danger peut-il y avoir à faire connoître nos anciennes coutumes et notre ancien droit? Qui ne sait pas que les lois, les mœurs et les coutumes des peuples n'ont rien de stable? Personne n'est assez ignorant pour confondre les premières lois qu'ait eues une nation, avec ses lois fondamentales: la loi fondamentale d'un état n'est point un amas de lois proscrites, oubliées ou négligées, mais la loi qui règle, prescrit et constitue la forme du gouvernement.

En se rappellant la situation déplorable du prince, du clergé, de la noblesse et du peuple, jusqu'aux premiers Valois, on ressemblera à ces voyageurs qui, après avoir échoué contre cent écueils et essuyé de violentes tempêtes, abordent enfin, au rivage, et jouissent du repos. En voyant la peinture de nos erreurs et de nos calamités, quel lecteur ne connoîtra pas le prix d'une sage subordination? Loin de regretter des coutumes barbares et contraires aux premières notions de l'ordre et de la société, on s'applaudira de vivre sous la protection d'une autorité assez forte, pour réprimer les passions, donner aux lois la puissance qui leur appartient, et conserver la tranquillité publique. C'est, sans doute, ce qu'ont pensé des ministres éclairés, quand ils ont invité des savans à fouiller dans la poussière de nos archives, et à publier ces recueils précieux de pièces, dont mon travail n'est que le résultat.

Les observations que je donne aujourd'hui ne s'étendront pas au-delà du règne de Philippe-de-Valois, ou de la ruine du gouvernement féodal. Avant que de poursuivre un ouvrage très-laborieux, il est prudent, je crois, de consulter le goût du public, et de lui demander s'il pense que la manière dont j'envisage notre histoire, soit utile. Si on goûte cet essai, ce sera pour moi, un encouragement, et j'avoue que j'en ai besoin pour mettre en ordre les matériaux que j'ai entre les mains, et qu'il est infiniment plus difficile de rédiger, que de recueillir. Je continuerai à examiner notre histoire sous Philippe-de-Valois et ses successeurs. Je ferai voir combien les lumières qui commençoient à se répandre dans la nation, instruite par ses malheurs, étoient encore incapables de lui faire connoître ses vrais intérêts, et combien nous avons eu de peine à triompher des préjugés et des passions, que plusieurs siècles de barbarie et le bizarre gouvernement des fiefs avoient fait naître.

Il n'est pas juste qu'on m'en croie sur ma parole, quand je contredirai les idées reçues sur notre ancien gouvernement, et qu'on a prises dans des écrivains qui ont travaillé, avant moi, à débrouiller l'histoire de France. Il est essentiel à mon ouvrage d'y joindre les autorités sur lesquelles je fonde mon opinion, et même d'exposer quelquefois, dans un certain détail, les raisons par lesquelles je me détermine à prendre tel ou tel sentiment. Mais j'ai cru, qu'à l'exception des savans, accoutumés à la fatigue pesante de l'érudition, on ne verroit qu'avec peine suspendre le fil de mon récit, pour entendre des dissertations critiques, ou lire des morceaux barbarement écrits de nos anciennes lois. J'ai renvoyé ces espèces de discussions à des remarques indiquées par des chiffres, dans le corps de mon ouvrage. Leur nombre et sur-tout leur longueur, m'ayant empêché de les placer au bas des pages, elles formeront un corps à part, à la suite de mes observations, et serviront de pièces justificatives.

LIVRE PREMIER.

CHAPITRE PREMIER.

Des mœurs et du gouvernement des Français en Germanie.—Leur établissement dans les Gaules.

ON ne peut faire que des conjectures sur l'origine des Français: s'ils ne sont pas Germains, il est sûr du moins, soit qu'ils viennent de Pannonie, du Nord, ou des provinces voisines des Palus Méotides, qu'ils habitèrent assez long-temps la Germanie pour en prendre les mœurs et le gouvernement. On diroit que les lois Saliques et Ripuaires sont l'ouvrage de ces Germains mêmes dont Tacite nous a tracé le portrait, tant elles supposent les mêmes coutumes, les mêmes préjugés, les mêmes vices et les mêmes vertus. Cet attachement des peuples Germaniques à leurs principes, seroit une espèce de prodige chez des nations où l'oisiveté, l'avarice, les richesses et le luxe affoiblissent l'empire des lois, et en exigent sans cesse de nouvelles; mais chez des peuples encore à demi sauvages, et assez heureux, pour avoir peu de besoins, la pauvreté et l'ignorance sont un obstacle aux révolutions.

La guerre et la chasse étoient les seules occupations des Français; leurs troupeaux et les esclaves qui en avoient soin, faisoient toutes leurs richesses. L'Empire Romain qui craignoit leur valeur farouche, tenta de les civiliser, pour les amollir. Après avoir obtenu, par hasard, quelqu'avantage sur eux, il put exiger qu'ils se soumissent à cultiver la terre. Il voulut les attacher aux pays qu'ils habitoient, pour les forcer à aimer le repos; mais dès que leurs forces furent réparées, ils regardèrent cette loi comme un affront, continuèrent à croire que tout appartient aux plus braves et aux plus forts, et qu'il ne convient qu'à des lâches de ne pas conquérir leur subsistance. Les Gaules, qu'ils regardoient comme un pays ennemi, parce qu'elles leur offroient un riche butin, furent continuellement pillées, ou obligées de se racheter du pillage, en achetant la paix par des traités qui étoient bientôt violés. Comment les Français auroient-ils soupçonné qu'il pût y avoir un droit des gens, que deux nations voisines eussent des devoirs réciproques à remplir, et qu'il leur importoit de respecter la foi des traités? A peine savoient-ils qu'ils étoient citoyens, et qu'ils formoient une société.

En effet, au lieu de lois, ils n'avoient pour toute règle que des coutumes grossières, conservées par tradition, et dont un père instruisoit ses enfans, en leur apprenant à se servir de son épée et de sa francisque. On les accoutumoit à tout oser, et à tout attendre de leur courage. Quelque soldat distingué par sa valeur ou son expérience, formoit-il une entreprise hasardeuse, il devenoit le capitaine de tous ceux à qui il avoit communiqué son audace et ses espérances; et l'on vit souvent de ces bandes d'aventuriers, se séparer de leur nation, infester les mers, piller des provinces d'Espagne et d'Italie, et porter leurs ravages jusques sur les côtes même de l'Asie Mineure. Chaque famille formoit, en quelque sorte, une république séparée, qui avoit ses intérêts particuliers; et qui, se réunissant, pour venger les injures ou les dommages faits à quelqu'un de ses membres, se faisoit elle-même justice par la voie des armes. Cet état de guerre empêchoit qu'il ne se formât parmi les Français, les liens les plus nécessaires à l'ordre de la société; et leurs querelles particulières les auroient infailliblement ruinés, si les maux mêmes qu'elles produisoient, ne les eussent forcés de se plier à une sorte de police favorable aux foibles, et qui peint cependant encore mieux que tout le reste, leur ignorance et la barbarie de leurs mœurs.

Quand, après avoir fait une injure, on ne se sentoit pas en état de se défendre contre son ennemi, on étoit le maître de se soustraire à son ressentiment, en lui donnant, selon la nature de l'offense, une certaine quantité de bœufs ou de moutons; c'est ce que nos anciennes lois appellent une composition, et il n'étoit pas permis à l'offensé de la refuser. Les magistrats, si l'on peut donner ce nom auguste, au général d'une nation de brigands, et aux capitaines de chaque bourgade, étoient obligés de prendre sous leur protection, les coupables, dont un ennemi trop vindicatif n'auroit pas voulu recevoir la composition, pour se réserver le droit de les punir à son gré. Ils ne venoient au secours de l'offensé, que quand il étoit trop foible pour se venger, et contraindre son ennemi à lui payer une composition, ou que l'auteur de l'offense étoit inconnu. Le juge alors, comme capitaine du canton, menaçoit de la guerre l'aggresseur, et le forçoit à satisfaire sa partie; ou si on ne faisoit que soupçonner un citoyen d'avoir commis le délit, il l'obligeoit à se justifier, soit en subissant l'épreuve ridicule du fer chaud ou de l'eau bouillante; soit en produisant, selon la nature de l'accusation, un plus grand, ou un moindre nombre de témoins, qui affirmoient avec lui son innocence.

Il est aussi indifférent de savoir si le chef de la nation française fut appelé du nom de roi ou de duc, qu'il importe de connoître l'étendue et les bornes de son autorité. Tacite nous apprend que le gouvernement des Germains étoit une démocratie, tempérée par le pouvoir du prince[6] et des grands. Quand on ne retrouveroit pas dans les monumens les plus anciens et les plus respectables de notre histoire, une assemblée générale, appelée le Champ de Mars, en qui résidoit la puissance législative, et un conseil composé du roi et des grands, qui n'étoit chargé que du pouvoir exécutif, ou de décider provisionnellement les affaires les moins importantes ou les plus pressées; on jugera sans peine, après ce que j'ai dit de la fortune et des mœurs des Français, qu'ils devoient être souverainement libres. Un peuple fier, brutal, sans patrie, sans loi, dont chaque citoyen soldat ne vivoit que de butin, qui ne vouloit être gêné par aucun châtiment, et ne punissoit de mort que la trahison, ou l'assassinat, et la poltronnerie, devoit avoir un capitaine, et non pas un monarque. Les Français pouvoient tolérer, de la part de leur chef, quelques violences atroces même, parce qu'elles étoient dans l'ordre des mœurs publiques; mais une autorité suivie, raisonnée et soutenue, eût été impraticable. De quelque titre que le général des Français fût revêtu, la coutume ne lui donnoit que quelques prérogatives, qu'il eût été dangereux pour lui de vouloir étendre. Il recevoit les respects d'une cour sauvage, qui ne pouvant ni le corrompre par ses flatteries, ni être elle-même corrompue par ses libéralités, le jugeoit toujours avec justice. En un mot, le prince, comme roi, n'avoit point de sujets; puisque, comme général, il ne commandoit que des soldats qui combattoient pour leurs propres intérêts.

En effet, le butin que faisoit une armée, appartenoit à l'armée; et le roi lui-même n'avoit que la part que le sort lui assignoit. On se rappelle sans doute, que Clovis, après la bataille[7] de Soissons, n'osa disposer, sans le consentement de ses soldats, d'un vase précieux qu'ils avoient pris sur le territoire de Rheims, et que l'évêque de cette église lui redemandoit. Suivez-moi jusqu'à Soissons, dit-il à l'envoyé du prélat, c'est là que se doit faire le partage de notre butin; et je vous satisferai. Dès qu'on se fut disposé à faire les lots, le prince supplia son armée de lui accorder, outre sa part, le vase enlevé à l'église de Rheims; mais un soldat, choqué de cette demande, quoique faite dans les termes les plus propres à ne pas révolter, l'avertit, avec toute la brutalité germanique, de se contenter de ce qui lui écherroit en partage, et déchargea, en même temps, un coup de sa francisque, sur le vase. Si Clovis eût été le souverain, et non pas simplement le général de son armée, pourquoi n'auroit-il pas usé du droit de la souveraineté? Si le soldat, qui fut choqué de sa demande, eût été coupable, sans doute, que le prince fier, emporté et victorieux, auroit vengé sur-le-champ son autorité méprisée. Il sentit vivement, dit Grégoire de Tours, l'injure qu'on lui faisoit, l'armée la désapprouvoit; et cependant, il attendit, pour se livrer à son ressentiment, que le soldat lui eût fourni un prétexte de le punir, en commettant une faute contre la discipline.

Les Français avoient déjà erré dans différentes provinces de la Germanie, lorsqu'ils s'établirent sur la rive droite du Rhin. L'Empire Romain subsistoit encore, parce que les barbares, accoutumés à ne faire que des courses, et qui ne vouloient que du butin, faisoient la guerre sans être conquérans. Mais les circonstances changèrent bientôt; les provinces appauvries et presque désertes ne valurent plus la peine d'être pillées; et les empereurs, dont les finances étoient épuisées, ne furent plus en état d'acheter la paix, ni de mettre leurs frontières en sûreté, en payant une espèce de solde ou de tribut à quelques nations Germaniques, dont ils mendioient depuis long-temps la protection. Cependant les barbares, qui s'étoient fait de nouveaux besoins par le commerce qu'ils avoient avec les Romains, devoient peu-à-peu se dégoûter de cette nouvelle situation; il falloit qu'ils prissent de nouvelles mœurs, et se fissent une nouvelle politique. La guerre ne pouvant plus suffire à leur subsistance, ils devoient employer leurs esclaves à cultiver la terre; et dès qu'ils consentiroient à avoir une patrie et des demeures fixes, il étoit naturel qu'ils voulussent abandonner les forêts et les marais de la Germanie, pour s'établir sur des terres fertiles, et sous un ciel moins sauvage. L'exemple de leurs pères, les préjugés de leur éducation, et la force de l'habitude, empêchoient seuls cette révolution, qu'un événement imprévu rendit enfin nécessaire.

Quelques jeunes Huns chassoient sur les bords des Palus Méotides; une biche qu'ils avoient lancée, traversa un marais qu'ils regardoient comme une mer impraticable; et en suivant témérairement leur proie, ils furent étonnés de se trouver dans un nouveau monde. Ces chasseurs, impatiens de raconter à leurs familles les merveilles qu'ils avoient vues, retournèrent dans leurs habitations, et les récits par lesquels ils piquoient la curiosité de leurs compatriotes, devoient changer la face des nations. Jamais peuple ne fut plus terrible que les Huns; ils se répandirent dans l'Europe, par le chemin qu'ils venoient de découvrir, et tous les barbares qu'ils attaquèrent furent détruits, ou devinrent esclaves. Ils s'avancèrent dans la Germanie, et la terreur s'empara des Goths, des Alains, des Vandales, des Suèves, etc. qui, ne se trouvant plus en sûreté dans leurs anciennes habitations, se virent contraints, pour sauver leur liberté, de conquérir un asyle dans les provinces de l'empire.

Cet exemple donna de l'émulation aux Français, et ce fut sous la conduite de Clodion qu'ils passèrent le Rhin, s'ouvrirent Tournay, et y placèrent le siége de leur nouvelle république. Aëtius tenta inutilement de les chasser de cette conquête; et ce qu'il ne fit pas, aucun des généraux qui commandèrent après lui les armées Romaines dans les Gaules ne put l'exécuter. L'histoire ne dit presque rien de Mérovée: occupée des entreprises importantes des Huns, des Visigoths et des Vandales, qui fondoient de grandes monarchies, elle passe sous silence les courses et les ravages que ce prince fit dans les Gaules. Sous Chilpéric, son successeur, les Français n'étendirent pas leur domination au-delà du Tournésis. Peut-être faut-il l'attribuer à leur manière ancienne de faire la guerre, qu'ils avoient conservée, ou à la mollesse de leur roi, qui commençant à se familiariser avec des vices inconnus dans la Germanie, étoit plus flatté d'enlever les femmes de ses sujets que des provinces aux Romains, et fut chassé par sa nation, qui le crut indigne d'elle. Quoi qu'il en soit, ce n'est qu'après la ruine entière de l'Empire d'Occident, que les Français prirent un nouveau génie, étendirent leurs vues, et devinrent conquérans.

Dans la situation déplorable où se trouvoit l'Empire, il étoit indifférent pour les peuples qui vouloient s'y établir, que le trône des empereurs subsistât, ou fût renversé; mais les barbares, qui ne connoissoient, ni ce qui fait la force, ni ce qui fait la foiblesse d'un état, se laissoient tromper par je ne sais quel air de grandeur, ou plutôt de faste et d'orgueil, que les empereurs avoient conservé dans leur décadence, et ce fantôme leur imposoit. Odoacre, pour concevoir, et consommer l'entreprise aisée de détrôner Augustule, dut être un audacieux:

la révolution, dont il fut l'auteur, causa une fermentation générale chez les barbares. Toutes les nations s'agitèrent à la fois, chacun regarda quelque province de l'Empire comme sa proie; et l'on vit se former et se détruire en même temps mille nouvelles monarchies. Je me borne à parler de ce qui regarde les Français. Ils touchoient aux provinces septentrionales des Gaules, qui étoient restées sous la domination des empereurs, tandis que celles du midi avoient passé sous l'obéissance des Visigoths et des Bourguignons; et ces provinces, consternées de n'avoir, en quelque sorte, plus de maître, et qu'une longue habitude du joug avoit rendues incapables de recouvrer leur liberté, devoient obéir à quiconque voudroit les gouverner.

Peu de princes, dans ces circonstances, ont été aussi propres que Clovis, je ne dis pas seulement à conquérir, mais à former un Empire. Sous cette férocité qui caractérise son siècle et les héros de la Germanie, ce prince, supérieur à sa nation et à ses contemporains, avoit des lumières, des talens, et même des vertus, qui auroient honoré le trône des Empereurs Romains. Dans une nation policée, la cruauté et la fourberie annoncent une ame foible, lâche et timide: chez un peuple encore sauvage, elles s'associent souvent avec une ame grande, noble et fière. A qui ne connoît pas les bornes étroites qui séparent la vertu du vice, la violence peut paroître du courage, et la perfidie de la prudence. Clovis qui n'avoit pour toute règle de morale que les préjugés de sa nation, son estime ou sa censure, se permit, pour réussir dans ses desseins, tout ce qui ne devoit pas le rendre odieux. Mais la manière différente dont il se comporta, suivant la différence des conjectures, avec les Gaulois, les Français, les Bourguignons, les Visigoths, les empereurs d'Orient, et les peuples de Germanie, fait voir en lui un génie aussi droit et ferme dans ses vues, que fécond en ressources, et un courage propre à réussir dans tous les temps, et trop supérieur aux événemens, pour recourir par nécessité à des moyens bas et honteux.

Il commença ses conquêtes par la défaite de Siagrius, qui avoit pris le titre de roi, et fait reconnoître son autorité sur les frontières de la Gaule, quand l'Empire fut détruit par Odoacre. Ce premier avantage ouvrit un pays considérable aux Français, et Soissons devint leur capitale. Je ne réfute pas ici un écrivain célèbre, qui a prétendu que les Français, amis, alliés et auxiliaires des empereurs, dont ils recevoient une solde, ne se sont pas emparés des Gaules, les armes à la main. L'abbé du Bos ne fait de Clovis, qu'un officier de l'Empire, un maître de la milice, qui tenoit son pouvoir de Zénon et d'Anastase. Il imagine une république Armorique, des confédérations, des alliances, des traités; il se livre à des conjectures jamais analogues aux coutumes ni aux mœurs du temps dont il parle, et toujours démenties par les monumens les plus sûrs de notre histoire, qu'il ne cite jamais, ou dont il abuse. Il suppose que les Français, aussi patiens et aussi dociles que des soldats mercenaires, n'ont vaincu que pour l'avantage de leur capitaine, et n'auront pas regardé leur conquête comme leur bien, et le droit d'y commander comme une partie de leur butin. En un mot, ce roman, qui n'a pour toute base, qu'une hardiesse extrême à conjecturer, et quelques passages obscurs et mal-entendus, ne peut avoir d'autorité que sur des esprits qu'il est presqu'inutile de détromper.

La bataille de Soissons, et la conquête de la cité de Tongres, répandirent une terreur générale dans les Gaules. Quoique Clovis fût obligé d'y suspendre ses progrès pour faire la guerre aux Allemands, peuple puissant et belliqueux de Germanie, qui vouloit faire des conquêtes, et qu'il étoit important de tenir au-delà du Rhin, cette diversion ne nuisit point à sa première entreprise. On eût dit que les Gaulois avoient été battus à Tolbiac, tant ils s'empressèrent de se soumettre au joug du vainqueur des Allemands. Mais Clovis, dont les succès rendoient l'ambition toujours plus agissante, ne se contenta pas de posséder les provinces de la Gaule, soumises aux derniers empereurs d'Occident. Il avoit eu le bonheur, lorsqu'il se convertit à la religion chrétienne, d'être instruit dans nos mystères, par un évêque orthodoxe; et cet avantage seul, le rendit redoutable aux Visigoths et aux Bourguignons, encore mal affermis sur leurs conquêtes. Ces barbares infectés depuis long-tems des erreurs de l'Arianisme, qu'ils cherchoient à étendre dans les Gaules par la voie de la force, étoient regardés comme des impies par le peuple, et comme des tyrans par le clergé, dont ils gênoient la doctrine et qu'ils dépouilloient de ses biens. Clovis profita habilement de cette disposition des esprits; les évêques favorisèrent son entreprise, il ruina la puissance des Visigoths au-delà de la Loire; et après avoir rendu les Bretons ses tributaires, il ébranla à un tel point la monarchie des Bourguignons, que ses fils en firent aisément la conquête.

CHAPITRE II.

Quelle fut la condition des Gaulois et des autres peuples soumis à la domination des Français.

Le moment où les Français établirent leur empire dans les Gaules, dut paroître effrayant aux naturels du pays; je ne parle pas des violences qui se commirent dans le cours de la conquête, on imagine aisément les ravages d'une armée dont chaque soldat combat pour s'enrichir, et croit que le droit du vainqueur est le droit de tout faire impunément. La conduite des Français ne fut pas vraisemblablement moins dure, quand ils commencèrent à vouloir profiter des avantages de la victoire, et fixer leur fortune jusqu'alors incertaine. Depuis que Clodion avoit occupé Tournay, et que le commerce plus fréquent des Romains leur avoit appris à connoître le prix des richesses, ils étoient devenus d'une avidité insatiable; et le gouvernement qu'ils avoient apporté de Germanie, étoit plus propre à favoriser les passions, qu'à les réprimer.

Rien ne nous instruit de la manière dont ils acquirent des terres; si, à l'exemple des Visigoths et des Bourguignons, ils avoient forcé chaque propriétaire à leur abandonner une certaine partie de ses possessions, nous en trouverions infailliblement quelque trace dans nos anciens monumens. Le silence de nos lois et de Grégoire de Tours, sur un trait si important, permet de conjecturer qu'ils se répandirent sans ordre dans les provinces qu'ils avoient subjuguées, et s'emparèrent sans règle d'une partie des possessions des Gaulois. Terres, maisons, esclaves, troupeaux, chacun prit ce qui se trouvoit à sa bienséance, et se fit des domaines plus ou moins considérables, suivant son avarice, ses forces, ou le crédit qu'il avoit dans sa nation.

Si les Gaules ne furent pas réduites en servitude, c'est que les Français n'avoient d'idée que de la liberté, qu'ils traitoient, ainsi que les autres Germains, leurs esclaves comme des hommes, et que la tyrannie, bien différente du brigandage et de la violence, demande des vues et un art dont ils étoient bien éloignés. La victoire les rendit insolens et brutaux; ils s'accoutumèrent à faire des injures aux Gaulois: et quand ils écrivirent leurs coutumes et les rédigèrent en lois, ils établirent une différence[8] humiliante entre eux et les vaincus. Le Gaulois fut jugé un homme vil, son sang fut estimé une fois moins que celui d'un Français; et dans tous les cas, on ne lui paya que la moitié de la composition qu'on devoit à celui-ci.

Il ne faut que jeter les yeux sur nos lois saliques et ripuaires, pour voir combien les Français étoient attachés aux coutumes dans lesquelles ils avoient été élevés. Ils étoient en même-temps trop ignorans et trop heureux dans leurs entreprises, pour se douter de ce qui leur manquoit dans leur nouvelle situation. Cet attachement pour les usages les moins importans, est la preuve la plus forte que leur gouvernement ne souffrit d'abord aucune altération dans ses principes les plus essentiels. La nation toujours libre, et formant une vraie république, dont le prince n'étoit que le premier magistrat, régnoit en corps sur les différens peuples qui habitoient ses conquêtes. Le champ de mars fut encore assemblé; les grands continuèrent à former le conseil du prince, et les cités des Gaules furent gouvernées comme l'avoient été les bourgades de Germanie: les anciens Grafions, sous les noms nouveaux de ducs ou de comtes, étoient à-la-fois capitaines et juges des habitans de leur ressort.

Il n'est pas douteux que cet assemblage de nouveautés ne dût paroître le comble des maux pour les Gaulois, dont les mœurs et les lois étoient si différentes, et que le despotisme des empereurs avoit accoutumés à s'effrayer de tout changement. Je crois cependant qu'après être revenus de leur première terreur, et s'être familiarisés avec leurs maîtres, ils n'eurent bientôt plus lieu de regretter leur ancienne situation.

L'avarice des empereurs, et l'insolence de leurs officiers, avoient accoutumé les Gaulois aux injustices, aux affronts et à la patience. Ils ne sentoient point l'avilissement où la domination des Français les jetoit, comme l'auroit fait un peuple libre. Le titre de citoyens Romains qu'ils portoient, n'appartenoit depuis long-temps qu'à des esclaves; et à force d'avoir été pillés et battus par les barbares, ils avoient appris à les respecter. Ils virent passer une partie de leurs biens entre les mains des Français, mais ils s'attendoient vraisemblablement à souffrir des pertes encore plus considérables; et ce qui leur resta, servit à les consoler de ce qu'ils avoient perdu. Comme le pillage se fit au hasard, plusieurs citoyens n'en souffrirent point, et les autres en furent dédommagés par la suppression des anciens impôts.

Ces douanes[9], ces cens, ces capitations, et, pour le dire en un mot, tous ces tributs que l'avarice et le faste des empereurs avoient exigés de leurs sujets, tombèrent dans l'oubli sous le gouvernement des Français. Le prince eut pour subsister[10] ses domaines, les dons libres que lui faisoient ses sujets, en se rendant à l'assemblée du champ de mars, les amendes, les confiscations, et les autres droits que la loi lui attribuoit. Au lieu d'une société toujours pauvre, parce que les sujets mercenaires s'y devoient faire payer pour remplir les devoirs de citoyen, les Gaulois se trouvèrent dans un état riche, parce que le courage et la liberté en étoient l'ame. Comme les Français ne vendoient point leurs services à la patrie, ils n'imaginèrent pas d'acheter ceux des Gaulois ni des barbares qui se soumirent à leur autorité. Toute imposition devint donc inutile, et les sujets simplement obligés, ainsi que leurs maîtres, de faire la guerre à leurs dépens, quand leur cité étoit[11] commandée, ne contribuèrent comme eux qu'à fournir des voitures aux officiers publics qui passoient dans leur province, et à les défrayer; c'étoit moins les assujettir à un impôt, que les associer à la pratique de l'hospitalité, vertu extrêmement précieuse aux Germains, et ils ne furent tenus qu'aux mêmes devoirs que les Français.

Non-seulement les Gaulois eurent la satisfaction de conserver leurs[12] lois nationales, avantage dont jouirent également tous les autres peuples soumis à la domination française; mais ils se virent encore élever à une sorte de magistrature. En effet, les ducs, les comtes et leurs centeniers ou vicaires, distribués en différens endroits de leurs gouvernemens pour y rendre la justice, ne pouvoient prononcer un jugement sans prendre, parmi les citoyens les plus notables, sept assesseurs, connus sous les noms de Rachinbourgs, ou de Scabins; et ces assesseurs, toujours choisis dans la nation de celui contre qui le procès étoit intenté, faisoient la sentence, le chef du tribunal la prononçoit seulement. Les Gaulois se trouvèrent par-là leurs propres juges, prérogative que la vénalité des magistrats, sous le gouvernement de l'empire, rendoit bien précieuse; et ils ne durent plus s'en prendre qu'à leur propre corruption, si la justice fut encore vendue ou mal administrée.

Il semble que plus les Français seroient attachés à leurs anciennes coutumes, plus le sort des vaincus seroit malheureux; et il arriva au contraire que, par une suite même de cet attachement, ils abandonnèrent aux Gaulois une grande partie de l'autorité publique. Tacite remarque que les Germains avoient un extrême respect pour les ministres de leur religion: les prêtres jouissoient chez eux des prérogatives les plus considérables; c'est à eux qu'appartenoit la manutention de l'ordre et de la police dans les assemblées générales de la nation. Ils reprenoient, arrêtoient et châtioient un citoyen qui y manquoit à son devoir; et cette juridiction devoit leur donner un crédit d'autant plus étendu, qu'on les croyoit inspirés par les Dieux dont ils étoient les ministres.

Comment les Français, en embrassant le christianisme, n'auroient-ils pas conservé, pour les prêtres de leur nouvelle religion, les sentimens de vénération auxquels ils étoient accoutumés à l'égard des prêtres de leurs idoles? Ils trouvèrent dans les Gaules un clergé que la liberté des empereurs avoit comblé de priviléges, qui avoit des mœurs au milieu des richesses qu'il devoit à la piété des fidelles, qui faisoit des miracles, ou qui avoit la réputation d'en faire, et qui profitant, dans la décadence de l'empire, de la foiblesse du gouvernement, s'étoit attribué une autorité favorable au bien public, à laquelle il eût été dangereux de vouloir porter atteinte, et qui fut utile à Clovis même, quand il fit la guerre aux Visigoths et aux Bourguignons.

Des prêtres qui convertissent une nation, en sont les maîtres s'ils veulent l'être. Les évêques se contentèrent d'être chez les Français chrétiens, ce que les prêtres de leurs faux-dieux avoient été chez les Français idolâtres. Quoique pendant long-temps ils fussent encore tous Gaulois de naissance, et se gouvernassent par conséquent par les lois romaines, non-seulement ils entrèrent dans les assemblées de la nation, mais y occupèrent même la première[13] place. Sous le règne de Clotaire I, ils travaillèrent, de concert avec les Français, à corriger les lois saliques et ripuaires, et obtinrent, par ces lois mêmes, des distinctions supérieures à celles de tous les autres citoyens. Ils exercèrent une sorte d'intendance sur tous les tribunaux de la nation; et dans l'absence du roi, à qui on appeloit des jugemens rendus par les comtes et les ducs, on s'adresssa aux évêques, qui eurent, comme lui, le droit de châtier les juges qui malversoient dans l'exercice de leur emploi, de casser et de réformer leurs sentences.

Il est vraisemblable que les ecclésiastiques, encore plus accrédités par leurs lumières, quoique fort ignorans, que par le rang qu'ils occupoient, servirent de lien entre les deux nations, et employèrent leur crédit et leur autorité pour empêcher l'oppression de leurs compatriotes et de leurs parens. C'est à leur prière sans doute que les Gaulois, d'abord humiliés, méprisés et traités en vaincus, obtinrent le privilége qu'avoit tout barbare établi sur les terres de la domination française, de s'incorporer à la nation victorieuse[14], et de se naturaliser français. C'est-à-dire, qu'un Gaulois, après avoir déclaré devant le prince, ou en présence du duc et du comte dans le ressort duquel il avoit son domicile, qu'il renonçoit à la loi romaine pour vivre sous la loi salique ou ripuaire, commençoit à jouir des prérogatives propres aux Français, obtenoit les mêmes compositions, de sujet devenoit citoyen, avoit place dans les assemblées du champ de mars, et entroit en part de la souveraineté et de l'administration de l'état.

Malgré tant d'avantages attachés à la qualité de français, il est vrai que la plupart des pères de famille, soit Gaulois, soit barbares établis dans les Gaules, ne s'incorporèrent pas à la nation française, et continuèrent à être sujets. On ne concevroit point cette indifférence à profiter de la faveur de leurs maîtres, si on ne faisoit attention que la liberté que tout Gaulois et tout barbare avoit de devenir français, levoit la honte ou le reproche de ne l'être pas. Le long despotisme des empereurs, en affaissant les esprits, avoit accoutumé les uns à ne pas même désirer d'être libres, et les autres, par une vanité mal entendue, conservoient le plus grand attachement pour les lois et les usages particuliers de leur nation. L'habitude a des chaînes qu'il est difficile de rompre; il parut sans doute trop dur aux Gaulois de renoncer à leurs lois, à leurs mœurs et à leurs coutumes, pour se soumettre à un code aussi barbare que celui des vainqueurs. Les devoirs qu'ils devoient à l'état, n'auroient été ni moins nombreux, ni moins étendus; ils n'auroient même évité aucune injure de la part des Français naturels, qui, toujours désunis, féroces, brutaux et emportés, se traitoient en ennemis, sans égard pour leur origine commune.

Ce qui détermina principalement les Gaulois et les autres sujets des Français à préférer de vivre sous leurs lois nationales, aux avantages que leur promettoit la naturalisation, c'est que les principes du gouvernement populaire apporté de Germanie, furent ébranlés et détruits presqu'aussitôt que les Gaules furent conquises. Les grands et le prince, comme on va le voir, s'étant emparés de toute l'autorité publique, au préjudice du reste de la nation, les étrangers d'une fortune obscure, ou même médiocre, auroient renoncé à leurs coutumes pour suivre la loi salique ou la loi ripuaire, sans cesser d'être sujets.

CHAPITRE III.

Des causes qui contribuèrent à ruiner les principes du gouvernement démocratique des Français.—Comment les successeurs de Clovis s'emparèrent d'une autorité plus grande que celle qui leur étoit attribuée par la loi.—Tyrannie des grands.—Établissement des seigneuries.

LES Français ayant enfin une patrie, des terres et des habitations fixes, ne tardèrent pas à éprouver l'insuffisance des lois germaniques. Leurs anciennes mœurs, qui les portoient au brigandage, étoient en contradiction avec leur nouvelle situation. Faute de principes économiques et politiques, ils étoient embarrassés, comme citoyens, de leur fortune domestique, et comme souverains, de tous ces peuples différens qui leur obéissoient sans avoir de liaison entre eux, et avec des préjugés opposés.

Les Français auroient eu besoin d'un discernement profond pour se déterminer avec sagesse dans le choix des nouveautés qu'un ordre de choses tout nouveau rendoit nécessaires; mais leur ignorance les forçoit à adopter indifféremment tous les moyens que le bonheur ou le malheur des conjonctures leur suggéroient. Attachés par habitude à leurs coutumes, mais fatigués des désordres qu'elles produisoient, ils essayèrent de chercher dans les lois romaines un remède aux maux qu'ils éprouvoient. Le code même des ripuaires en offre une preuve certaine; et quoiqu'il nous reste peu d'ordonnances faites sous les premiers Mérovingiens, nous voyons qu'avant la fin du sixième siècle, les Français avoient déjà adopté la doctrine salutaire des Romains au sujet de la prescription; et que, renonçant à cette humanité cruelle qui les enhardissoit au mal, ils infligèrent peine de mort contre l'inceste, le vol et le meurtre, qui jusques-là n'avoient été punis que par l'exil, ou dont on se rachetoit par une composition.

Les Français, en réformant quelques-unes de leurs lois civiles, portèrent la sévérité aussi loin que leurs pères avoient poussé l'indulgence; et, faute de proportionner les châtimens à la nature des délits, ils firent souvent des lois absurdes, tyranniques, et par conséquent impraticables. Mais quand elles auroient été plus sages que celles des Romains, elles n'auroient produit aucun bien solide; à quoi sert de régler avec prudence les droits respectifs des citoyens, et de leur prescrire une conduite favorable à l'ordre public, si ces lois n'ont pour base un gouvernement propre à les protéger et les faire observer?

Une démocratie tempérée par le conseil des grands et l'autorité du prince, avoit donné aux Français, tandis qu'ils ne vivoient que de pillage, tout ce qui est nécessaire pour la sûreté et les progrès d'une société de brigands. On sait que les politiques ont regardé cette forme de gouvernement comme la plus capable d'éclairer une nation sur ses intérêts, et d'aiguiser l'esprit et le courage des citoyens. Vraisemblablement elle auroit encore fait naître parmi les Français les qualités et les institutions nécessaires à un peuple qui a une fortune et des établissemens fixes, s'ils avoient travaillé à l'affermir; mais à peine avoient-ils été établis dans les Gaules, que l'amour de la liberté n'avoit plus été leur première passion. Leurs conquêtes relâchèrent les ressorts de leur gouvernement; de nouveaux besoins et de nouvelles circonstances, leur donnant des idées différentes de celles qu'ils avoient apportées de Germanie, les détachèrent insensiblement de leurs anciens principes politiques.

Au lieu de s'établir dans une même contrée, les Français s'étoient répandus çà et là dans toute l'étendue de leurs conquêtes; ne conservant ainsi aucune relation entre eux, les forces de la nation semblèrent en quelque sorte s'évanouir; les citoyens n'eurent plus un même intérêt, et ne purent éclairer et régler avec la même vigilance qu'autrefois la conduite de leurs chefs. Le besoin de butiner avoit attaché autrefois chaque particulier au corps de la nation, parce qu'aucun n'avoit une fortune qui lui suffit: ce lien ne subsista plus après la conquête, chaque Français crut avoir tout fait, quand il eut acquis un patrimoine, et se livra au plaisir de faire valoir ses nouvelles possessions, ou de troubler ses voisins dans les leurs. Le bien public fut sacrifié à l'intérêt particulier, et ce changement dans les mœurs annonçoit une révolution prochaine dans le gouvernement.

Tacite a remarqué que les Germains étoient peu exacts à se rendre à leurs assemblées publiques; peut-être étoient-ils excusables, car la pauvreté tient lieu de bien des vertus et de bien des lois; et des hommes qui ont peu de besoins, et à qui on ne peut ôter que la vie, sont toujours libres quand ils veulent l'être. Mais les Français étoient devenus riches, sans se douter que leurs richesses étoient un appas capable de tenter la cupidité des plus puissans d'entre eux, et que leurs nouveaux besoins étoient autant de chaînes dont on pouvoit les garroter. Le gouvernement, qui toléroit leurs injustices, parce qu'il ignoroit l'art de les réprimer et d'établir l'ordre, leur inspira une sécurité dangereuse. Moins les lois civiles conservoient de force sur les citoyens, plus les Français auroient dû craindre pour la perte de leur fortune domestique et de leur liberté; mais ils étoient encore trop loin de cette vérité pour l'entrevoir. Confondant, au contraire, la licence la plus extrême avec la liberté, ils crurent qu'ils seroient toujours libres, parce qu'on ne pouvoit pas les réprimer; ils s'abandonnèrent avec sécurité à l'avarice et à leur paresse naturelle, et négligèrent de se rendre aux assemblées du champ de mars, qui ne se tinrent plus régulièrement, et qu'on cessa bientôt de[15] convoquer.

Toute l'autorité dont le corps entier de la nation avoit joui, se trouva ainsi renfermée dans le conseil composé du prince et des grands, qui n'avoit jusqu'alors possédé que la puissance exécutrice. Mais cette aristocratie naissante ne portoit elle-même sur aucun fondement solide; les fils de Clovis étoient devenus trop riches et trop ambitieux pour se contenter du pouvoir borné de leurs pères; et depuis que les lois avoient admis les évêques à l'administration des affaires, et que quelques Gaulois avoient même été élevés à la dignité de Leudes, les grands, qui n'avoient plus un même esprit, avoient des intérêts opposés. Ils ne connoissoient ni l'étendue, ni les bornes de leur autorité; et tandis que les uns n'aspiroient qu'à devenir des tyrans, les autres ne demandoient qu'à être esclaves.

Les évêques, accoutumés au pouvoir arbitraire sous des empereurs qui ne respectoient aucune loi, n'avoient joui qu'en tremblant des immunités qu'ils tenoient de la piété de Constantin et de quelques-uns de ses successeurs; et ne les avoient conservées qu'en avouant toujours qu'on pouvoit les leur ôter. Le clergé, plus instruit des matières de la religion que de celles de la politique, et dont le caractère propre est de conserver, par une sorte de tradition, le même langage, crut être encore sujet dans une monarchie, quand il étoit devenu le premier corps d'une république. Il ne s'apperçut pas que la nature de ses priviléges avoit changé avec le gouvernement des Gaules; et que les prérogatives qu'il ne possédoit que d'une manière précaire sous les empereurs romains, il les tenoit actuellement de la constitution française, et qu'elles étoient devenues des droits aussi sacrés que ceux de tous les autres ordres de la nation.

Saint Paul avoit recommandé l'obéissance la plus entière aux puissances, c'est-à-dire, aux lois dans les gouvernemens libres, et au monarque dans les monarchies; car la religion chrétienne n'a rien voulu changer à l'ordre politique des sociétés: mais les évêques ne faisoient pas cette distinction nécessaire; parce que le premier magistrat des Français s'appeloit roi, ils imaginèrent que le gouvernement étoit, ou devoit être monarchique. N'entendant pas mieux Samuel que Saint Paul, ils crurent qu'il étoit de l'essence de tout roi de faire tout ce qu'il vouloit, que c'étoit un péché de ne pas respecter aveuglément ses caprices; et que Dieu, par le plus incompréhensible de tous les mystères, trouvoit mauvais que des hommes qui s'étoient fait un chef de leur égal, pour faire observer les lois, et y obéissant lui-même, osassent lui demander compte de l'administration dont ils l'avoient chargé pour le bien public.

Si Clotaire veut imposer une taxe sur les biens de l'église, l'évêque Injuriosus ne s'y oppose point comme à une entreprise contraire à la liberté de la nation, mais comme à un sacrilége. Il oublie qu'il est citoyen, pour ne parler qu'en évêque[16], qui croit que les possessions de l'église sont le patrimoine de Dieu et des pauvres. Dans mille endroits des écrits de Grégoire de Tours, on voit avec étonnement que ce prélat raconte des faits qui prouvent la liberté des Français, avec les tours et les expressions d'un homme qui ne connoît que le pouvoir arbitraire. Ne croiroit-on pas qu'il parle à un empereur romain, revêtu de tout le pouvoir de sa nation, lorsqu'il dit à Chilpéric: «si quelqu'un de nous s'écarte des règles de la justice, vous pouvez le corriger; mais si vous les violez vous-même, qui vous reprendra? Nous vous faisons des remontrances, et vous les écoutez, si vous le jugez à propos; mais si vous les rejetez, Dieu seul est en droit de vous juger.»

Il est vraisemblable cependant que les successeurs de Clovis n'auroient attaqué, ni si promptement ni si hardiment les libertés de la nation, si les grands, qu'on appeloit Leudes[17], fidelles, ou Antrustions, eussent encore été tels dans les Gaules qu'ils avoient été en Germanie. Ce n'étoit qu'après s'être distingué par quelqu'acte éclatant de courage, qu'un Français étoit autrefois admis à prêter le serment de fidélité au prince. Par cette cérémonie, on étoit tiré de la classe commune des citoyens, pour entrer dans un ordre supérieur, dont tous les membres, revêtus d'une noblesse personnelle, avoient des priviléges particuliers, tels que d'occuper dans les assemblées générales une place distinguée, de posséder seuls les places publiques, de former le conseil toujours subsistant de la nation, ou cette cour de justice dont le roi étoit président, et qui réformoit les jugemens rendus par les ducs et les comtes. Les Leudes ne pouvoient être jugés dans leurs différends que par le prince, et ils exigeoient une composition plus considérable que les simples citoyens, quand on les avoit offensés.

Après la conquête des Gaules, la fortune commença à tenir lieu de mérite. Ce ne furent plus les citoyens les plus dignes de l'estime publique, qui composèrent seuls l'ordre des Leudes; les plus riches ou les plus adroits à plaire y furent associés: c'étoit accréditer l'avarice et la flatterie. Les princes admirent au serment des Gaulois qui s'étoient naturalisés Français, et ces nouveaux Leudes ne furent pas moins indifférens sur la liberté, ni moins courtisans que les évêques. Toute émulation fut éteinte, quand des esclaves même que leurs maîtres venoient d'affranchir, furent scandaleusement élevés aux dignités dont on récompensoit autrefois les services et les talens les plus distingués.

Les prédécesseurs de Clovis, et vraisemblablement ce prince lui-même, s'étoient fait respecter des grands, en ne leur donnant que quelque présent médiocre, tel qu'un cheval de bataille[18], un javelot, une francisque ou une épée. Ces récompenses, alors si précieuses, parurent viles après les changemens survenus dans la fortune des Français et les mœurs des Leudes. Les rois Mérovingiens, toujours intéressés à ménager ces derniers, pour agrandir la prérogative royale sans soulever le reste de la nation, imaginèrent donc un nouveau genre de libéralités plus propre à leur plaire; ils donnèrent quelque portion de leur domaine même; et c'est ce que nos anciens monumens appellent indifféremment bénéfice ou fisc, et que quelques écrivains modernes ont eu tort de confondre avec les possessions qu'on a appellées depuis des fiefs.

Soit par défaut de connoissances ou d'économie, soit par une suite des partages survenus dans les successions, les Français voyoient diminuer de jour en jour la fortune que leurs pères avoient acquise. Le prince, qui réparoit ces disgraces, ne parut plus le simple ministre des lois. Sous une vaine apparence d'aristocratie, les fils de Clovis, qui avoient subjugué le conseil de la nation par leurs bienfaits, s'en trouvèrent les maîtres; ils s'emparèrent d'autant plus aisément de toute la puissance publique, que, pour s'assurer de la reconnoissance des courtisans, et s'attacher par l'espérance ceux-mêmes à qui ils n'accordoient aucune grâce, ils avoient eu la précaution de se réserver le droit de reprendre à leur gré les bénéfices qu'ils avoient accordés.

Rien ne pouvoit résister à des princes qui savoient si bien user de leur fortune. Loin de s'opposer à leurs injustices, des Leudes qui vouloient les enrichir pour les piller, et les rendre puissans pour abuser de leur puissance, les encourageoient à mépriser les lois, et leur apprenoient l'art de se faire de nouvelles prérogatives. Je ne crois pas qu'il soit impossible de distinguer les entreprises inspirées par les Leudes Gaulois d'origine, de celles qui étoient l'ouvrage des Français. L'établissement des douanes, des capitations, et des impôts sur les terres; ces préceptions odieuses, ou ces diplômes par lesquels le prince accordoit des priviléges particuliers, dispensoit de la loi, et ordonnoit même quelquefois de la violer de la manière la plus criminelle, ont une analogie évidente avec l'ancien gouvernement des empereurs, et supposent des connoissances et un raffinement que les Français n'avoient pas. S'emparer, au préjudice des héritiers légitimes, de la succession de ceux qui mouroient sans testament; autoriser les fermiers des domaines royaux à faire paître leurs troupeaux sur les terres de leurs voisins; se croire le maître de tout, parce qu'on est le plus fort et le plus injuste: tout cela ne demande que l'insolence et la brutalité que les Français avoient apportées de Germanie.

Cependant les rois Mérovingiens ne sachant point agrandir leur autorité avec méthode, et forcer toutes les parties de l'état à se courber à la fois sous le poids de leur sceptre; plusieurs grands, qui conservoient encore l'ancien esprit de la nation, ou qui étoient les plus riches et les plus puissans, eurent le courage et le bonheur d'échapper au joug qu'on leur avoit préparé. Soit qu'ils craignissent les forces de la cour et fussent intimidés par l'indifférence avec laquelle le peuple voyoit la décadence du gouvernement, soit qu'ils aimassent moins la liberté publique que leur propre élévation, ils n'entreprirent rien en faveur des lois, et profitèrent au contraire des exemples d'injustice qu'on leur donnoit. Les nouveautés, avec lesquelles les Français commençoient à se familiariser, et les désordres qui en résultoient, sembloient autoriser toutes les violences; on essaya ses forces; on tenta des entreprises, et dès que quelques grands espérèrent de pouvoir devenir impunément des tyrans, ils se firent des droits sur leurs voisins qui possédoient des terres avec la même indépendance qu'eux, et donnèrent ainsi naissance à nos seigneuries[19] patrimoniales.

Quoique la plupart des premières seigneuries doivent vraisemblablement leur origine à l'injustice des Leudes qui, abusant de leur crédit ou de leurs forces, exigèrent des corvées et des redevances de leurs voisins, les gênèrent par des péages, et se rendirent les arbitres de leurs querelles, pour percevoir à leur profit les mêmes droits que les plaideurs devoient à leurs juges naturels: je ne doute pas cependant que d'autres n'aient été le fruit d'une protection justement accordée, et de la reconnoissance qu'elle méritoit.

En effet, les différens princes qui, après le règne de Clovis, partagèrent entre eux les provinces de la domination Française, étoient continuellement en guerre les uns contre les autres, ou contre leurs voisins. Tandis que leurs armées, sans discipline, traversoient les Gaules en ravageant tout sur leur passage, ne distinguoient point si elles étoient en pays ami ou ennemi, et regardoient les hommes mêmes comme une partie du butin; les habitans de la campagne, pour se mettre à l'abri du pillage, et même de la servitude, se réfugioient avec leurs effets les plus précieux, dans les châteaux de quelques Leudes puissans, ou dans les églises, dont le patron, célèbre par ses miracles, avoit sur-tout la réputation d'être peu patient[20] et fort vindicatif. Ils s'ouvroient ces asyles par des présens; et ce qui ne fut d'abord que le gage de la reconnoissance envers leurs protecteurs, devint, avec le temps, la dette d'un sujet à son seigneur.

Les ducs, les comtes et les centeniers avoient tous acheté leur emploi, ou s'en étoient rendus dignes par quelque lâcheté, depuis que le prince s'étoit attribué le pouvoir d'en disposer sans consulter le champ de Mars; et ses magistrats, chargés de toutes les parties du gouvernement dans leurs provinces, faisoient un commerce scandaleux de l'administration de la justice. Après avoir violé toutes les lois, dont les préceptions ou les ordres particuliers du roi tenoient la place, on en étoit venu jusqu'à ne plus daigner s'en tenir aux formalités ordinaires. Pour se soustraire à la tyrannie de ces tribunaux iniques, de malheureux citoyens se soumirent dans leurs différends, à l'arbitrage de ceux qui les avoient protégés contre l'avarice et la cruauté des soldats. Bientôt ils ne reconnurent plus d'autre juge. Malgré les efforts des comtes et des ducs, la nouvelle juridiction des seigneurs fit chaque jour des progrès, et quand cette coutume eut acquis une certaine force, et fut assez étendue pour qu'on n'osât plus tenter de la détruire, l'assemblée des Leudes défendit expressément aux magistrats publics d'exercer aucun acte de[21] juridiction dans les terres des seigneurs.

Je ne m'arrêterai pas à faire le tableau des maux que produisirent les nouveautés dont je viens de parler; les plaintes de nos anciens historiens ne sont point exagérées à cet égard. A quel excès ne doivent pas se livrer les Français, puisqu'ils avoient joint aux vices féroces qu'ils apportèrent de Germanie, les vices lâches qu'ils avoient trouvés dans les Gaules? Effarouchés par les obstacles, enhardis par les succès, ils s'accoutumèrent à commetre de sang froid des actions atroces, que l'emportement le plus furieux ne pourroit justifier. Les lois de l'humanité, les droits du sang furent violés sans remords; aucune bienséance ne suppléoit aux règles inconnues de la morale; la perfidie étoit respectée; et les rois, comme leurs sujets, ne mettoient aucun art à déguiser leurs plus grands attentats. Si Childebert II veut se défaire de Magnovalde, il le flatte, le <u>caresse</u>, l'attire à sa cour sous prétexte d'une fête, et le fait assassiner au milieu du spectacle. On jette son cadavre par les fenêtres du palais; et en se saisissant de ses biens, le prince ne daigne pas même faire connoître les motifs d'un forfait qui rompt tous les liens de la société. Marculfe nous a conservé le modèle des lettres par lesquelles les Mérovingiens mettoient sous leur sauvegarde <u>un</u> assassin qu'ils avoient chargé du soin de les servir.

Je dois le remarquer avec soin, ces attentats infâmes dont nos chroniques sont souillées, sont devenus entre les mains de quelques écrivains modernes autant d'argumens pour prouver que le gouvernement des Français étoit et devoit être purement arbitraire: ils ont conclu du fait au droit; ils ont pris l'abus des mœurs pour la loi politique, et pour la constitution naturelle de l'état, la contorsion forcée dans laquelle la violence d'une part, et la foiblesse de l'autre, tenoient le corps entier de la nation. Mais les faits ne supposent, ni ne donnent aucun droit, s'ils ne sont reconnus pour les actes d'une autorité légitime. La loi qui les condamne est violée, et non pas détruite; et cette loi, qui n'a pas été la règle de quelques princes ou de quelques citoyens avares, sanguinaires et ambitieux, doit au moins en servir aux philosophes qui jugent leurs actions. Qui veut peindre avec fidélité les révolutions de notre gouvernement sous la première race, doit dire que dans l'anarchie où le mépris des lois fit tomber les Français, la nation fut au pillage. Les Leudes, les princes, chacun usurpa de nouveaux droits, et l'empire de la force subsista jusqu'à ce qu'enfin les évènemens ramenèrent des lois sous le règne de Pepin.

CHAPITRE IV.

De la conduite et des intérêts des différens ordres de l'état.—Comment les bénéfices conférés par les rois Mérovingiens deviennent héréditaires.—Atteinte que cette nouveauté porte à l'autorité que ces princes avoient acquise.

Si les fils de Clovis avoient été les seuls maîtres de l'état, il est vraisemblable que les Français, quoiqu'ils regardassent chaque violence en particulier comme un événement commun, ordinaire et analogue à la férocité des mœurs publiques, n'auroient pas souffert patiemment cette longue suite d'injustices et de vexations, qui, en menaçant également tous les ordres du royaume, devoit faire craindre à chaque citoyen en particulier d'être la victime du mépris des lois. La multitude ne se souleva pas, parce qu'elle ne connoissoit plus ses forces depuis la cessation des assemblées du champ de Mars; d'ailleurs, elle n'eut ni ne put espérer aucun chef. On a vu que la plupart des Leudes tenoient de la libéralité du prince, des bénéfices amovibles qu'ils craignoient de perdre, ou ne cherchoient qu'à s'en rendre dignes par des complaisances. Les grands qui n'étoient pas courtisans, s'occupoient à se faire des seigneuries particulières, et croyoient qu'il étoit de leur intérêt d'humilier le peuple et de l'accoutumer à la patience; tandis que ceux à qui on avoit donné des duchés, et des comtés, ne pouvant en sous-ordre exercer un pouvoir arbitraire dans leurs provinces, qu'autant qu'ils favoriseroient l'ambition du prince, étoient eux-mêmes les plus grands ennemis des lois.

Les nouveaux seigneurs, qui se faisoient des principautés, en quelque sorte indépendantes, dans le cœur de l'état, ne pouvoient affirmer leur autorité qu'en prescrivant des bornes à l'autorité royale. Si on laissoit le temps au prince d'acquérir de trop grandes forces et d'accoutumer ses courtisans et le peuple à regarder ses prétentions comme autant de droits, il étoit naturel qu'il tournât toute sa puissance contre les seigneurs, et qu'en les forçant de renoncer à leurs usurpations, il les mît dans la nécessité d'obéir. Cet intérêt étoit facile à démêler; et si ces seigneurs l'avoient connu, sans doute que leur inquiétude et leurs révoltes, en divisant l'état, auroient ouvert l'entrée des Gaules aux barbares de la Germanie, et causé la ruine entière du nom Français. Heureusement ils se croyoient trop puissans pour avoir quelque crainte. Ils ne prévirent rien; l'inconsidération fut toujours le vice fondamental de notre nation; et ils auroient été bientôt punis de leur imprudence et de leur tyrannie, si les Mérovingiens, aussi inconsidérés qu'eux, n'avoient fait une faute encore plus grande, et qui devint le principe de la décadence de leur autorité, avant qu'ils eussent atteint le but qu'ils se proposoient.

Je ne sais par quelle fatalité les hommes injustes nuisent presque toujours à leurs intérêts, en multipliant sans besoin les moyens de réussir. Tout favorisoit les entreprises des rois de France; et le temps seul auroit affermi le gouvernement monarchique, s'ils n'avoient admis à l'honneur de leur prêter le serment que les Français, dont le crédit et les talens pouvoient servir à l'agrandissement et au maintien de leur pouvoir; ils reçurent, au contraire, comme Leudes, tous ceux qui, pour échapper à l'oppression publique, ou se mettre à portée d'obtenir des bénéfices, voulurent se faire courtisans. Ils crurent augmenter par cette politique le nombre de leurs créatures et devenir plus puissans, et ils se trompèrent. Plus les Leudes se multiplioient, moins leur état étoit avantageux. Tous ne purent pas obtenir des bénéfices ou des emplois publics, et les produits de l'injustice furent enfin trop petits pour le nombre des tyrans; des espérances trompées firent naître des plaintes et des murmures; et pour les étouffer, le prince, qui n'avoit été jusques-là que libéral, fut obligé d'être prodigue.

Tandis que les Leudes mettoient impitoyablement à contribution l'orgueil des Mérovingiens et leur envie de dominer, les ecclésiastiques, qui songeoient de leur côté à tirer parti des autres passions de ces princes, avoient soin de leur mettre sous les yeux toute la rigueur des jugemens de Dieu, et par je ne sais quelle inconséquence, pensoient cependant qu'on peut désarmer sa colère à force de fondations pieuses. On croyoit en quelque sorte dans ces siècles grossiers, que l'avarice étoit le premier attribut de Dieu, et que les saints faisoient un commerce de leur crédit et de leur protection. De là les richesses immenses données aux églises par des hommes dont les mœurs déshonoroient la religion; et de là le bon mot de Clovis, «que Saint-Martin ne servoit pas mal ses amis, mais qu'il se faisoit payer trop cher de ses peines.» Les richesses de la couronne ainsi mises au pillage,[22] furent bientôt épuisées; et les rois, dégradés par leur pauvreté, n'auroient plus été que d'odieux prête-noms d'une injustice dont les Leudes et le clergé auroient retiré tout l'avantage, s'ils n'eussent eu recours à l'artifice pour se soutenir.

Ils opposèrent les partis les uns aux autres, devinrent chefs de cabales, et par leurs intrigues fournissent une pâture à l'inquiétude de leur cour. Avoit-on quelque raison de moins ménager un grand, on lui enlevoit ses bénéfices, son comté ou son duché, pour les donner à celui qui, lassé d'attendre inutilement des faveurs, commençoit à se faire craindre. C'est en cela que Gontran[23] apprit à son neveu, Childebert II, que consistoit principalement l'art de régner. On fit quelquefois périr un Leude riche, pour donner ses dépouilles à deux ou trois autres. Il dut être bien dangereux d'avoir une grande fortune, sans être assez fort pour la défendre; puisque les princes, pressés par la nécessité des circonstances, en vinrent souvent jusqu'à piller les monastères, et redemander aux églises les domaines qu'ils leur avoient donnés.

Cette odieuse politique réussit jusqu'à ce que tous les grands en eussent été successivement les dupes; mais, indignés enfin de la manière arbitraire dont le prince donnoit, retiroit, rendoit et reprenoit ses bénéfices, ce qui ne leur donnoit que des espérances et des craintes, jamais une fortune solide, ils songèrent à remédier à cet abus. Nous ignorons tous les détails de leur conduite; mais quelle qu'elle ait été, il est sûr que, s'étant rendus les maîtres du roi par ses propres bienfaits, ils réussirent à s'en faire craindre; et qu'étant assemblés à Andely pour traiter de la paix entre Gontran et Childebert, ils forcèrent ces princes à convenir dans leur traité, qu'ils ne seroient plus libres de retirer à leur gré les bénéfices qu'ils avoient conférés, ou qu'ils conféreroient dans la suite aux églises et aux Leudes. On rendit les bénéfices à ceux qui en avoient été dépouillés à la mort des derniers rois; il est très-vraisemblable que les grands qui avoient négocié les articles de la paix, crurent même avoir rendu les bénéfices[24] héréditaires dans les familles qui les possédoient.

Ce traité, en établissant une espèce de règle, n'étoit propre qu'à perpétuer les désordres et aigrir les esprits. Il dut avoir pour ennemis les deux princes qui l'avoient contracté, et tous les Leudes qui, dans le moment de sa conclusion, ne possédoient aucun bénéfice, ou qui en furent dépouillés. Un intérêt commun les réunit sans doute contre ceux qui s'étoient emparés de la plupart des domaines de la couronne, et qui de leur côté durent se lier, et furent plus attentifs que jamais à défendre leurs nouveaux droits; de sorte que l'hérédité, ou du moins la possession assurée des bénéfices, toujours attaquée par une cabale considérable, et toujours défendue par un parti puissant, devint le principal mobile de tous les mouvemens des Français. Le traité d'Andely, violé quand les circonstances le permirent, et exécuté quand il fut impossible de le violer, ne causa pas une révolution subite dans l'état, mais la rendit nécessaire, en ne laissant aucune voie d'accommodement entre les grands.

Telle étoit la situation des Français, lorsque Brunehaud se vit à la tête des affaires des royaumes d'Austrasie et de Bourgogne, dont Théodebert II et Thieri II, ses petits-fils, étoient rois. Cette princesse, fière, hardie, avare, ambitieuse, qui avoit des talens pour commander, et à qui d'ailleurs un crime ne coûtoit rien pour trancher les difficultés qui l'arrêtoient, fut incapable de se prêter aux ménagemens sans lesquels son ambition ne pouvoit réussir. Elle se comporta comme si le traité d'Andely eut été oublié; et soit qu'elle ne tentât pas de persuader aux royalistes qu'elle ne vouloit rentrer dans les domaines de la couronne, et n'être encore maîtresse d'en disposer que pour les enrichir; soit que le parti opposé fût plus fort que le sien; il éclata une révolte contre elle en Austrasie; et elle n'échappa au danger qui la menaçoit, qu'en se retirant avec précipitation à la cour de Thieri.

Sa disgrace irrita ses passions au lieu de les modérer, et continuant à gouverner la Bourgogne comme elle avoit gouverné l'Austrasie, elle eut pour ministre et pour amant, Protadius[25], homme avare, qui élevoit sa fortune sur les ruines de celle des grands, dont il partageoit les dépouilles avec Brunehaud. Cette conduite souleva à un tel point les Leudes bénéficiers d'Austrasie et de Bourgogne, qu'après la mort de Thieri, ils refusèrent d'élever sur le trône les fils de ce prince, dans la crainte que Brunehaud n'exerçât encore leur autorité. Ils déférèrent la couronne à Clotaire II, déjà roi de Neustrie, qui, pour marquer sa reconnoissance aux conjurés, poursuivit Brunehaud leur ennemi, se rendit son accusateur, et donna à son armée le spectacle d'une reine condamnée à périr par le supplice le plus cruel et le plus ignominieux.

La mort de Brunehaud étoit l'ouvrage des partisans du traité d'Andely; et ils furent sans doute secondés dans cette entreprise par les possesseurs des seigneuries, qui craignoient que leurs droits encore équivoques ne fussent détruits, et n'attendoient qu'une révolution pour les faire autoriser. Ils comprirent que par la condamnation d'une reine puissante au dernier supplice, ils avoient dégradé la royauté, et que le prince ne pourroit plus leur résister. Ils profitèrent de leur avantage, et Clotaire II se sentant en quelque sorte frappé du coup qu'il avoit porté à Brunehaud, fut obligé d'obéir à des hommes dont il avoit trop bien servi la vengeance.

La célèbre assemblée que les évêques et les Leudes ennemis de Brunehaud tinrent à Paris en 615, décida irrévocablement[26] la question de l'hérédité des bénéfices, et légitima les droits que les seigneurs avoient acquis dans leurs terres. C'étoit l'avarice des grands, et non l'amour du bien public, qui dicta les lois portées dans cette assemblée; ainsi ils ne songèrent point à donner une forme constante et durable au gouvernement, et s'ils l'avoient tenté, il est vraisemblable qu'ils n'auroient pris que des mesures fausses et inutiles.

Satisfaits d'avoir fait décider en leur faveur une question d'où dépendoit leur fortune, les bénéficiers et les seigneurs n'ôtèrent à Clotaire que les droits nouvellement établis sous les régences de Frédégonde et de Brunehaud, et lui laissèrent la jouissance de tous ceux que ses prédécesseurs s'étoient faits jusqu'à la fin des règnes de Gontran, de Chilpéric et de Childebert. L'usage funeste des préceptions fut conservé; et les évêques exigèrent seulement que les rois s'engageassent à ne plus donner de ces rescrits pour autoriser quelques-uns de leurs courtisans à enlever des religieuses de leurs monastères, et à les épouser. Il n'est point parlé de la nomination aux duchés et aux comtés dans l'ordonnance que l'assemblée de Paris publia. Peut-être que cette importante matière étoit réglée dans les articles qui ne sont pas venus jusqu'à nous. Il est cependant plus vraisemblable que les grands ne réclamèrent pas le privilége[27] de les conférer; puisque Clotaire, de son autorité privée et sans le consentement des évêques ni des Leudes, éleva à la dignité de maire du palais de Bourgogne, Varnachaire, qui avoit été le chef de la conjuration contre Brunehaud, et que ce ministre disposa à son gré des premières dignités. Le clergé consentit que l'abus par lequel les prédécesseurs de Clotaire s'étoient souvent arrogé le droit de nommer aux prélatures vacantes, et d'en faire la récompense des vices de leurs courtisans, devînt une loi du royaume. Quelque jaloux que fussent les évêques du pouvoir arbitraire qu'ils affectoient sur le clergé du second ordre, ils le déposèrent en quelque sorte entre les mains du prince, en s'engageant à ne point punir un ecclésiastique, quelle que fût sa faute, quand il reviendroit avec une lettre de recommandation de la part du roi.

L'autorité qu'on avoit laissée à Clotaire II étoit encore bien étendue; et il semble qu'il auroit dû lui être aisé de s'en servir pour prendre ce qu'on lui avoit ôté. Cependant ce reste de pouvoir étoit prêt à s'évanouir. Quelque union qu'il parut entre Clotaire et l'assemblée de Paris, ils se craignoient et se haïssoient malgré eux, et l'état devoit dès-lors éprouver de nouvelles agitations. Tandis que les familles qui s'étoient enrichies aux dépens de la couronne étoient pleines de défiance à son égard, il étoit naturel que Clotaire vît avec chagrin ses domaines aliénés pour toujours. On devoit le soupçonner de vouloir les recouvrer, et par conséquent les grands devoient se tenir sur leurs gardes, et tout tenter pour empêcher que les articles de l'assemblée de 615 n'eussent le même sort que le traité d'Andely. On attaque, parce qu'on craint d'être attaqué; telle est la marche ordinaire des passions: dès que des grands inquiets, jaloux et soupçonneux formoient des entreprises contre l'autorité royale, quelles ressources le prince pouvoit-il trouver pour se défendre? L'hérédité des bénéfices lui avoit ôté le moyen le plus efficace d'acheter des créatures; il avoit aliéné les royalistes en trahissant ses propres intérêts; ses droits n'étoient encore établis que sur des coutumes nouvelles; et quand les lois auroient parlé en sa faveur, les Français n'étoient-ils pas accoutumés à les mépriser?

En effet, la prérogative royale diminua de jour en jour: cette révolution n'est ignorée de personne; mais les détails nous en sont entièrement inconnus. Nos historiens ne nous fournissent aucune lumière satisfaisante, et le temps nous a dérobé les ordonnances qui furent vraisemblablement faites dans les[28] assemblées des évêques et des Leudes, qui se tinrent encore quelquefois dans les dernières années du règne de Clotaire II. Ce prince perdit, les uns après les autres, tous les droits que l'assemblée de Paris lui avoit conservés. Il n'est plus le maître de disposer de la mairie même du palais, sans le consentement des[29] grands, ou plutôt il est réduit au frivole honneur d'installer dans cet office celui qu'ils ont choisi. Clotaire se voit contraint de céder toutes les fois qu'il est attaqué, et ne laisse à ses successeurs qu'une autorité expirante dont les grands sont jaloux, qu'ils usurpent, et qu'ils voient échapper de leurs mains dans le moment qu'ils croient en jouir.

CHAPITRE V.

De l'origine de la noblesse parmi les Français.—Comment cette nouveauté contribua à l'abaissement de l'autorité royale, et confirma la servitude du peuple.—Digression sur le service militaire rendu par les gens d'église.

TANT que les bénéfices ne furent pas héréditaires, les distinctions accordées aux Leudes ne furent que personnelles. Leur noblesse, qui ne se transmettoit pas par le sang, laissoit leurs enfans dans la classe commune des citoyens, jusqu'à ce qu'ils prêtassent le serment de fidélité entre les mains du prince. Les citoyens, en un mot, formoient deux classes différentes; mais les familles étoient toutes du même[30] ordre.

Quand au contraire les bénéfices changèrent de nature en devenant héréditaires, les fils d'un bénéficier, par le droit même de leur naissance, qui les appeloit à la succession de leur père, se trouvèrent eux-mêmes sous la truste ou la foi du roi, et furent d'avance ses obligés ou ses protégés. La naissance leur donnant une prérogative qu'on n'acquéroit auparavant que par la prestation du serment de fidélité, on s'accoutuma à penser qu'ils naissoient Leudes. La vanité, toujours adroite à profiter de ses avantages, est encore plus attentive à les étendre sur le plus léger prétexte. Ces Leudes d'une nouvelle espèce se crurent supérieurs aux autres, et on commença à prendre de la noblesse l'idée que nous en avons aujourd'hui: les familles bénéficiaires, qu'on me permette cette expression, formèrent une classe séparée, non-seulement de celles qui n'avoient pas prêté le serment de fidélité au prince, mais des familles mêmes dont le chef avoit été fait Leude suivant l'usage ancien.

On ne balancera point à regarder ce que je dis ici de l'origine de la noblesse chez les Français, comme une vérité incontestable, si on remarque que la prestation du serment de fidélité, qu'on exigea dans la suite indifféremment[31] de tout le monde, et qui ne fut qu'un gage de l'obéissance, ne valut presque dès-lors aucune distinction, ou du moins ne donna pas une certaine prérogative de dignité et de prééminence, dont les seules familles bénéficiaires jouissoient. Cette prérogative est réelle, puisque les familles distinguées par leur illustration, leurs alliances et leurs richesses, mais qui dans le moment de la révolution ne se trouvèrent pourvues d'aucun bénéfice, se crurent dégradées, et cherchèrent par d'autres voies que la prestation du serment de fidélité, à réparer le tort que l'hérédité des bénéfices leur avoit fait. De quoi se seroient-elles plaintes, si elles n'avoient pas vu que les familles bénéficiaires formoient dans l'état un ordre distingué de citoyens, et que la loi, la coutume ou le préjugé leur accordoient quelque droit ou quelque honneur particulier?

Leur jalousie fut extrême, et pour satisfaire leur orgueil alarmé, il fallut avoir recours à une des plus étranges bisarreries dont parle notre histoire; ce fut, ainsi que nous l'apprend Marculfe, de changer ses propres, ou, comme on parloit alors, son aleu en[32] bénéfice: c'est-à-dire, que le propriétaire d'une terre la donnoit au prince, qui, après l'avoir reçue en don, la rendoit au donateur en bénéfice. Cette mode de faire changer de nature à ses biens auroit été la manie la plus extravagante, si les bénéfices n'avoient communiqué une prérogative particulière aux familles qui les possédoient. C'eût été rendre sa fortune incertaine et s'exposer à perdre une partie de son patrimoine même, si quelque événement imprévu rendoit au prince ses anciens droits sur les bénéfices.

Soit que l'abaissement de la puissance royale, d'où les bénéfices tiraient leur origine, les dégradât et les avilît; soit que les esprits s'accoutumassent peu-à-peu à ne regarder dans les bénéfices que les droits seigneuriaux qui donnoient une autorité réelle; il arriva, par une seconde révolution, que toutes les seigneuries indistinctement communiquèrent à leurs possesseurs les priviléges, les droits et la dignité qui n'avoient d'abord appartenu qu'aux seuls bénéfices. En effet, on négligea sur la fin de la première race de conserver les titres primordiaux de ses possessions. Étoient-elles dans leur origine un bénéfice ou un aleu? Cette question devint inutile. Sans doute que la possession d'un bénéfice ne conféra plus aucune prérogative particulière; elle fut même si peu un titre de noblesse quand les seigneuries formèrent, sous les successeurs de Clotaire II, l'usage général du royaume, que les seigneurs employèrent au contraire toutes sortes d'artifices pour dénaturer ces possessions et persuader qu'elles étoient des propres.

Dès qu'il y eut dans l'état des citoyens qui possédoient des priviléges particuliers, et ne les tenoient que de leur seule naissance, ils durent mépriser ceux qui ne furent plus leurs égaux, se réunir, ne former qu'un corps, et avoir des intérêts également séparés de ceux du prince et du peuple. A la qualité de juges, les seigneurs joignirent celle de capitaines des hommes de leurs terres, ou plutôt ils ne séparèrent point des fonctions qui jusques-là avoient toujours été unies dans le prince, les ducs, les comtes et les autres magistrats publics de la nation, et qui pendant plusieurs siècles encore ne formèrent qu'un seul et même emploi. La noblesse, par-là également redoutable au peuple par son droit de justice, et au prince par la milice qu'elle commandoit, s'étoit rendue maîtresse des lois, et tenoit entre ses mains toutes les forces de l'état. Il n'en falloit pas davantage pour ruiner l'autorité royale et ôter aux Mérovingiens toute espérance de la relever. Les seigneurs auroient de même affermi leur empire sur le peuple, si par leur modération ils lui avoient appris à le regarder comme légitime; mais ils ne savoient pas que rien n'est stable sans le secours des lois; s'étant élevés en les violant, ils continuèrent à n'avoir d'autre règle que leur avarice, leur orgueil et leur emportement.

Tant de changemens survenus dans la fortune des Français produisirent une nouveauté encore plus extraordinaire, et qui ne fut pas moins funeste à la nation. Les évêques et les abbés qui s'étoient fait des seigneuries, voyant que les seigneurs laïcs étoient les capitaines de leurs terres, et ne souffroient plus que leurs sujets allassent à la guerre, sous la bannière du comte ou du duc dans la juridiction duquel ils étoient autrefois compris, crurent que leurs domaines et la dignité du clergé seroient dégradées s'ils ne jouissoient pas de la même prérogative, ils allèrent donc à la guerre et commandèrent en personne la milice de leurs terres. A consulter les canons, c'étoit une chose monstrueuse de voir les successeurs des apôtres, et des hommes consacrés au silence et à la solitude, profaner ainsi la sainteté du ministère de paix et de charité, ou, par une espèce d'apostasie, violer les vœux qu'ils avoient faits à Dieu. Mais les barbares, avides et jaloux des richesses du clergé, commençoient depuis quelque temps à être admis à la cléricature, et ils avoient corrompu la discipline ecclésiastique. Dès prélats nommés pour la plupart par le prince, et qui avoient acheté l'apostolat à prix d'argent ou à force de lâchetés, avoient enfin accoutumé les esprits à voir sans étonnement les abus les plus scandaleux.

Indépendamment du tort que cette conduite du clergé fit aux mœurs publiques, en accréditant l'injustice, la force et la violence, elle lui donna des intérêts opposés à ceux du prince et du peuple. Des évêques usurpateurs, guerriers, et assez puissans pour n'avoir plus besoin d'une protection étrangère, ne devoient plus voir dans Saint-Paul cette obéissance aveugle qu'ils avoient autrefois prêchée. Qui ne sait pas respecter les lois, méprise nécessairement les droits du peuple. Les ecclésiastiques favorisèrent les entreprises de la noblesse, et profanèrent la religion, jusqu'à en faire l'instrument de leur avarice et de leur ambition.

Le simple exposé de la manière dont les gens d'église s'engagèrent à porter les armes suffit, si je ne me trompe, pour faire connoître que leur service militaire fut dans son origine une prérogative seigneuriale, et non pas, ainsi que des écrivains obscurs l'ont avancé dans ces derniers temps, une charge de l'état qu'ils fussent obligés d'acquitter. Quelque peu raisonnable qu'ait été la conduite des Français, jamais cependant ils n'auroient imaginé d'enlever des pasteurs à leurs églises, et des solitaires à leurs cloîtres, pour en faire de mauvais capitaines. Au contraire, il ne faut point douter que si les évêques et les abbés eussent permis à leurs sujets d'aller à la guerre, sous les ordres du duc ou du comte qui les commandoit avant l'établissement des seigneuries, ou en eussent grossi les milices de quelque seigneur voisin, la noblesse l'eût regardé comme une faveur.

Qu'on me permette de m'étendre sur une matière si importante et très-propre à répandre de la lumière sur nos antiquités. Si les évêques avoient été obligés au service militaire par la constitution primitive de l'état, pourquoi, dans le temps que Grégoire de Tours composoit son histoire, n'y auroit-il encore eu qu'un Falonius, évêque d'Embrun, et un Sagittaire, évêque de Gap, qui se fussent acquittés de ce devoir? Pourquoi cet écrivain, qui occupoit lui-même un des premiers siéges des Gaules, leur reprocheroit-il le scandale qu'ils donnoient à l'église en portant les armes, s'ils n'avoient fait que remplir une des fonctions de leur état? Pourquoi les traiteroit-il de scélérats, et rapporteroit-il, pour justifier ses reproches, que ces prélats n'avoient point eu honte de servir dans l'armée que Mummole conduisit contre les Lombards? Grégoire de Tours, qui connoissoit les devoirs de l'épiscopat et de la vie religieuse, se seroit contenté de s'en prendre à la barbarie du gouvernement et des lois, et d'inviter les Français à corriger un abus aussi contraire à l'état qu'à la religion même. Quand nos pères auroient été assez grossiers pour exiger le service militaire des évêques, comme ils l'exigeoient peut-être des prêtres de leurs faux Dieux en Germanie, est-il vraisemblable que les conciles qui se tinrent dans les Gaules sous le règne de Clovis ne s'y fussent pas opposés? Pourquoi leurs représentations à cet égard auroient-elles été inutiles dans un temps que la nation se convertissoit, et accordoit au clergé la plus grande autorité?

Rapportons-nous-en au siècle de Charlemagne, plus à portée sans doute que le nôtre de juger de la nature des fonctions militaires que faisoient les évêques et les abbés. Si leur service eut été une dette qu'ils eussent acquittée, et non pas une prérogative seigneuriale dont ils eussent joui, je demande par quelle raison les chefs du clergé, eux qui avoient le premier rang dans l'état et la plus grande influence dans les affaires de la nation, auroient été tenus à remplir des devoirs dont les capitulaires mêmes nous apprennent que les derniers clercs[33] étoient exempts? Quand le gouvernement prit enfin une meilleure forme sous le règne de Charlemagne, et que la nation, éclairée par les lumières et les vertus de ce prince, sentit combien il étoit contraire aux principes de la religion, au caractère de l'épiscopat, à l'honnêteté des mœurs publiques et à la vigueur de la discipline militaire, que des évêques et des moines fissent dans des camps le métier de soldats; ce ne fut pas une exemption de porter les armes qu'on leur accorda, on leur fit une défense[34] de faire la guerre; et cette loi fut portée sur la requête et les remontrances de quelques prélats qui connoissoient leurs devoirs et les anciennes règles de l'église, et qui firent appuyer leur demande par les seigneurs les plus accrédités.

Tant s'en faut qu'on regardât alors cette défense comme une faveur accordée aux évêques, que le public crut au contraire qu'on les avoit dépouillés d'un privilége, et que le corps entier du clergé en seroit dégradé. Il fallut que l'assemblée qui en avoit porté la loi en fît connoître les véritables motifs. «Ce n'est, dit Charlemagne[35], que par une méchanceté digne du démon même, que quelques personnes mal intentionnées ont pu penser que j'aie voulu offenser la dignité du clergé et nuire à ses intérêts temporels, en faisant la loi qu'il m'a lui-même demandée, et qui lui défend de porter les armes et de faire la guerre; j'ai des sentimens tout opposés. Il n'en deviendra que plus respectable, lorsqu'il s'attachera tout entier aux fonctions divines de son état.»

CHAPITRE VI.

Progrès de la fortune des maires du palais sous les successeurs de Clotaire II.—Inconsidérations de la noblesse à leur égard.—Ils s'emparent de toute l'autorité.—Charles Martel établit de nouveaux bénéfices.—Pepin monte sur le trône.

Les maires du palais, qui n'avoient été dans leur origine que les chefs des officiers domestiques du prince, joignirent d'abord à l'intendance générale du palais la qualité de juges de toutes les personnes qui l'habitoient. Leur emploi devint plus important à mesure que les rois agrandissoient eux-mêmes leur puissance. Ces courtisans habiles corrompirent leurs maîtres pour les dominer; en leur apprenant à négliger dans les plaisirs les soins pénibles du gouvernement, ils en attiroient à eux toutes les fonctions. Ils gouvernèrent les finances, commandèrent les armées et présidèrent enfin ce tribunal suprême où le roi devoit rendre lui-même la justice aux Leudes, et juger définitivement les procès qui y étoient portés par appel de toutes les provinces du royaume. Étant parvenus à se rendre les dépositaires de toute la puissance royale, il doit paroître surprenant qu'au lieu d'être accablés les premiers sous ses ruines, quand l'hérédité des bénéfices rendit la noblesse maîtresse absolue du royaume, leur fortune, au contraire, fasse de nouveaux progrès et ne connoisse plus de bornes; ils ne font que changer leur qualité de ministres, de capitaines et de favoris du prince, en celle de ministres, de capitaines et de favoris de la nation.

Si la conduite que les grands avoient tenue jusques-là, et qu'ils tinrent encore dans la suite, permettoit qu'on pût raisonnablement les soupçonner d'agir par des vues réfléchies, de prévoir l'avenir et d'embrasser à la fois tout un système de gouvernement, peut-être pourroit-on croire que pour détruire plus facilement et plus sûrement le pouvoir du roi, ils lui débauchèrent son ministre, et laissèrent au maire du palais son crédit et son autorité, pour s'en faire un protecteur plus puissant. Mais il est vraisemblable que la fortune, les circonstances et les événemens tinrent lieu de politique aux familles bénéficiaires et aux seigneurs. Si quelque prudence se mêla dans cette affaire, elle vint toute de la part des maires, qui, pour n'être pas les victimes de la royauté en décadence, trahirent les intérêts de Clotaire II et de ses successeurs, au lieu de les secourir, et se mirent à la tête de la conjuration.

Varnachaire, selon les apparences, n'accepta, après le supplice de Brunehaud, la mairie du royaume de Bourgogne, que dans le dessein d'éclairer de plus près la conduite de Clotaire II, et de le perdre, ou du moins d'empêcher qu'il ne tentât de reprendre les droits qu'il avoit perdus. Cet homme ambitieux, implacable dans ses haines, et accoutumé aux mouvemens des partis et des cabales, n'auroit pas exigé de Clotaire qu'il lui promît par serment de ne lui jamais ôter sa dignité, s'il n'avoit eu que des vues favorables à l'autorité royale.

Il ne songea qu'à ses intérêts particuliers: il écrivit à tous les grands pour leur promettre qu'il seroit en toute occasion leur protecteur. Il ne travailla qu'à étendre son pouvoir, et sa conduite servit de modèle à ses successeurs.

Il seroit difficile de dire quel fut le gouvernement des Français, depuis que le clergé et la noblesse s'étoient emparés de la puissance publique. En ôtant à la royauté les prérogatives acquises insensiblement par adresse, et que les anciennes lois de Germanie ne lui attribuoient pas, on ne lui avoit pas même laissé ce qui devoit raisonnablement lui appartenir. Réduite à n'être qu'une magistrature impuissante, ce n'étoit plus qu'un vain titre. D'ailleurs, les rois, presque toujours enfans, ou corrompus par une éducation qui les rendoit méprisables, étoient prisonniers dans leur palais, et inconnus de leur nation.

Les seigneuries, dont le nombre devoit être encore très-médiocre, quand les bénéfices devinrent héréditaires, se multiplièrent fort rapidement dans les dernières années du règne de Clotaire II et sous ses premiers successeurs. Chaque gentilhomme, chaque évêque, chaque monastère, se crut en droit de devenir le tyran de ses voisins. Les assemblées des grands ne se tinrent que très-rarement, et, sans doute, elles offroient l'image d'une bande de brigands qui, après avoir volé une caravane, partage le butin. La noblesse ne formant point un corps régulier qui eût ses lois, sa police, ses magistrats, ses syndics et ses assemblées réglées, chaque seigneur voulut jouir en particulier, dans ses terres, de tout le pouvoir de son ordre. Quoique les justices seigneuriales restreignissent, de jour en jour, la juridiction des ducs et des comtes, et diminuassent, par conséquent, les droits de leurs gouvernemens, ils ne s'opposèrent pas aux progrès de l'usurpation. Ils profitèrent eux-mêmes de l'anarchie et de leur crédit, pour se faire de grandes terres dont les droits les dédommageoient de ce qu'ils perdoient en qualité de ducs et de comtes; et il étoit naturel qu'ils sacrifiassent les intérêts d'une dignité qui n'étoit pas héréditaire à ceux de leurs terres, qui étoient le patrimoine de leurs enfans. Enfin, à la tête de ce gouvernement monstrueux étoit un maire du palais, comme premier magistrat, qui avoit soin que toutes les lois fussent détruites et violées; et que, sous le nom de coutumes, toutes les passions et tous les caprices de la noblesse, des évêques et des moines fussent respectés.

Ces désordres étoient si agréables aux seigneurs, qu'abandonnant leur fortune au zèle que leur marquoient les maires, ils ne prirent aucune précaution pour les empêcher d'abuser de leur crédit: ces officiers ne tardèrent pas à s'apercevoir de cette imprudence grossière. Après avoir humilié les rois, ils formèrent le projet d'asservir les grands. Jamais entreprise ne fut moins hardie; ils pouvoient tout se promettre du mépris où les lois étoient tombées, de la tyrannie extrême que les seigneurs exerçoient sur le peuple, de leur désunion, et sur-tout, de l'ignorance où ils étoient de leurs intérêts. Tandis que les grands croyoient l'autorité royale anéantie sans retour, elle se trouvoit déjà toute entière, sous un autre nom, entre les mains des maires, qu'ils regardoient, par habitude, comme les tuteurs de la liberté publique; mais ces nouveaux rois, après avoir affermi, avec art, leur autorité, ne tardèrent pas à vouloir en abuser, et firent bientôt éprouver à la noblesse, qu'elle avoit un maître.

La pesanteur du joug la tira, enfin, de son erreur, mais en voulant essayer ses forces, elle ne sentit que sa foiblesse. Les maires, en autorisant toutes sortes de vexations, avoient affoibli ou détruit les seigneurs qui leur étoient suspects, et s'étoient faits des courtisans et des flatteurs, personnages toujours prêts à servir d'instrument à la tyrannie. Dans ce haut degré de fortune, ils eurent la foiblesse d'envier aux rois, leur pompe inutile et les vains respects qu'on leur rendoit; ou plutôt, s'ils formèrent le projet de les chasser de leur trône, pour s'y placer, ce n'est pas qu'ils y gagnassent rien personnellement, mais ils vouloient, selon les apparences, affermir la fortune de leur maison: la royauté étoit héréditaire, et la mairie n'étoit qu'élective.

A la mort de Sigebert II, qui portoit le nom de roi, en Austrasie, Grimoald, son maire, fit disparoître le légitime héritier, dont il publia la mort, et mit la couronne sur la tête de son fils. Soit qu'il eût des ennemis puissans, ou que les Français, par une sorte de contradiction assez ordinaire dans le cœur humain, conservassent encore quelque reste d'attachement[36] pour la postérité de Clovis qu'ils laissoient opprimer; soit par quelqu'autre motif dont le temps nous a dérobé la connoissance, les Austrasiens se soulevèrent contre leur maire, refusèrent de reconnoître son fils, et demandèrent des secours à Archambaud qui gouvernoit la Neustrie. Ce maire assembla avec diligence une armée, et eut la générosité de punir les usurpateurs, quoiqu'il fût de l'intérêt de son ambition de les favoriser, et que leur succès en Austrasie fût devenu un titre pour lui en Neustrie. Childéric, fils de Clovis II, succéda à Sigebert; et Pepin de Heristal, qui fut élevé à la dignité de maire, jeta les fondemens de la grandeur où son petit-fils parvint.

Pepin, aussi ambitieux que son prédécesseur et ses collègues, mais sage et patient dans ses entreprises, se fit une politique bien extraordinaire, pour le siècle et la nation où il vivoit, et dont il étoit impossible que les Français, toujours aveugles dans leurs espérances, toujours dupes des événemens présens, et toujours emportés dans leur conduite, fussent capables de démêler les ressorts. Pepin jugea que si les premiers maires avoient pu se permettre les plus grandes injustices, pour se rendre puissans, il n'y avoit plus que la modération et la justice qui pussent justifier leur ambition, et affermir la haute fortune où il étoit élevé. Ce fut à force de prudence, de douceur, de courage et de ménagemens, qu'il tenta de gagner le clergé et la noblesse, qui, souffrant avec impatience, le gouvernement injuste des maires, auroient voulu rendre au prince l'autorité qu'il avoit perdue.

Rien n'est plus dangereux qu'un tyran qui a quelques vertus, ou qui sait en emprunter le masque: aussi, les Austrasiens tombèrent-ils grossièrement dans le piége que Pepin leur avoit tendu. Ils regardèrent comme solidement affermi, un bonheur qu'ils ne devoient qu'aux qualités personnelles de leur maire, et n'imaginèrent pas qu'il pouvoit avoir un successeur indigne de lui. Pepin eut un crédit sans bornes, et quand Thieri III fut tiré du monastère de Saint-Denis, pour succéder à ses frères Clotaire et Childeric, il refusa de le reconnoître. Il ne tenoit qu'à lui de se faire proclamer roi dans un des trois royaumes que comprenoit la domination française; mais il ne permit aux Français Austrasiens, que de lui donner le titre de duc dans leur royaume; et même, pour n'exciter aucune envie, ou du moins ne s'exposer qu'à une partie de ses traits, il voulut avoir un collègue.

La conduite toute différente des maires de Bourgogne et de Neustrie, annonçoit dans ces deux royaumes une révolution prochaine. Leur tyrannie étoit telle, que les grands désespérant de pouvoir défendre leur liberté, n'avoient plus que le choix des plus extrêmes résolutions. Tous les jours exposés à des injures et à des violences, les uns étoient chassés de leurs terres, les autres les abandonnoient pour prévenir l'oppression, et tous cherchoient un asyle en Austrasie; où, par leurs plaintes, ils fournirent à Pepin, un prétexte de satisfaire son ambition, en feignant de n'être que le vengeur des opprimés. Il assembla une armée, qu'il fit marcher contre Bertaire, qui se trouvoit à-la-fois maire de Bourgogne et de Neustrie. Si ce tyran eût été vainqueur, les Français auroient été traités comme les esclaves les plus vils; ou du moins il ne leur restoit d'autre ressource que ce désespoir subit et violent, que le sentiment de la liberté excite quelquefois dans un peuple qui n'est pas encore accoutumé au joug, ni familiarisé avec les affronts. Heureusement Bertaire fut défait, et il périt dans la déroute de ses troupes.

Pepin, qui s'étoit fait une habitude de sa modération, ne sentit peut-être pas, dans le moment qu'il en recueilloit le fruit, tout ce qu'il pouvoit se promettre de sa victoire, de l'attachement des Austrasiens, et de la reconnoissance inconsidérée des Français de Bourgogne et de Neustrie. Peut-être aussi jugea-t-il qu'il étoit égal pour ses intérêts que Thieri III fût roi ou moine. L'ambition éclairée se contente de l'autorité, et dédaigne des titres qui la rendent presque toujours odieuse ou suspecte; Pepin laissa à Thieri, son nom, ses palais et son oisiveté, et ne prit pour lui que la mairie des deux royaumes qu'il avoit délivrés de leur tyran.

Il étoit en état, s'il eût aimé véritablement le public, de corriger une partie des abus, et de donner, enfin, une forme constante à un gouvernement, dont toutes les parties avoient éprouvé de continuelles révolutions. Pepin avoit des lumières supérieures, on ne peut en douter; et une longue suite de malheurs avoit appris aux Français qu'on ne peut cesser d'être l'esclave des passions des hommes, qu'en se soumettant à l'autorité des lois. Mais on diroit que

Pepin, plus jaloux de commander arbitrairement, que de mériter la gloire d'un législateur équitable, voulût qu'il subsistât des désordres, dans la vue, sans doute, de se rendre plus nécessaire, et d'occuper continuellement les esprits de ses entreprises. Il rendit une sorte de dignité aux grands qui avoient perdu leur crédit en cessant d'être unis. Il en convoqua, il est vrai, assez souvent les assemblées, pour faire croire qu'il en étoit autorisé, mais trop rarement pour qu'il en fût gêné. Il gouverna avec un pouvoir absolu, qu'on ne lui contesta point, parce qu'il sut le déguiser en politique, aussi adroit qu'ambitieux. Il eut l'art, enfin, de se rendre tellement propre l'autorité que les maires avoient usurpée, qu'il accoutuma les Français à regarder le duché d'Austrasie et les mairies de Bourgogne et de Neustrie, comme une portion de son patrimoine même; et sans le secours d'aucune loi, ses dignités devinrent héréditaires dans sa famille.

Tant de puissance devoit être le partage de Charles-Martel; mais soit que Pepin voulût punir, sur ce fils, les chagrins domestiques que sa mère lui avoit causés, soit que cet homme, qui gouvernoit arbitrairement les Français, fût lui-même gouverné plus arbitrairement par sa seconde femme, il revêtit de toutes ses dignités son petit-fils Théodebald; de sorte qu'à la honte de toute la nation, Dagobert III, encore enfant, eut pour maire un autre enfant, qui étoit sous la tutelle de Plectonde sa grand'mère et veuve de Pepin.

Cette régente se trouvoit dans la situation la plus critique. L'élévation de son petit-fils étoit, par sa bizarrerie même, une preuve certaine qu'il n'y avoit ni principe, ni règle dans le gouvernement; et que les seigneurs se conduisant au hasard, ne savoient plus ce qu'ils pensoient de la royauté, de la mairie, ni de leur propre état. Après toutes les révolutions que les Français avoient éprouvées, rien ne devoit paroître extraordinaire; mais au milieu des caprices de la fortune, dont le royaume étoit le jouet, si on pouvoit tout oser et tout entreprendre avec quelque espérance de succès, on devoit craindre aussi de trouver, à chaque pas, un écueil inconnu. Ne pouvant se tracer un plan fixe et suivi de conduite qui prévînt tous les dangers, le gouvernement se voyoit réduit à changer la politique, à mesure que les événemens changeroient, et couroit, par conséquent, à sa perte. Tout ce que put faire l'espèce de souveraine qui gouvernoit à-la-fois, l'Austrasie, la Neustrie et la Bourgogne, ce fut de faire arrêter Charles-Martel, dont elle craignoit l'esprit hardi, ambitieux et entreprenant; mais cette démarche ne procura qu'un calme bien court. Il se préparoit d'un autre côté, une révolution, et elle auroit coûté une guerre cruelle aux Français, si Plectonde avoit eu quelque demi-talent, pour défendre la dignité de son petit-fils, qui fut conférée à Rainfroi.

Charles-Martel, cependant, eut le bonheur de s'échapper de sa prison; et l'Austrasie, où il se réfugia, le reconnut aussitôt pour son duc. C'étoit un homme qui avoit toutes les qualités de l'esprit, dans le degré le plus éminent; son ambition brillante, audacieuse et sans bornes, ne craignoit aucun péril.

Aussi dur et inflexible envers ses ennemis, que généreux et prodigue pour ses amis, il força tout le monde à rechercher sa protection. Il crut que Rainfroi occupoit une place qui lui appartenoit; il lui fit la guerre, le défit, et prit, comme son père, le titre de maire de Bourgogne et de Neustrie. Pepin avoit été un tyran adroit et rusé; Charles Martel ne voulut mériter que l'amitié de ses soldats, et se fit craindre de tout le reste. Il traita les Français avec une extrême dureté; il fit plus, il les méprisa. Ne trouvant par-tout que des lois oubliées ou violées, il mit à leur place, sa volonté. Sûr d'être le maître, tant qu'il auroit une armée affectionnée à son service, il l'enrichit, sans scrupule, des dépouilles du clergé, que ses mauvaises mœurs rendoient peu puissant, qui possédoit la plus grande partie des richesses de l'état, et qui fut alors traité comme les Gaulois l'avoient été dans le temps de la conquête.

Charles Martel n'ignoroit pas que les rois Mérovingiens avoient d'abord dû leur fortune, et ensuite, leur décadence à leurs bénéfices. Il en créa de nouveaux, pour se rendre aussi puissant qu'eux; mais il leur donna une forme toute nouvelle, pour empêcher qu'ils ne causassent la ruine de ses successeurs. Les dons que les fils de Clovis avoient faits de quelques portions de leurs domaines, n'étoient que de purs dons, qui n'imposoient aucun devoir particulier[37], et ne conféroient aucune qualité distinctive. Ceux qui les recevoient, n'étant obligés qu'à une reconnoissance générale et indéterminée, pouvoient aisément n'en avoir aucune, tandis que les bienfaiteurs en exigeoient une trop grande; et de-là devoient naître des plaintes, des reproches, des haines, des injustices et des révolutions.

Les bénéfices de Charles Martel furent, au contraire, ce qu'on appela depuis des fiefs, c'est-à-dire, des dons faits, à la charge de rendre au bienfaiteur, conjointement ou séparément, des services[38] militaires et domestiques. Par cette politique adroite, le maire s'acquit un empire plus ferme sur les bénéficiers; et leurs devoirs désignés les attachèrent plus étroitement à leur maître. Cette dernière expression paroîtra peut-être trop dure; c'est cependant l'expression propre; puisque ces nouveaux bénéficiers furent appelés du nom de vassaux, qui signifioit alors, et qui signifia encore pendant long-temps, des officiers domestiques.

Charles Martel, toujours victorieux et sûr de la fidélité de son armée, regarda les capitaines qui le suivoient, comme le corps entier de la nation. Il méprisa trop les rois Dagobert, Childéric et Thieri-de-Chelles, dont il avoit fait ses premiers sujets, pour leur envier leur titre. A la mort de ce dernier, il voulut que les Français se passassent d'un roi, et en mourant il n'appela pas les grands de la nation, mais ses[39] vassaux, c'est-à-dire, les capitaines de ses bandes et les officiers de son palais, pour être témoins du partage qu'il fit entre ses fils Carloman et Pepin, de toutes les provinces de la domination française, qu'il regardoit comme sa conquête et son patrimoine.

Un gouvernement aussi long et aussi arbitraire que celui de Charles Martel avoit effarouché tous les esprits; et c'est sans doute pour les calmer, que Pepin, moins hardi que Carloman, qui gouverna l'Austrasie en son nom, jusqu'au moment qu'il embrassa la vie monastique, fit proclamer Childéric III, roi de Bourgogne et de Neustrie; et cette vaine cérémonie produisit l'effet que le maire en attendoit. Parce qu'il n'avoit pas les vices de son père, on crut qu'il auroit les vertus de son aïeul. Le peuple qui, depuis long-temps, ne prenoit aucun intérêt à la chose publique, parce qu'il étoit trop éloigné de rien espérer de favorable, crut, sur la parole de Pepin, qu'il alloit être moins opprimé. La noblesse qui, en sentant sur elle, une main moins pesante que celle de Charles Martel, auroit été capable de se soulever, si Pepin ne l'eût flattée, ne fut qu'inquiète et orgueilleuse. Les uns étoient las de la mairie, dont les inconvéniens étoient présens, sans savoir ce qu'il falloit substituer à sa place; les autres regrettoient l'ancienne royauté, dont on n'avoit presqu'aucun souvenir; et personne ne songeoit que pour rétablir l'ordre, il falloit qu'il n'y eût que les lois qui eussent un pouvoir absolu.

Le clergé occupé de la restitution des biens qu'on lui avoit volés, rendoit la mémoire de Charles Martel odieuse, et publioit sa damnation, pour obliger son fils à réparer ses injustices. Mais Pepin se bornoit à croire qu'il lui suffisoit de désapprouver la conduite de son père, pour n'être pas son complice. Il étoit trop ambitieux et trop habile, pour ne pas ménager les soldats de Charles Martel, qui faisoient toute sa force, et qui, malgré les exhortations et les menaces des évêques et des moines, avoient pris le parti de ne point abandonner leurs usurpations. Le clergé voyant, enfin, que ses plaintes ne produisoient aucun effet salutaire sur la conscience endurcie des ravisseurs, se mit sous la protection spéciale de Pepin, qui le flatta, le consola, et, en lui donnant des espérances pour l'avenir, l'attacha à sa fortune.

Tout préparoit une révolution dans le gouvernement; les Français la désiroient, les uns, parce qu'ils étoient attachés à Pepin, les autres, par inconstance ou par lassitude de l'administration présente, et le maire profita de cette disposition des esprits, pour s'emparer de la couronne. Mais il voulut la recevoir comme un don de son peuple, et le peuple ne la donna qu'après avoir consulté le pape Zacharie sur les droits de Pepin et de Childéric. Le pontife, qui avoit tout à redouter de l'un, et rien à craindre de l'autre, décida que le maire pouvoit prendre le titre de roi, puisqu'il en faisoit les fonctions; et Childéric, dégradé par ce jugement, fut relégué avec son fils, dans un cloître. Ainsi finirent dans l'humiliation, les derniers princes d'une maison, dont le chef avoit fondé l'empire des Français dans les Gaules. Cette révolution ne changea rien à l'autorité réelle de Pepin, ni au sort de la nation; et la royauté, après avoir éprouvé les disgraces les plus entières, se trouva encore en possession de tous les droits qu'elle avoit eus, avant le règne de Clotaire II.

CHAPITRE VII.

Pourquoi la nation française n'a pas été détruite sous la régence des rois Mérovingiens.

PENDANT que les princes Mérovingiens regnèrent dans les Gaules, l'Europe fut accablée du poids des barbares qui la déchiroient. Ce que Tacite[40] avoit prévu, arriva; la ruine de l'Empire Romain avoit allumé des guerres civiles entre toutes les nations, et les barbares, avides de faire des conquêtes, mais gênés les uns par les autres, ne pouvoient prendre une assiette assurée dans le pays qu'ils avoient envahi. Les révolutions se succédèrent rapidement; des débris d'une puissance, il s'en formoit plusieurs; et si quelqu'une d'entre elles sembloit menacer les autres de les engloutir, elle s'affoiblissoit par ses propres victoires, et tomboit en décadence, dès qu'elle vouloit jouir de ses avantages.

Le royaume des Hérules, si fameux par la fin d'Augustule et de l'Empire d'Occident, ne subsista lui-même que quatorze ans, et fit place à la monarchie des Ostrogoths, que Théodoric fonda, et qui, bientôt après, fut détruite par Narsez. L'histoire ne parle plus des Huns, des Alains, des Suéves, etc. Les Vandales, qui ont traversé la Gaule et l'Espagne en conquérans, établissent leur domination en Afrique, et se voient enlever leur proie par Bélisaire. Le royaume de Bourgogne devient une province des Français. Les Lombards fondent, l'épée à la main, un nouvel empire en Italie, qui sera bientôt renversé par Charlemagne, après avoir été menacé de sa ruine par Pepin. Les Visigoths, chassés des terres qu'ils occupoient dans les Gaules, voient anéantir leur puissance en Espagne, par un peuple sorti de l'Arabie, qui combattoit pour conquérir des royaumes, et étendre sa religion. Les Sarrasins, ambitieux et fanatiques, avoient déjà changé la face de l'Asie et de l'Afrique, et se répandant des Pyrénées dans les Gaules, préparoient aux états des Mérovingiens, une servitude aussi prompte que funeste, tandis que la Germanie, si redoutable jusqu'alors, et si féconde en soldats, menaçoit encore tous ses voisins. Les Bavarois, les Allemands, les Turingiens et les Saxons, surtout, plus puissans que ne l'avoient été les Français, sous le règne de Clovis, étoient las d'habiter leurs forêts, et à l'exemple des peuples qui les avoient précédés, ne méditoient que des conquêtes. Chaque nation, en un mot, se trouvoit dans un état de crise, et il sembloit qu'un peuple ne pût subsister qu'en détruisant ses voisins.

Par quelle cause la nation française est-elle presque la seule qui n'ait pas subi le même sort qu'éprouvèrent ces tribus de barbares qui pénétrèrent dans les provinces de l'Empire Romain? Dire qu'elle fut, ou plus brave, ou plus sage, ce seroit lui donner un éloge qu'elle ne mérite pas. On sait que tous les peuples qui venoient de Germanie, avoient un courage égal; et ce que j'ai dit du gouvernement des Français, toujours conduits au hasard par les événemens, doit faire juger qu'il étoit bien difficile d'avoir plus de vices et moins de prudence qu'eux. Les Français, en effet, ne furent que plus heureux. Tout le malheur de quelques peuples, fut de paroître les premiers sur les terres de l'Empire. En subjuguant des provinces où ils n'étoient connus que par la terreur, que leurs courses et leurs ravages y avoient répandue, ils y inspirèrent une haine violente contre eux; de sorte que, se trouvant entourés d'ennemis, au milieu de leurs conquêtes, il leur fut d'autant moins facile d'y affermir leur puissance, qu'ils laissoient derrière eux, des peuples nombreux, à qui ils avoient ouvert le chemin, que leur exemple encourageoit, et qui étoient assez forts pour les chasser de leurs nouvelles possessions.

Quand les Français, au contraire, s'établirent en deçà du Rhin, les Gaulois commençoient à se familiariser avec les mœurs et les coutumes Germaniques. Le temps leur avoit appris à trouver, en quelque sorte, tolérable, ce qui leur avoit d'abord paru monstrueux. Clovis et ses sujets, quoique païens, étoient moins odieux que les Bourguignons et les Visigoths, qui avoient apporté les erreurs de l'arianisme dans les Gaules. Les Français abjurèrent sans peine, leur religion, pour prendre celle des vaincus, qui les regardèrent alors comme les protecteurs et les vengeurs de la foi.

Clovis, en s'établissant tard dans les Gaules, laissa derrière lui, des ennemis moins puissans et moins nombreux. Les premiers barbares étoient toujours allés en avant, sans songer à se faire des établissemens solides, parce qu'ils étoient poussés par d'autres barbares qui marchoient à leur suite, et qu'ils n'avoient à vaincre devant eux, que des Romains consternés, et qui ne savoient pas se défendre. Les Français, au contraire, bornés dans les provinces méridionales et occidentales des Gaules, par les Bourguignons, les Visigoths et les Bretons, aux dépens de qui il étoit beaucoup plus difficile de s'agrandir, conservèrent le pays qu'ils possédoient en Germanie. Ils y portèrent souvent la guerre, et, en soumettant les Allemands, les Bavarois et les Frisons, qui auroient pu les subjuguer, si on avoit négligé de les contenir au-delà du Rhin, ils s'en firent un rempart contre les autres peuples de Germanie.

Il est assez curieux d'observer que les vices mêmes de la constitution des Français contribuèrent au salut de leur empire. A ne considérer que la différence qu'il y avoit entre la férocité des Français et les mœurs plus douces et plus humaines des Gaulois, il n'est pas douteux que la conduite de la nation qui rédigea les lois Saliques et Ripuaires, ne paroisse d'abord moins sage que celle des Bourguignons et des Visigoths, qui ne composèrent qu'un même peuple avec les vaincus, en faisant des lois[41] communes, générales et impartiales, qui confondoient leurs droits. Mais c'étoit prendre en partie les mœurs des vaincus. Les Visigoths et les Bourguignons pouvoient emprunter plusieurs choses utiles des Gaulois, mais il leur étoit impossible de les estimer assez, pour se mêler et se confondre avec eux, sans qu'ils en fussent amollis, et sans perdre cette valeur, à laquelle ils avoient dû leurs premiers avantages.

Les Français, au contraire, en forçant leurs sujets de renoncer aux lois romaines, pour adopter les coutumes germaniques, s'ils vouloient participer aux priviléges de la nation conquérante, donnèrent aux Gaulois, les mœurs de leurs vainqueurs. On vit disparoître des Gaules cette paresse, ce découragement, cet affaissement des esprits qui avoient été nécessaires aux empereurs pour établir leur despotisme. Dans les circonstances où se trouvoient alors les barbares, un état devoit tirer bien moins d'avantages d'un commencement de police qui auroit été très-imparfait, que de cette férocité brutale qui conservoit la fierté de la valeur germanique, et préparoit les Gaulois à devenir des soldats aguerris.

Que les provinces de la domination française n'eussent pas d'abord été partagées en autant de royaumes qu'un roi laissoit de fils; que ces partages, au lieu d'être enclavés les uns dans les autres, et de donner souvent à deux princes différens, une même[42] ville, eussent été faits suivant les règles d'une sage politique; les Français moins divisés entre eux par des haines et des intérêts domestiques, auroient commencé à être plus citoyens que soldats; et n'auroient pas, cependant, été assez bons citoyens, pour mettre leur pays en sûreté contre les étrangers. Que dans leurs guerres, ils eussent cessé d'être des brigands, que tout ne fût pas devenu la proie et le butin du vainqueur; ils se seroient bientôt lassés de porter les armes, la guerre ne leur eût paru qu'un métier dur et pénible, il auroit fallu avoir une armée mercenaire, la payer des impôts levés sur les peuples; et les Français, amollis comme les Vandales, les Visigoths, &c. n'auroient plus été en état de contenir les Germains au-delà du Rhin, et les Sarrasins au-delà des Pyrénées. Le génie tout militaire que les Français répandirent dans les Gaules, leur conserva leur conquête; il les rendit plus forts que leurs ennemis, dont le gouvernement n'étoit pas moins vicieux que celui des rois Mérovingiens.

Fin du livre premier.

LIVRE SECOND.

CHAPITRE PREMIER.

Origine du sacre des rois de France.—Du gouvernement et de la politique de Pepin.—Il s'établit un nouvel ordre de succession au trône.

JUSQU'A Pepin, l'inauguration des rois de France n'avoit été qu'une cérémonie purement civile. Le prince, élevé sur un bouclier, recevoit l'hommage de son armée, et étoit ainsi revêtu de toute l'autorité de ses pères. Pepin, pour rendre son couronnement plus respectable aux yeux de ses sujets, y intéressa la religion, et transporta chez les Français, une coutume qui n'avoit été connue que chez les Juifs. Sacré d'abord par Boniface, évêque de Mayence, dont la sainteté étoit alors célèbre, il fit réitérer cette cérémonie par le pape Etienne III, qui vint implorer sa protection contre les Lombards.

Le pontife, qui sacra aussi les fils de Pepin, ne manqua point de les appeler, ainsi que leur père, les oints du Seigneur. Il confondit toutes les idées, et appliquant les principes du gouvernement tout divin, dont les ressorts étoient autant de miracles, au gouvernement des Français, que Dieu abandonnoit au droit naturel et commun à tous les hommes; Etienne compara la dignité de Pepin à la royauté de David, qui étoit une espèce de sacerdoce, et contre laquelle les Juifs ne pouvoient attenter, sans sacrilège. Les Français venoient d'élire Pepin librement, et sans qu'aucun prophète l'eût ordonné de la part de Dieu; le pontife leur dit cependant, que ce prince ne tenoit sa couronne que de Dieu seul, par l'intercession de Saint Pierre et de Saint Paul, et les menaça des censures de l'église, s'ils se départoient jamais de la fidélité et de l'obéissance qu'ils dévoient à Pepin et à sa postérité.

Quoique les Français n'eussent osé dépouiller les Mérovingiens, sans consulter le pape Zacharie, et qu'ils ne fussent guères capables de distinguer ce que Dieu fait par une volonté expresse, par une révélation marquée, comme dans le choix de Saül et de David, de ce qu'il permet et autorise seulement, comme protecteur général de l'ordre et des lois de la société; Pepin craignit que ses nouveaux sujets ne le détrônassent, s'il leur déplaisoit, ainsi qu'ils avoient détrôné Childéric, qui étoit aussi l'ouvrage de Dieu. Il ne compta pas sur la protection de Saint Pierre et de Saint Paul; et crut que, s'il étoit malheureux, un nouveau Zacharie pourroit faire changer de résolution aux deux apôtres, et leur apprendre à céder à la nécessité.

Quelque violente passion que Pepin eût eue de se faire roi, il comprit que le nouveau titre dont il étoit décoré, pouvoit affermir la fortune de sa famille, mais ne lui donnoit pas un pouvoir plus étendu que la mairie, dont le nom étoit odieux. Il ne se laissa point enivrer par la faveur inconstante de sa nation; pour la conserver, il voulut la mériter. Il falloit ne pas effaroucher des esprits fiers et hardis, que les dernières révolutions avoient rendus inquiets et soupçonneux. Les seigneurs avoient acquis le plus grand empire dans leurs terres, pendant la régence des premiers maires du palais; et après avoir éprouvé différentes vexations de la part du gouvernement, ils étoient d'autant plus jaloux de l'espèce de liberté qu'ils avoient recouvrée à la mort de Charles Martel, que commençant, à son exemple, à donner des bénéfices[43] et se faire des vassaux, ils avoient attaché à leurs intérêts toute la petite noblesse, que les malheurs du gouvernement avoient ruinée. Pepin s'écarta donc plus que jamais des principes despotiques de son père, pour gouverner avec la même modération que son aïeul. Il ne songea qu'à se rendre agréable à sa nation, et à la distraire de ses divisions intestines, en l'occupant au-dehors par de grandes entreprises. Il convoqua souvent les assemblées des évêques et des seigneurs, corrigea les abus qu'on lui permit de corriger, respecta ceux que la noblesse chérissoit, appliqua, en un mot, plus de palliatifs que de vrais remèdes, aux maux de l'état; et c'est de cette circonspection, ordinaire dans un gouvernement nouveau, que naquit une seconde nouveauté chez les Français.

Sous les premiers rois Mérovingiens, la couronne fut, en quelque sorte, patrimoniale, puisque le royaume se partagea, d'abord, en autant de parties différentes, qu'un prince laissoit d'enfans mâles. Les Français avoient apporté cette coutume de Germanie; et c'est, sans doute, ce qui les avoit divisés en plusieurs tribus, que Clovis réunit. Soit que les Français sentissent enfin, combien cet ordre de succession les affoiblissoit, et que des partages toujours nouveaux et arbitraires, n'étoient propres qu'à causer des troubles domestiques; soit qu'il faille, selon les apparences, l'attribuer à quelqu'événement, ou à quelqu'autre motif moins sage, que nous ignorons, les idées changèrent, à cet égard, après la mort de[44] Caribert; et à la place de ces royaumes de Metz, d'Orléans, de Paris, de Soissons, tout le pays de la domination française ne fut plus divisé qu'en trois parties, connues sous les noms de royaumes d'Austrasie, de Bourgogne et de Neustrie. Clotaire II, qui les avoit réunis, conféra l'Austrasie à son fils Dagobert; et l'exemple qu'il donna de retenir la Neustrie et la Bourgogne, fut suivi par ses successeurs, qui ne les séparèrent jamais. Ne subsistant, en quelque sorte, que deux royaumes, on oublia, peu à peu, que tout prince, par le droit de sa naissance, devoit être roi; et on ne fut point étonné que Thieri, le dernier des trois fils de Clovis II, n'eût d'abord aucune part à la succession de son père.

Il n'en falloit pas davantage chez un peuple à qui son indifférence pour les lois et son goût pour les nouveautés, n'avoient laissé aucune tenue dans le caractère, pour que les droits de la naissance fussent peu respectés. On y eut encore moins d'égard, après que l'Austrasie se fut mise sous la régence d'un duc, et que les maires, sans autre motif que leur intérêt particulier, élevèrent les princes sur le trône, ou les reléguèrent dans un cloître. Ce défaut de règle, en avilissant la race de Clovis, avoit, sans doute, contribué à l'élévation de Pepin; mais il pouvoit nuire à sa postérité. Ce prince ne s'en reposa point sur le serment des Français, la cérémonie du sacre, et les menaces du pape Etienne. Quand il sentit approcher sa fin, il assembla les grands à Saint Denis; et, en demandant leur[45] consentement, pour partager ses états entre ses fils Charles et Carloman, il sembla reconnoître que la naissance ne conféroit point le droit de régner. De ces exemples récens, joints au souvenir des coutumes anciennes, il se forma un nouvel ordre de succession: le trône fut héréditaire dans la famille de Pepin, mais électif par rapport aux princes de cette maison.

CHAPITRE II.

Règne de Charlemagne.—De la forme de gouvernement établie par ce prince.—Réforme qu'il fait dans l'état.—Ses lois, ses mœurs.

MALGRÉ les précautions que Pepin avoit prises pour assurer la tranquillité publique, sa mort fut suivie de quelques divisions au sujet du partage de son royaume entre Charles et Carloman. Mais celui-ci ne survécut pas long-temps à son père, et le premier se trouvant seul à la tête de la nation française, fut en état de former et d'exécuter les grands projets qui ont fait de son règne, le morceau le plus curieux, le plus intéressant et le plus instructif de l'histoire moderne. Du milieu de la barbarie où le royaume des Français étoit plongé, on va voir sortir un prince à la fois philosophe, législateur, patriote et conquérant. Que ne peut-on retrancher de sa vie quelques excès de cruauté où le porta un zèle indiscret, pour étendre la religion, qu'il n'est permis que de prêcher! Les mœurs publiques étoient atroces. Les Français, dans leur ignorance grossière, pensoient que Dieu avoit besoin de leur épée, pour étendre son culte, comme leur roi, pour agrandir son empire. Les évêques eux-mêmes, éloignés du chemin que leur avoient tracé les apôtres, sembloient avoir entièrement oublié qu'ils vivoient sous la loi de grâce, et que Dieu n'ordonnoit plus que les Saxons fussent traités comme les Philistins et les Amalécites. Tout autre prince, dans ces circonstances, seroit excusable d'avoir pensé que la violence peut être un instrument de la grâce, mais on ne pardonne point à un aussi grand homme que Charles, les erreurs de son siècle; et à cette faute près, sa politique doit servir de leçon aux rois qui règnent sur les peuples et dans les temps les plus éclairés.

Les Français étoient perdus, si Charles, que j'appellerai désormais Charlemagne, eût eu moins de vertu que de génie. Les peuples également opprimés par les seigneurs ecclésiastiques et laïcs, les détestoient également. Le clergé, dont les mœurs[46] scandalisoient tout le royaume, auroit voulu écraser la noblesse, qui n'étoit riche que de ses dépouilles; et la noblesse, pour se débarrasser des plaintes injurieuses et éternelles des évêques et des moines, vouloit achever de les ruiner. Les révolutions qui avoient fait oublier les lois, n'avoient pas même établi à leur place des coutumes fixes et uniformes. On n'avoit consulté que les conjonctures et les convenances, pour agir; et on ne savoit encore obéir que quand on étoit trop foible pour oser se révolter. En un mot, tous les ordres de l'état, sans patrie, sans se douter même qu'il y a un bien public, et ennemis les uns des autres, étoient dans cette situation déplorable que désire, que cherche, que fait naître l'ambition d'un prince assez peu instruit de ses intérêts, pour penser que le comble du bonheur consiste à jouir d'un pouvoir sans bornes.

Charlemagne n'avoit qu'à ne pas s'opposer au cours des événemens que devoient produire les vices des Français, et la nation alloit se trouver asservie au gouvernement le plus arbitraire. C'eût été un jeu pour un génie aussi grand et aussi fécond en ressources que le sien, que de tourner à son profit les divisions de ses sujets, d'humilier les différens ordres de l'état, les uns par les autres, et d'élever la prérogative royale sur la ruine commune de leurs priviléges.

Il n'est pas extrêmement difficile de remédier aux maux d'un peuple dont le gouvernement n'est pas altéré dans le principe fondamental de l'obéissance et de la subordination: quand il subsiste encore une puissance législative, ou qu'on en reconnoît du moins la nécessité, les esprits ont un point de réunion. Les désordres eux-mêmes, deviennent autant de leçons utiles, et il suffit alors de faire à propos quelques règlemens sages, on y obéira. Mais quand les troubles de l'état portent avec eux les simptômes d'une anarchie générale, qu'importe de faire des lois, que le foible se fait un art d'éluder, et le puissant, une gloire de violer? Quelque salutaires qu'elles soient en elles-mêmes, elles deviennent inutiles et augmentent souvent la confusion. C'est à la source du mal qu'il faut alors remonter; et avant que de recommander des choses justes, il faut avoir mis le citoyen dans la nécessité d'obéir.

Bien des princes, en pareil cas, ont cru qu'ils devoient se rendre tout-puissans pour donner de la force aux lois, mais souvent en aigrissant les esprits, ils n'ont éprouvé qu'une plus grande résistance. S'ils ont réussi, ils ont presque toujours abruti leurs sujets par la crainte; ou s'ils ont été assez éclairés, pour ne pas abuser du pouvoir qu'ils ont acquis, ils l'ont laissé à des successeurs indignes d'eux: et le bien passager qu'ils ont produit contre les règles et par force, est devenu l'instrument d'une longue calamité. Charlemagne, dont les vues embrassoient également l'avenir et le présent, ne voulut pas faire le bonheur de ses contemporains, aux dépens de la génération qui lui succéderoit: il apprit aux Français à obéir aux lois, en les rendant eux-mêmes leurs propres législateurs.

Pepin avoit commencé la réforme, en se faisant une règle de convoquer tous les ans, au mois de mai, les évêques, les abbés et les chefs de la noblesse, pour conférer sur la situation et les besoins de l'état. Charlemagne perfectionna cet établissement; il voulut que les assemblées fussent convoquées deux[47] fois l'an, au commencement de l'été et à la fin de l'automne; et la première loi qu'on publia, fut de s'y rendre avec exactitude. Ce prince ne crut pas qu'il suffît d'y appeler les grands; quelqu'humilié que fût le peuple depuis l'établissement des seigneuries et d'une noblesse héréditaire, il en connoissoit les droits imprescriptibles, et avoit pour lui cette compassion mêlée de respect avec laquelle les hommes ordinaires voient un prince fugitif et dépouillé de ses états. Ce ne fut point seulement par esprit de justice qu'il fit tous ses efforts pour lui faire restituer une partie de sa première dignité; il savoit encore que c'étoit le seul moyen de l'intéresser au bien public, de rapprocher la noblesse et le clergé du prince, et de les préparer sans effort à renoncer à la tyrannie qu'ils affectoient et qui faisoit le malheur du royaume. Enfin Charlemagne fut assez heureux pour que les grands consentissent à laisser entrer le peuple[48] dans le champ de Mars, qui par-là redevint véritablement l'assemblée de la nation.

Tant que le champ de Mars avoit subsisté sous les premiers successeurs de Clovis, tout homme libre qui vivoit sous la loi salique ou sous la loi ripuaire, avoit le privilége de s'y rendre, et y occupoit une place. Mais depuis que les Français possédoient un pays très-étendu, et s'étoient extrêmement multipliés par la naturalisation des étrangers, cette méthode n'auroit plus été praticable; et pour prévenir le trouble et la confusion d'une assemblée trop nombreuse, Charlemagne établit à cet égard un nouvel ordre. Il fut réglé que chaque comté députeroit au champ de Mars douze représentans, choisis dans la classe des rachinbourgs, ou, à leur défaut, parmi les citoyens les plus notables de la Cité, et que les avoués des églises, qui n'étoient encore alors que des hommes du peuple, les accompagneroient.

Je ne puis m'empêcher de copier Hincmar en cet endroit. L'assemblée, dit-il, qui se tenoit à la fin de l'automne, après que la campagne étoit finie, n'étoit composée que des seigneurs[49] les plus expérimentés dans les affaires. Elle régloit les gratifications qui devoient se distribuer; et jetant les yeux sur l'avenir, préparoit les matières qui devoient faire l'objet des délibérations dans l'assemblée suivante. On y discutoit les intérêts du royaume relativement aux puissances voisines; on revoyoit les traités; on examinoit avec attention s'il étoit à propos de les renouveler, ou s'il étoit plus avantageux de donner de l'inquiétude à quelque voisin. De-là on passoit à l'examen de l'intérieur de l'état; on cherchoit la cause des abus présens, et on travailloit à prévenir les maux dont on pouvoit être menacé. Jamais le public n'étoit instruit des vues, des débats, des projets, ni des résolutions de cette assemblée. Un secret inviolable empêchoit que les étrangers ne pussent se précautionner contre les entreprises dont ils étoient menacés, et que, dans l'intérieur même du royaume, des mécontens ou des esprits jaloux et inquiets ne s'opposassent par leurs intrigues au bien public.

C'étoit l'assemblée générale du mois de Mai suivant, composée des évêques, des abbés, des comtes, des seigneurs et des députés du peuple, qui recueilloit le fruit de cette première assemblée. C'est là que se régloit l'état de tout le royaume pour l'année courante; et ce qu'on y avoit une fois arrêté, n'étoit jamais changé, à moins de quelque événement imprévu, et qui, par son importance, auroit intéressé le sort général de la nation. Pendant que les trois ordres étoient occupés à régler les affaires, Charlemagne qui, par respect pour la liberté publique, n'assistoit pas à leurs délibérations, mais qui en étoit l'ame par le ministère de quelques prélats et de quelques seigneurs bien intentionnés, auxquels il avoit communiqué une partie de ses vues et de ses lumières, recevoit les présens qu'on lui apportoit, suivant l'usage ancien. Il saluoit les grands, dit Hincmar, que je copie toujours, conversoit avec ceux qu'il voyoit rarement, témoignoit de la bonté aux vieillards, et étoit gai et enjoué avec les jeunes gens.

Quelquefois les trois chambres, séparées du clergé, de la noblesse et du peuple se réunissoient, soit pour se communiquer les règlemens que chaque ordre avoit faits par rapport à sa police ou à ses intérêts particuliers, soit pour discuter les affaires mixtes, c'est-à-dire, qui tenoient à-la-fois au spirituel et au temporel, ou qui, par leur nature, étoient relatives à deux ou à tous les ordres de l'état. Le prince ne se rendoit à l'assemblée que quand il y étoit appelé, et c'étoit toujours pour y servir de médiateur, lorsque les contestations étoient trop animées, ou pour donner son consentement aux arrêtés de l'assemblée. Alors il proposoit quelquefois lui-même ce qu'il croyoit le plus avantageux à l'état; et, avant que de se séparer, on portoit enfin ces lois connues sous le nom de capitulaires, qui, soit qu'elles fussent l'ouvrage de la nation, soit qu'elle les eût simplement adoptées, conservèrent l'usage[50] nouvellement établi d'être publiées sous le nom du prince, qui y prend le titre de législateur suprême.

«Nous voulons, nous ordonnons, nous commandons,» dit Charlemagne dans ses capitulaires; mais ces expressions, qui ont fait croire à plusieurs écrivains que la puissance législative appartenoit toute entière au prince, ne présentoient point alors à l'esprit les mêmes idées que nous y avons attachées depuis; la forme seule du gouvernement les modifioit, et la conduite même de Charlemagne leur ôtoit cette âpreté despotique dont il étoit ennemi, et qui eût blessé des oreilles libres. C'est ainsi que les trois colléges de l'empire d'Allemagne ne sont point offensés aujourd'hui de ces mêmes expressions, dont la chancellerie impériale conserve l'usage, et ne se doutent pas qu'elles puissent être un titre contre la liberté Germanique. Charlemagne vouloit, ordonnoit, commandoit, parce que la nation avoit voulu, ordonné et commandé, et le chargeoit de publier ses lois, de les observer et d'en être le protecteur et le vengeur.

Il n'est pas permis en effet de douter que la puissance législative ne résidât dans le corps de la nation. Charlemagne et Louis le Débonnaire[51] en avertissent eux-mêmes; et les capitulaires disent positivement que la loi n'est autre chose que la volonté de la nation publiée sous le nom du prince. Si Charlemagne a le privilége de faire des règlemens provisoires dans les cas extraordinaires et urgens, sur lesquels la loi n'a rien prononcé, on les distingue[52] formellement des lois, et ils n'en acquièrent la force et l'autorité que quand le champ de Mai les a adoptés. Tel est la doctrine qu'enseignent par-tout les monumens les plus respectables de notre histoire.

Qu'on examine de près la conduite de Charlemagne, et on le verra toujours scrupuleusement attentif à respecter la liberté qu'il avoit rendue à sa nation, dans la vue d'y détruire l'esprit de servitude et de tyrannie, de l'intéresser au bien public et d'en faire l'instrument des grandes choses qu'il méditoit. Il ne se crut jamais exempt d'obéir au champ de Mai; il observa toujours les lois, parce qu'elles servoient de fondemens à sa grandeur, et pour apprendre à ses sujets à les respecter.

Si Tassilon, duc de Bavarois, est condamné à mort par la nation, à cause de ses infidélités, Charlemagne, qui est son parent, et qui, par son humanité, vouloit gagner le cœur des peuples tributaires des Français, ne lui accorde point la vie de son autorité privée, il demande sa grâce à l'assemblée, la sollicite, et l'obtient.[53] Veut-il retenir à sa cour l'évêque Hildebold, l'ecclésiastique qu'il jugeoit le plus propre à remplir dans son palais l'emploi important d'apocrisiaire, il s'adresse au pape pour faire exempter ce prélat des canons qui ordonnent la résidence, et à l'assemblée de la nation pour l'affranchir de la loi qui défendoit aux évêques d'être absens de leur diocèse pendant plus de trois semaines de suite. Ce prince ne commande jamais; il propose, il conseille, il insinue. «Je vous envoie, écrit-il aux évêques assemblés, des commissaires qui, en mon nom, concourront avec vous à corriger les abus qui méritent d'être réformés. Je les ai chargés de vous communiquer quelques projets de règlemens que je crois nécessaires. Mais, de grâce, ne prenez point en mauvaise part des conseils qui ne sont que le fruit de mon zèle pour tout ce qui vous touche. J'ai lu dans l'écriture que Josias, ce prince recommandable par sa piété, ne négligeoit rien pour établir le culte du vrai Dieu; et quoique je sente combien je suis inférieur à ce saint roi, je dois tâcher de suivre son exemple.»

Les Français étoient encore aussi barbares, mais plus vicieux que quand ils s'établirent dans les Gaules. Accoutumés à se laisser conduire au gré de leurs passions et des événemens, sans rien prévoir ni rien craindre, ils ignoroient par où devoit commencer la réforme, et par quels principes il falloit procéder dans cette entreprise importante. Les assemblées générales d'une nation qui possède plusieurs grandes provinces, sont peu propres à l'éclairer. On y voit tout nécessairement d'une manière trop vague, trop confuse, trop sommaire, trop indéterminée. Charlemagne craignoit avec raison que les lois ne fussent sans force à leur naissance même, ou ne tombassent bientôt dans l'oubli, s'il ne mettoit les Français dans la nécessité de connoître en détail par eux-mêmes tous leurs besoins. Il partagea donc tous les pays de sa domination en différens districts ou légations, dont chacun contenoit plusieurs comtés, et renonçant à l'usage ancien, il n'en confia point l'administration à un duc. Il sentoit qu'un magistrat unique, à la tête de chaque province, négligeroit ses devoirs ou abuseroit de son autorité. Des officiers, au nombre de trois ou quatre, choisis dans l'ordre des prélats et de la noblesse, et qu'on nomma envoyés royaux, furent chargés du gouvernement de chaque légation, et obligés de la visiter exactement de trois en trois mois.

Outre les assises, qui ne regardoient que l'administration de la justice entre les citoyens,[54] ces espèces de censeurs tenoient, tous les ans, dans leur province, des états particuliers où les évêques, les abbés, les comtes, les seigneurs, les avoués des églises, les vicaires des comtés, les centeniers et les rachinbourgs étoient obligés de se trouver en personne, ou par leurs représentans, si quelque cause légitime les retenoit ailleurs. On traitoit dans ces assemblées de toutes les affaires de la province; tous les objets y étoient vus dans leur juste proportion; on examinoit la conduite des magistrats et les besoins des particuliers. Quelque loi avoit-elle été violée ou négligée? on punissoit les coupables. Les abus en naissant étoient réprimés, ou du moins ils n'avoient jamais le temps d'acquérir assez de force pour lutter avec avantage contre les lois. Les envoyés faisant le rapport au prince et à l'assemblée générale, de tout ce qu'ils avoient vu, l'attention publique, quelque vaste que fût l'étendue de l'empire Français, se fixoit en quelque sorte sur chacune de ses parties. Rien n'étoit oublié, rien n'étoit négligé. La nation entière avoit les yeux continuellement ouverts sur chaque homme public. Les magistrats, qu'on observoit, apprirent à se respecter eux-mêmes. Les mœurs, sans lesquelles la liberté dégénère toujours en une licence dangereuse, se corrigèrent, et l'amour du bien public, uni à la liberté, la rendit de jour en jour plus agissante et plus salutaire.

Le champ de Mai apprit à se défier de la prospérité, à craindre pour l'avenir, à préparer des obstacles aux abus, à remonter à la source du mal, et fut en état de s'élever jusqu'aux principes d'un bon gouvernement, ou du moins de les connoître et de les saisir quand Charlemagne les lui présentoit. De-là cet amour de la patrie et de la gloire qui parut pour la première fois chez les Français, et en fit une nation toute nouvelle. A mesure que les différens ordres de l'état, traitant ensemble par la médiation de Charlemagne, se rapprochoient et oublioient leurs anciennes inimitiés, ils sentoient accroître leur bonheur particulier et leur attachement pour l'ordre. En divisant tout, dit un tyran, je me rendrai tout-puissant. Soyez unis, disoit Charlemagne à ses peuples, et nous serons tous heureux. Agissant enfin avec ce zèle que donne la liberté, et avec cette union qui multiplie les forces, rien ne put résister aux Français. Ils soumirent une partie de l'Espagne, l'Italie, toutes ces vastes contrées qui s'étendent jusqu'à la Vistule et à la mer Baltique; et la gloire du nom Français, pareille à celle des anciens Romains, passa jusqu'en Afrique et en Asie.

Carloman, frère de Pepin et oncle de Charlemagne, avoit tenté le grand ouvrage de la réconciliation du clergé et de la noblesse, par l'établissement des[55] précaires; c'est-à-dire, qu'en considération des guerres étrangères dont le royaume étoit menacé de tout côté, et des dépenses extraordinaires des seigneurs, on régla que les terres enlevées à l'église sous la régence de Charles Martel, resteroient entre les mains des ravisseurs, qui payeroient un cens modique aux anciens propriétaires. Pour ne pas ôter toute espérance aux ecclésiastiques, et leur laisser cependant le temps de s'accoutumer peu à peu à leurs pertes, on étoit convenu qu'ils rentreroient en possession de leurs biens à la mort des usufruitiers, à moins que les besoins de l'état n'obligeassent à continuer les précaires. On avoit recommandé d'avoir surtout attention que les églises et les monastères dépouillés ne manquassent pas des choses nécessaires; et on devoit même leur restituer sur le champ leurs terres, s'ils ne pouvoient absolument s'en passer.

Ce traité, dicté par la mauvaise foi, et fait pour établir la paix, n'avoit été propre qu'à perpétuer les divisions. Les ecclésiastiques prétendoient être toujours dans le cas où la restitution devoit avoir lieu, et les seigneurs vouloient qu'il fût toujours de l'intérêt de l'état de renouveler les précaires. Les monastères exposoient leurs besoins, et la noblesse croyoit en avoir de plus grands. Ces querelles éternelles, et d'autant plus capables de produire d'extrêmes désordres, que la forme du gouvernement donnoit plus de chaleur et d'activité aux esprits, furent enfin terminées par Charlemagne.

On fit comprendre aux évêques et aux moines qu'il n'étoit pas raisonnable que, sous prétexte d'être les économes des pauvres, ils ruinassent tous les citoyens, possédassent toutes les terres, et vécussent dans un luxe condamné par leurs maximes. On leur dit sans doute que Dieu méprise les richesses, et n'estime dans les offrandes que la pureté de cœur qui les accompagne et les présente aux pieds des autels. La noblesse, persuadée de son côté que ses usurpations avoient été injustes, quoique les gens d'église fussent condamnables d'avoir abusé de la piété du peuple pour se faire des domaines immenses, pensa que le moyen le moins propre pour légitimer ses nouvelles possessions, étoit d'aigrir et d'irriter sans cesse le clergé, dont les plaintes continuelles empêchoient qu'on ne pût enfin lui opposer la loi de la prescription.

On fit des sacrifices de part et d'autre. Les anciens canons, au sujet de la liberté dans les élections ecclésiastiques, furent remis en vigueur, et Charlemagne renonça au privilége qu'on avoit accordé à Clotaire II, de nommer[56] aux prélatures vacantes. On consola l'avarice du clergé en flattant sa vanité; on le combla d'honneurs, et on ne nomma aucune commission des officiers appelés envoyés royaux, sans y mettre à la tête un ou deux prélats. Par la célèbre ordonnance de 615, dont j'ai déjà fait connoître quelques articles, en parlant de la révolution arrivée sous le règne de Clotaire II, les évêques avoient simplement obtenu que le juge séculier ne connoîtroit point des différens que les clercs auroient entre eux en matière civile, et qu'en matière criminelle il ne pourroit les juger, à moins que le délit ne fût évidemment prouvé. Dans ce cas-là même, lorsque l'action seroit intentée contre un prêtre ou un diacre, le procès devoit être instruit selon les règles canoniques. Les affaires entre les clercs et les laïcs devoient encore être jugées par un tribunal mi-parti, composé d'ecclésiastiques et de séculiers; et toute la prérogative des affranchis, qui avoient obtenu leur liberté par un acte passé dans l'église, se bornoit à ne pouvoir être jugés par le magistrat laïc, sans que l'évêque ou son délégué fût présent au jugement.

Ces bornes, dans lesquelles la juridiction ecclésiastique étoit resserrée, furent levées. Les clercs, dans aucune occasion, ne reconnurent d'autre juge que leur évêque; et tout ce qui étoit sous la protection particulière du clergé jouit du même avantage. On ordonna que les comtes, les juges subalternes et tout le peuple obéiroient avec respect aux évêques. Les justices temporelles ou seigneuriales, que les églises possédoient dans leurs terres, n'eurent pas une compétence moins étendue que celle des autres seigneurs, et leurs juges condamnèrent à mort. Enfin la loi mit spécialement sous sa protection tous les biens et tous les priviléges du clergé.

Les seigneurs consentirent de contribuer aux réparations des églises dont ils tenoient quelques terres en forme de précaires, et de leur payer[57] la dixme. Ils se départirent même de mille droits onéreux auxquels ils avoient assujetti les prêtres de la campagne, sous prétexte de la protection qu'ils leur accordèrent dans les temps de désordre où les seigneuries se formèrent. Cette générosité piqua d'honneur les évêques. Au lieu de prétendre encore que tous les biens que l'église acquéroit par donation, par achat ou autrement, dussent être affranchis des redevances et des servitudes dont ils étoient grevés, ils se soumirent raisonnablement à ne plus acquérir aucune possession sans en acquitter les charges.

Je ne mets pas au nombre des dédommagemens que reçut le clergé le droit de lever la dixme sur les fruits de la terre. Quoiqu'une foule de chrétiens, se croyant liée par les lois des Juifs, regarda dès-lors comme un devoir indispensable d'offrir à Dieu la dixième partie de ses récoltes; je crois que ces chrétiens, par leur libéralité, faisoient un acte de piété, et n'acquittoient pas encore une dette de citoyen. Charlemagne put favoriser cette dévotion et en donner l'exemple; mais on ne trouve, dans aucun de nos monumens, qu'elle ait été convertie sous son règne en tribut nécessaire. Si quelque loi eut parlé en faveur du clergé, pourquoi ne se seroit-il pas servi de cette autorité pour exiger la perception d'un droit qu'il se contentoit de prêcher?

On n'a recours à la fraude qu'au défaut d'un titre solide; et les moines fabriquèrent grossièrement une lettre de Jésus-Christ aux fidelles, par laquelle le Sauveur menaçoit les payens, les sorciers et ceux qui ne payent pas la dixme, de frapper leurs champs de stérilité, de les accabler d'infirmités, et d'envoyer dans leurs maisons des serpens ailés, qui dévoreront le sein de leurs femmes. Les ecclésiastiques firent même intervenir le Diable en leur faveur; et, violant toute règle de vraisemblance, le représentèrent dans une assemblée générale de la nation, comme une espèce de missionnaire et d'apôtre, qui prenoit

intérêt au salut des Français, qui étoit fâché de les voir dans la route de la damnation, et tâchoit chrétiennement de les rappeler à leur devoir par des châtimens salutaires. Ouvrez enfin les yeux, disoit le clergé, et renoncez à une avarice criminelle qui vous jette dans la misère! C'est le Diable lui-même qui a causé la dernière famine dont vous vous plaignez. C'est lui-même qui a dévoré les grains dans les épis. Il vous punit de vos péchés, n'en doutez pas, puisqu'il l'a déclaré lui-même avec des hurlemens affreux au milieu des campagnes; sa rage ne s'appaisera point; et il vous menace d'exercer encore le même châtiment sur les chrétiens endurcis qui refusent de payer la dixme.
Il étoit moins difficile de contenter le peuple: accoutumé presque par-tout à être malheureux et à ne point penser, il ne faut en quelque sorte que lui donner de la pâture pour l'intéresser au bien public. Il avoit été traité avec tant d'inhumanité depuis l'établissement des seigneuries et la ruine de l'ancien gouvernement, qu'ayant perdu toute idée de sa dignité et de ses droits, et ne se croyant destiné qu'à servir les passions des grands, il étoit disposé à recevoir, comme une grâce, tout le mal qu'on voudroit ne lui pas faire. Charlemagne donna l'exemple, et renonçant à tous les droits établis par la tyrannie des maires, il ne voulut jouir que de ceux qu'un usage immémorial avoit[58] légitimés. Les grands, à leur tour, commencèrent à avoir honte de leurs injustices et de leurs violences, et la loi vint au secours du peuple opprimé.
On restreignit les charges, les travaux, les corvées que les seigneurs exigeoient des hommes de leurs terres. On pourvut à l'avenir, en ordonnant que l'autorité des coutumes, jusqu'alors trop étendue, toujours équivoque, souvent fondée sur un seul exemple, et par conséquent toujours tyrannique, seroit subordonnée au pouvoir des lois. S'il ne fut pas possible d'anéantir tous les péages, ni toutes ces espèces de douane que la force avoit établis, et qui gênoient prodigieusement le commerce des villes et de la campagne, on y mit du moins de l'ordre. Les plus récens de ces droits furent abolis, de même que ceux dont le public étoit foule sans en retirer aucun avantage. La perception du droit supposa dans le seigneur le devoir de réparer et d'entretenir les chemins et les ponts. On fut libre de faire prendre à ses denrées la route qu'on voulut; et le particulier qui ne les transportoit pas pour les vendre, ne fut sujet à aucune taxe.
L'iniquité des comtes, des seigneurs et des autres magistrats subalternes dans l'administration de la justice, étoit devenue un fléau d'autant plus redoutable pour le peuple, que leur tyrannie s'exerçoit à l'ombre et par le secours des lois. Soit qu'ils refusassent de juger, ou jugeassent mal, les opprimés étoient obligés de souffrir ces injustices; il étoit trop difficile et trop dispendieux de se pourvoir en déni de justice, ou en cassation par-devant le tribunal du prince. Si on y portoit enfin ses plaintes, on n'y trouvoit pour juges que des courtisans corrompus, prêts également à refuser ou à vendre la justice, et toujours disposés, par leur propre intérêt, à condamner les plus foibles. Les

assises, que les envoyés royaux tenoient quatre fois par an dans leurs légations, remédièrent à la plupart de ces abus. La conduite des juges fut éclairée; ils furent obligés d'obéir aux lois, dont ils ne furent plus que les organes. Cette cour suprême du roi, où il étoit presqu'impossible de parvenir, fut à-la-fois présente dans chaque province; et la foiblesse du peuple y trouva un asyle toujours ouvert contre la puissance des grands.

Tandis que les envoyés royaux rétablissoient ou maintenoient l'ordre dans les tribunaux subalternes, Charlemagne s'honoroit autant de la qualité de premier juge de la nation, que de celle de général. On peut voir dans Hincmar avec quelle sagesse ce prince rendoit lui-même la justice dans son palais. Quelque nombreuses et importantes que fussent ses occupations, on ne portoit point d'affaire difficile à sa cour, qu'il n'en prît connoissance[59] par lui-même. Ce n'étoient que les procès ordinaires et d'une discussion aisée qu'il abandonnoit à l'apocrisiaire et au comte du palais, qui présidoient sous lui son tribunal, l'un pour juger les affaires des ecclésiastiques, et l'autre celles des laïcs.

Le moyen le plus efficace pour mettre le peuple en état de subsister aisément, étoit de remédier aux abus qui s'étoient introduits dans le service militaire, et qui ruinoient successivement une partie considérable des citoyens. Tout homme libre, ainsi que je l'ai déjà fait remarquer, étoit soldat, et quand son canton étoit commandé pour la guerre, il devoit marcher à ses dépens[60] sous les ordres de son comte ou de son seigneur. Cependant, n'étant pas raisonnable de dégarnir un pays de tous ses habitants, à l'exception des serfs chargés de la culture des terres, et plusieurs citoyens devant même avoir des raisons pour se faire dispenser du service dans de certaines circonstances, les comtes et les seigneurs commettoient les injustices les plus criantes, sous pretexte d'établir à cet égard un ordre avantageux. Ils s'étoient attribué le pouvoir de désigner arbitrairement, avant l'ouverture de chaque campagne, ceux qui serviroient, et ceux qui resteroient dans le sein de leur famille. Dèslors les plus riches citoyens s'étoient exemptés du service, en achetant la faveur de leur comte ou de leur seigneur; mais ils furent les premiers punis de l'injustice qu'on leur avoit chèrement vendue. Il fallut permettre à des soldats qui n'avoient rien et que l'état ne payoit pas, de commencer par piller leur canton, pour avoir de quoi fournir aux frais de la campagne. Des hommes ramassés dans la lie de la nation, incapables d'agir par amour de la gloire, et qui, sans fortune particulière, ne prenoient aucun intérêt à la fortune publique, ravageoient tout sur leur passage, et étoient chargés de butin avant que d'avoir joint les ennemis.

Charlemagne fit régler par l'assemblée de la nation, qu'il faudroit au moins posséder trois manoirs[61] de terre, c'est-à-dire, trente-six de nos arpens, pour être obligé de faire la guerre en personne et à ses frais. N'avoit-t-on que deux manoirs? on se joignoit à un citoyen qui n'en possédoit qu'un, et celui des deux qui paroissoit le plus propre à supporter les fatigues de la guerre, marchoit, et son compagnon contribuoit à sa dépense pour un ou deux troisièmes, suivant qu'il étoit possesseur d'un ou de deux manoirs. Trois hommes qui ne jouissoient chacun que d'un manoir, s'associoient de même; et les deux qui ne faisoient pas le service personnellement, contribuoient chacun pour un tiers à la dépense de l'autre. Six hommes dont chacun n'avoit qu'un demi-manoir, ne fournissoient à l'état qu'un soldat, en suivant la même cotisation; et avec une moindre possession, on fut exempt de tout service et de toute charge militaire.

Bien loin de continuer à faire un commerce de leur pouvoir, les comtes et les seigneurs, assujettis à une loi[62], qui marquoit en détail tous les cas d'exemption de service, furent eux-mêmes condamnés à payer l'amende pour les citoyens auxquels ils auroient accordé injustement une dispense d'aller à la guerre. Les campagnes ne furent ni pillées, ni dévastées. Les citoyens riches ne furent plus des hommes oisifs à qui la paix devoit ôter toute habitude de courage. La qualité de soldat redevint un titre honorable, et les armées, qu'il fut aisé de plier à une sage discipline, protégèrent la nation sans lui faire jamais aucun tort, et ne furent redoutables qu'aux ennemis.

Les Français étonnés, comprirent par leur propre expérience qu'une classe de citoyens pouvoit être heureuse sans opprimer les autres. C'est par ce sage gouvernement, dont je n'ai développé que les principes généraux, que Charlemagne retira en quelque sorte sa nation du chaos où elle se trouvoit. Aux lois, il joignit son exemple, peut-être encore plus efficace. Qu'on voie dans Hincmar le tableau qu'il nous a laissé de l'ordre admirable qui régnoit dans le palais. Charlemagne ne vouloit pas avoir pour officiers ou pour ministres des courtisans, mais des hommes qui aimassent la vérité et l'état, qui fussent connus par leur expérience, leur discrétion, leur exactitude, leur sobriété, et assez fermes dans la pratique de leur devoir, non-seulement pour être inaccessibles aux présens, mais pour ne pouvoir pas même être éblouis, et trompés par la flatterie, l'amitié et les liaisons du sang.

Croira-t-on que je parle de la cour d'un roi, si je dis que les officiers du palais étoient chargés d'aider de leurs conseils les malheureux qui venoient y chercher du secours contre la misère, l'oppression et la calomnie, ou ceux qui s'étant acquittés de leurs devoirs avec distinction, avoient été oubliés dans la distribution des récompenses? Il étoit ordonné à chaque officier de pourvoir à leurs besoins, de faire passer leurs requêtes jusqu'au prince, et de se rendre leur solliciteur. Qu'il est beau de voir les vertus les plus précieuses à l'humanité, devenir les fonctions ordinaires d'une charge; et, par une espèce de prodige, les courtisans changés en instrumens du bien public, et en ministre de la bienfaisance du prince!

La cour, loin d'être alors un écueil pour la vertu qui y seroit arrivée, étoit une école où les Français apprenoient à connoître le prix de l'honneur, de la justice et de la générosité. N'en doutons pas, car l'auguste simplicité du prince faisoit ignorer aux courtisans tous ces besoins superflus et ridicules, qui en les appauvrissant dans le sein de l'abondance, n'en font presque toujours que des esclaves prostitués à la fortune. La magnificence, le luxe, la pompe, la prodigalité des cours détruisent les mœurs publiques; ce sont autant de preuves certaines de la misère des peuples, et d'avant-coureurs de la décadence des empires.

Que c'est un spectacle agréable pour qui connoît les devoirs de la société, d'examiner le ménage de Charlemagne! Sa femme, impératrice et reine de presque toute l'Europe, comme une simple mère de famille, avoit soin des meubles du palais et de la garderobe de son mari, payoit les gages des officiers, régloit les dépenses de la bouche et des écuries, et faisoit à temps les provisions nécessaires à sa maison. De son côté, Charlemagne, vainqueur des Saxons et des Lombards, craint des empereurs de Constantinople, et respecté des Sarrasins en Asie et en Afrique, gouvernoit ses domaines avec autant de prudence que l'état, veilloit avec économie à ce qu'ils fussent cultivés avec soin, et ordonnoit de vendre les légumes qu'il ne pouvait consommer.

Ce seroit entreprendre un grand ouvrage, que de vouloir faire connoître en détail toute la législation de ce prince. Ses capitulaires embrassent à-la-fois toutes les parties relatives au bien de la société. Si quelques articles nous en paroissent aujourd'hui puérils, ne nous hâtons pas témérairement de les condamner; on les admireroit sans doute en considérant l'ensemble de toute la grande machine dont ils faisoient partie. Si d'autres nous paroissent, et sont en effet barbares, concluons-en seulement que les Français, à peine délivrés des désordres qui avoient ruiné la famille de Clovis, formoient encore un peuple grossier, qui ne pouvoit ouvrir les yeux qu'à quelques vérités.

Les hommes ne changent pas d'idées en un jour; plus nos préjugés sont bizarres et absurdes, plus ils ont de force contre notre raison. Les passions ont leur habitude, qu'on ne détruit que très-lentement. Les progrès vers le bien doivent être souvent interrompus. Si Charlemagne eût voulu arracher brusquement les Français à leurs habitudes et à leurs préjugés, il n'eût fait que les révolter au lieu de les éclairer. Il ne s'agissoit pas de leur donner des lois parfaites en elles-mêmes, mais les meilleures qu'ils pussent exécuter. Voilà le chef-d'œuvre de la raison humaine, quand de la théorie elle passe à la pratique. Il faut louer dans le législateur des Français jusqu'aux efforts qu'il fit pour se rabaisser jusqu'à eux, et n'être sage qu'autant qu'il le falloit pour être utile.

CHAPITRE III.

Réflexions sur le gouvernement établi par Charlemagne.—Des principes de décadence qu'il portoit en lui-même.

CHARLEMAGNE n'avoit fait que ramener les Français aux anciens principes du gouvernement que leurs pères avoient apportés de Germanie; et, s'il eût succédé à Clovis, il lui auroit été facile de les fixer et d'en prévenir la décadence, en établissant de sages proportions entre les différens ordres de l'état. Il auroit empêché que ses sujets n'usurpassent des droits qui devoient les diviser; et tous, aussi unis par l'amour de la liberté qu'ils devinrent ennemis par les injures qu'ils se firent et les prétentions qu'ils formèrent, auroient travaillé de concert à faire le bien général. Mais quand ce prince monta sur le trône, il ne trouva, comme on l'a vu, que des citoyens pleins de haine et de mépris les uns pour les autres et qui n'étoient occupés que de leurs avantages particuliers. La noblesse croyoit que tout devoit lui appartenir; avec le même projet d'accroître ses biens, le clergé aspiroit à tenir seul les rênes du gouvernement; le peuple opprimé ne pouvoit point avoir de patrie; et ces trois ordres, par la nature même de leur constitution actuelle, étoient, en un mot, incapables de se rapprocher, de se confondre, de consentir à n'avoir que les mêmes intérêts, et de former un seul corps.

Dans les circonstances même les plus favorables, les lois d'un gouvernement libre ne s'affermissent qu'avec une extrême difficulté; parce que la liberté, rendant les esprits plus fiers, plus courageux, plus entreprenans, excite toujours quelques orages dans le pays où elle s'établit. Il ne suffit pas d'ordonner à un peuple d'être libre, pour qu'il le soit; il ne suffit pas de porter des lois, il faut changer dans les citoyens la manière de voir, de sentir et de penser, ou leurs anciens préjugés triompheront de la sagesse des magistrats. Si quelques législateurs ont réussi à affermir un gouvernement libre en même temps qu'ils l'ont établi, ils ne donnoient sans doute des lois qu'à une poignée d'hommes renfermée dans une même ville; et Charlemagne gouvernoit une nation nombreuse, répandue dans toute l'étendue des Gaules, dans quelques provinces de Germanie, mêlée même avec plusieurs peuples qui avoient leurs coutumes particulières.

Charlemagne ne se flatta pas de porter à sa perfection l'ouvrage dont il jetoit les fondemens. En partageant l'autorité, en associant tous les citoyens au gouvernement, il ne voulut que les distraire de leurs intérêts personnels. Il espéra que la rivalité du clergé, de la noblesse et du peuple les forceroit d'abord à observer mutuellement, qu'ils s'imposeroient, se tiendroient en équilibre; que chaque ordre, gêné par les deux autres, apprendroit peu à peu à les craindre et les respecter; et que tous s'accoutumant enfin à avoir moins d'ambition, quelques idées communes sur le bien public les prepareroient à y travailler de concert. Pour que ce nouveau gouvernement pût s'affermir, il falloit que les Français en prissent l'esprit; et ce fut l'objet de la politique de Charlemagne pendant tout son règne. Tandis qu'il tendoit une main secourable au peuple, pour le tenir au-dessus de l'oppression et lui rendre quelque courage et ses droits, il appesentissoit l'autre sur les grands, pour les empêcher de s'élever trop haut, et leur apprendre qu'ils n'étoient placés au-dessus du peuple, qu'ils méprisoient, que pour être les artisans[63] de son bonheur.

Mais cet édifice devoit s'écrouler, si Charlemagne, qui étoit l'ame des Français sans le paroître, n'avoit pas un successeur capable d'en soutenir la masse. Son règne, quoique long, ne l'avoit pas été assez pour changer les préjugés et les passions de ses sujets, et son gouvernement, qui n'avoit pas encore pris une certaine consistance, devoit être détruit, si les rênes en étoient confiées à des mains ignorantes.

Dès que le peuple seroit privé de l'appui qui le soutenoit, il devoit retomber dans son néant: l'habitude ne lui avoit pas assez fait connoître ses forces. Les anciennes prérogatives du prince et des seigneurs n'étoient pas oubliées, et les nouvelles n'étoient pas marquées d'une manière assez fixe et assez constante, pour qu'ils ne cherchassent pas encore à les étendre. L'ambition assoupie devoit se réveiller; et les grands, trop puissans pour ne pas écraser le peuple que le prince cesseroit de protéger, devoient bientôt troubler l'état; si le prince de son côté étoit ambitieux, il lui restoit assez d'autorité pour reprendre celle que Charlemagne avoit restituée à la nation.

Le champ de Mai possédoit, il est vrai, la puissance législative; mais, si on y fait bien attention, ce n'étoit en quelque sorte que d'une manière précaire; parce que l'extrême ignorance et les vices des Français n'avoient pas permis à Charlemagne de se désaisir de quelques parties de la puissance exécutrice. Celles qu'il n'auroit pas retenues entre ses mains auroient été mal administrées, et seroient devenues un obstacle à ses desseins. Pour prévenir cet inconvénient, qui l'auroit empêché d'établir les principes de son gouvernement, il y laissoit un défaut qui pouvoit les renverser sous un prince moins sage que lui.

En effet, pour peu qu'on soit instruit des causes qui, dans tous les temps et dans tous les pays libres ont occasionné des désordres et des révolutions, on jugera sans peine que rien n'est plus dangereux que de confier à la même personne l'exécution des lois dans toutes les branches différentes de la société. Il n'est pas possible que cette masse énorme d'autorité ne donne enfin au simple protecteur des lois le droit de les éluder, de les violer et d'en faire à son gré de nouvelles. Il acquerra une considération qui insensiblement le fera regarder comme un maître. D'ailleurs, la puissance législative ne pouvant pas faire des lois qui aient tout prévu, il faut nécessairement qu'elle voie languir une foule d'affaires, multiplier les abus, et perdre les conjonctures les plus favorables pour agir; ou qu'elle abandonne à la puissance exécutrice le privilége de donner des ordres particuliers et de faire des réglemens provisoires.

Charlemagne ne se servit jamais de ce pouvoir que pour le bien de la nation. Mais une pareille prérogative pouvoit devenir d'autant plus dangereuse entre les mains de son successeur, qu'il seroit assez riche pour se faire des créatures, et s'emparer de toute l'autorité que les fils de Clovis avoient possédée. Sans parler des bénéfices de Charles Martel, qui étoient devenus le patrimoine de la couronne depuis l'élévation de Pepin au trône, les conquêtes de Charlemagne avoient prodigieusement augmenté ses domaines, et comme ce prince, pour gagner les grands et les engager à concourir avec lui au bien public, étoit obligé de se les attacher par des bienfaits toujours nouveaux, il avoit converti une grande partie de ses nouvelles possessions en bénéfices.

Il est vrai qu'il les conféroit à vie[64], et que n'ayant pas laissé à ses successeurs le droit de les reprendre arbitrairement, les abus devoient être moins considérables qu'ils ne l'avoient été sous les Mérovingiens; cependant, si le prince n'a pas l'ame assez grande pour résister à ce charme secret qui porte les hommes à étendre encore leur pouvoir, quand ils en sont même embarrassés; si ces bénéfices, au lieu d'être la récompense du mérite, deviennent au contraire un moyen de séduire, et une monnoie pour acheter des flatteurs, les rois Carlovingiens seront bientôt entourés de courtisans intéressés à les corrompre. Les ordres particuliers du prince apprendront qu'un citoyen peut avoir un autre protecteur que la loi[65], et une autre sauvegarde que son innocence. On mettra les réglemens provisoires à la place des lois impartiales et souvent trop gênantes. Le champ de Mai ne présentera qu'une vaine cérémonie; et les fils d'un prince, qui ne vouloit que publier et protéger la loi, seront bientôt regardés comme les législateurs.

On dira peut-être que Charlemagne auroit prévenu ces malheurs et affermi la puissance du champ de Mai, en ne laissant pas à ses bénéfices la même forme que son aïeul, Charles Martel, avoit donnée aux siens; mais quand ce prince se seroit dépouillé du droit de conférer en bénéfices les terres de son domaine dont il pouvoit se passer, et l'auroit abandonné au champ de Mai, de même que la prérogative de disposer des comtés et des autres magistratures, il ne faut point penser que ces grâces, qui servirent entre les mains du prince à ruiner le gouvernement, eussent contribué à rendre plus solide l'autorité du champ de Mai, qui en auroit été le dispensateur, ni que les serviteurs du prince fussent devenus les serviteurs de l'état.

Dans cette supposition, ce n'eût pas été la trop grande puissance des Carlovingiens qui auroit anéanti celle du champ de Mai, mais leur trop grande foiblesse. Charlemagne, qui n'auroit eu aucun bienfait à répandre, n'auroit pas paru à sa nation aussi grand qu'il l'étoit: qu'on n'oublie pas que les Français étoient encore trop barbares pour le connoître et lui rendre justice. Ses réformes et ses lois n'auroient paru qu'une contrainte gênante et inutile, à laquelle on ne se seroit pas soumis. Mille cabales formées pour distribuer et obtenir les récompenses de l'état, n'auroient fait du champ de Mai qu'une cohue où l'intrigue auroit dominé, tel eût été vraisemblablement le sort de la nation française sous Charlemagne même, à quels désordres n'auroit-elle pas été exposée sous des princes moins habiles que lui?

Une nouvelle cause de la décadence prochaine du gouvernement, c'est que l'assemblée du champ de Mai n'étoit astreinte à aucune forme fixe et constante dans la manière de délibérer et procéder à l'établissement des lois. Autant qu'on peut le conjecturer à l'aide de nos anciens monumens, souvent elle prévenoit le prince, et le prioit de mettre le sceau royal aux règlemens qu'elle avoit dressés. Quelquefois le prince proposoit lui-même une loi, et requéroit la nation d'y donner son consentement. Tantôt les trois ordres de l'état dressoient leurs articles à part, et tantôt ils se réunissoient pour ne faire qu'une seule ordonnance. Il ne paroît pas qu'il y eût des termes prescrits pour délibérer à plusieurs reprises sur un même objet. Quelques lois ne furent portées qu'après plusieurs longs débats, et d'autres furent proposées, reçues et publiées sur le champ, par une espèce d'acclamation.

Charlemagne avoit laissé subsister cette manière indéterminée d'agir dans le champ de Mai, parce que l'extrême ignorance des Français ne lui permettoit pas de les tenir assemblés, sans qu'il veillât par lui-même à leur conduite, et la dirigeât; et des formalités, en le gênant, auroient été un obstacle éternel au bien. D'ailleurs, la nécessité où il étoit de se transporter d'une frontière de son vaste empire à l'autre, ne lui laissant la liberté de convoquer la nation que pendant un temps très-court, il falloit se hâter de décider les affaires; et le génie de Charlemagne tranchoit en un moment les difficultés, que des formes auroient rendues plus épineuses, et que ses sujets n'auroient jamais pu résoudre.

Si ce grand homme ne rendit pas son gouvernement inébranlable, n'en accusons que l'ascendant fatal des circonstances sur la prudence humaine. Son règne n'a produit qu'un bien passager; et s'il fût né deux siècles plutôt, ou quatre siècles plus tard, ses lois auroient vraisemblablement égalé sa réputation en durée. En voulant faire plus qu'il n'a fait, il n'auroit pas commencé à policer sa nation; il ne l'auroit pas mise sur la voie de connoître, de désirer, d'aimer et de faire le bien sous ses ordres. Ce qu'il auroit fallu tenter pour affermir sa constitution, l'auroit empêché d'en jeter les premiers fondemens.

CHAPITRE IV.

Foiblesse de Louis-le-Débonnaire.—Il étend la prérogative royale.—Comment la division qui règne entre ses fils ruine l'autorité du prince, et rend les seigneurs tout-puissans.

LOUIS-LE-DEBONNAIRE vouloit le bien, mais faute d'élévation et de lumière dans l'esprit, et de fermeté dans le cœur, il ne put jamais le faire. Sa vue, qui auroit dû s'étendre sur tout le royaume, se bornoit dans l'enceinte de sa cour. C'étoit certainement une chose très-louable que d'en bannir le scandale, et de forcer ses sœurs à respecter le public, et à se respecter elles-mêmes; mais il ne falloit pas regarder la réforme de quelques galanteries comme le chef-d'œuvre d'un bon gouvernement. Les bonnes mœurs d'un peuple sont sans doute la première cause de sa prospérité; mais les bonnes mœurs consistent à estimer la justice, la frugalité, le désintéressement, le travail et la gloire. Une attention extrême portée sur les détails des plus petits objets, est quelquefois, comme dans Charlemagne, la preuve d'un génie vaste qui embrasse tout; dans Louis-le-Débonnaire, qui ne s'élevoit point au-dessus de ces détails, elle décèle un prince qui n'étoit propre qu'à remplir les fonctions subalternes d'un centenier, ou de l'avoué de quelque monastère.

Les Français, dont le gouvernement n'avoit pas encore assez éclairé l'esprit, loin de pouvoir suppléer à ce qui manquoit au prince, avoient encore besoin de suivre un guide pour ne pas s'égarer. Ils sentirent la perte qu'ils avoient faite, regrettèrent Charlemagne, et ne tardèrent pas à se défier de la capacité de son fils qui ne connoissant en effet, ni les devoirs, ni l'étendue, ni les bornes du pouvoir dont il avoit hérité, confondit le crédit immense que la confiance publique avoit donné à Charlemagne, et l'autorité limitée que les lois lui avoient conférée. Toujours jaloux de tout ce qui l'environnoit, il vouloit tout faire en ne faisant rien, et ne sut jamais qu'on est bien éloigné d'établir une réforme avantageuse à la société, quand on veut l'entreprendre contre les règles.

Un roi qui avoue une faute, et qui la répare, s'attire l'estime générale de sa nation; mais convenir stupidement de ses erreurs sans se corriger, c'est se rendre méprisable. Il semble même que ce soit le dernier degré d'avilissement pour un prince. Il en est un cependant plus humiliant encore, c'est de s'avouer coupable d'une faute qu'on n'a pas faite, et de l'aggraver en voulant la réparer. On peut se rappeler que Bernard, roi d'Italie, qui avoit fait hommage de son royaume à Louis-le-Débonnaire son oncle, ne fut pas long-temps sans trahir le serment qu'il lui avoit prêté. Soit qu'il ne vît qu'avec jalousie[66] la fortune de Louis; soit qu'il en connut assez la foiblesse pour espérer de s'agrandir à ses dépens, il prit les armes et lui déclara la guerre; mais le succès ne répondit pas à ses espérances. Battu et fait prisonnier, il comparut devant une assemblée de la nation, qui lui fit son procès, et le condamna à mort. Louis, touché de compassion, commua la peine, et fit arracher les yeux au coupable, qui mourut des suites de cette opération cruelle.

L'empereur n'avoit rien à se reprocher, le procès de Bernard avoit été fait juridiquement; si on avoit commis à son égard quelqu'injustice, la nation seule étoit coupable. Cependant, Louis-le-Débonnaire eut des remords; et paroissant dans l'assemblée qui se tint à Attigny sur Aisne, sous l'habit d'un pénitent, il confessa publiquement sa prétendue faute avec une componction, qui devint une injure mortelle pour tous les membres du champ de Mai qui avoient jugé Bernard. Les évêques qui prirent cette indécente lâcheté pour un acte d'humilité chrétienne, furent édifiés d'un spectacle qui sembloit leur annoncer le plus grand crédit; mais la noblesse, plus judicieuse méprisa un prince qui vouloit être méprisé.

Les assemblées générales de la nation, et les états particuliers des provinces étoient encore convoqués; les envoyés royaux exerçoient toujours les mêmes fonctions; on voyoit subsister dans le palais et dans les provinces les mêmes magistratures et les mêmes tribunaux; mais, sous la forme apparente du même gouvernement, c'étoit déjà un fond de gouvernement tout différent, et aussi différent de celui que j'ai fait connoître que Louis l'étoit de Charlemagne. Cependant le cours que ce prince avoit imprimé aux affaires, le souvenir de ses grandes actions, le respect que l'on conservoit pour sa mémoire, et les sentimens d'honneur et de vertu que ses exemples avoient inspirés à quelques personnes, tenoient encore unies toutes les parties de l'état, ou du moins empêchoient qu'elles ne se séparassent avec tumulte; mais les ressorts du gouvernement se relâchoient de jour en jour.

Quand le prince néglige le bien public, ou y travaille sans succès, chaque citoyen ne s'occupe que de ses intérêts particuliers. Les lois ne furent plus observées avec la même obéissance et le même zèle qu'autrefois. Après les avoir négligées, on les viola ouvertement. Chaque ordre de l'état devient bientôt suspect aux autres; les soupçons font revivre les anciennes haines; tout se divise, se réunit. A mesure que les abus se multiplient, Louis, qui fait des efforts impuissans pour les réprimer, sent malgré lui son incapacité. Il se trouve gêné en servant de spectacle aux assemblées d'une nation qu'il ne sait pas gouverner. Il les craint, les hait, et les convoque cependant. On y publie de nouveaux capitulaires, dans lesquels on ne fait que refondre ceux de Charlemagne; preuve certaine de la décadence du gouvernement, et ressource impuissante qui découvre les besoins de l'état, sans remédier à ses maux.

Tant de foiblesse et d'incapacité de la part du prince auroit dû anéantir la prérogative royale, et Louis cependant l'avoit étendue beaucoup au-delà des bornes que Charlemagne s'étoit prescrites à lui-même. Plus il augmentoit sa puissance, moins il étoit capable d'en user, et plus il croyoit nécessaire de l'augmenter encore. L'art de disposer les esprits à obéir, est de toutes les parties de la politique la plus utile et la plus ignorée, Louis, qui voyoit recevoir ses ordres avec négligence, multiplia ses bienfaits pour s'attacher les grands; et après les avoir corrompus, prit leur complaisance pour une approbation, et tenta des entreprises plus hardies. Abusant du privilège de donner des ordres particuliers et de faire des réglemens provisoires, il voulut mettre son autorité et son nom à la place des[67] lois, affecta le pouvoir le plus despotique, et se réserva de punir arbitrairement les coupables.

Cette conduite, si contraire aux principes de Charlemagne, et au caractère même de Louis-le-Débonnaire, porté par instinct à respecter l'ordre et les lois établies, étoit l'ouvrage des vassaux qui le servoient dans le palais, de ses ministres, des évêques et des moines qui fréquentoient la cour, hommes avares et ambitieux, qui, pour être plus puissans, vouloient que leur maître fût au-dessus des lois. Personne ne s'opposoit à ces dangereuses nouveautés. Les comtes et les autres magistrats en voyoient avec plaisir les progrès, parce que leur puissance en devenoit plus arbitraire, et que la confusion de toutes les idées, sur la nature des lois et des rescrits particuliers du prince, les autorisoit, ainsi que nous l'apprend Hincmar, à faire pencher à leur gré la balance de la justice. Les seigneurs ne craignoient point cet excès de pouvoir dans les mains d'un prince qu'ils méprisoient. Déjà plus avares que jaloux de leur liberté, ils ne songeoient qu'à étendre ou multiplier leurs droits dans leurs terres, tandis que le peuple, menacé de tout côté d'une oppression prochaine par une foule de tyrans, gémissoit du mépris où les lois étoient tombées, et désiroit qu'il s'élevât un maître commun, dont il espéroit d'être protégé.

Les princes foibles font souvent de grandes fautes, en faisant les mêmes choses qu'ont faites de grands princes. Charlemagne avoit affermi son Empire en conférant des royaumes à ses fils; parce qu'il sut se faire obéir par des rois qui n'étoient en effet que ses[68] lieutenans. Quelqu'ambitieux qu'eussent été ces princes, ils auroient été retenus dans le devoir par la forme même du gouvernement. Ils ne pouvoient être tentés de se soulever contre leur père, qui s'étoit rendu le maître de toutes les volontés, sans prévoir qu'ils seroient accablés par la nation entière. Louis, trompé par cet exemple, crut de même multiplier les ressorts d'une bonne police, en associant Lothaire, son fils aîné, à l'Empire, peu d'années après qu'il y fut parvenu. Il créa en même temps Pepin roi d'Aquitaine, et donna à Louis, son troisième fils, le royaume de Bavière. Mais plus méprisé que craint, il ne fit que des rivaux ou des ennemis de son autorité, en faisant des rois. L'élévation de ses fils fut le signal de la discorde, parce qu'il les rendoit puissans, en même temps qu'il donnoit sa principale confiance à Judith, sa seconde femme et leur belle-mère, qui ne cherchoit qu'à les ruiner pour faire une plus grande fortune à son fils, connu dans notre histoire sous le nom de Charles-le-Chauve.

Cette princesse ne gouverna pas son mari par cet ascendant que les lumières et le courage donnent sur une ame foible, mais par la passion qu'elle lui inspiroit, et par cette sorte d'inquiétude, d'activité et d'intrigue, qu'un esprit paresseux et borné ne manque jamais de prendre pour du génie. Gouvernée elle-même à son tour par Bernard, comte de Barcelone, son amant, homme injuste, avare et violent, elle en prit tous les vices, et les auroit communiqués à son mari, s'il eût été capable de prendre et de conserver un caractère.

Dire que les fils de Louis-le-Débonnaire comprirent, par les premiers torts qu'on leur fit, ce qu'ils avoient à craindre de leur belle-mère, ce seroit, je crois, juger trop avantageusement de princes qui, dans tout le cours de leur vie, ne surent jamais se rendre raison de leurs entreprises, ni profiter de leurs fautes pour se corriger. Ils se soulevèrent par emportement, par vengeance et par inquiétude; et après avoir contraint l'impératrice à se réfugier dans un monastère, ils voulurent forcer leur père à se consacrer de même à la vie religieuse. Il étoit naturel qu'une guerre excitée par des tracasseries domestiques, fût terminée par une intrigue ridicule. Les moines se présentèrent comme médiateurs. Quelqu'atteinte que la révolte eût portée à l'autorité de Louis, il leur étoit plus utile de conserver sur le trône un prince qui les aimoit, et les croyoit tels qu'ils devoient être, que d'en faire un religieux dont l'élévation passée, l'humiliation présente et la bigoterie timide les gêneroient. Ils se mirent en mouvement, et réussirent si bien à diviser les princes révoltés, en les rendant suspects les uns aux autres, que Lothaire, abandonné de ses frères, ne fut plus en situation avec ses seules forces de consommer son attentat.

Louis, cependant, qui ne savoit ni pourquoi il s'étoit formé une tempête contre lui, ni comment il y avoit échappé, se trouvoit avec surprise sur le trône, et confondu également par sa bonne et sa mauvaise fortune, étoit plus timide que jamais. Ses fils, Pepin et Louis, voulurent être les dépositaires de l'autorité qu'ils lui avoient conservée; mais l'impératrice, qui s'étoit fait relever de ses vœux, fut d'autant plus avide de gouverner, qu'elle vouloit se venger de ses ennemis. Il falloit perdre les fils de son mari les uns par les autres, puisqu'ils s'étoient en quelque sorte emparés de toutes les forces de l'état. Pour assurer le succès de son entreprise en les divisant de plus en plus, Judith augmenta les domaines de Pepin et de Louis, en même temps qu'elle fit déclarer Lothaire déchu de son association à l'Empire.

L'histoire nous a conservé un fait bien propre à faire connoître l'esprit de petitesse et de superstition par lequel la cour étoit gouvernée. Lothaire, qui désiroit de se réconcilier avec son père, chargea de cette négociation Angelbert, archevêque de Milan. L'empereur reçut ce prélat avec distinction; et un jour en sortant de table, «Salut, archevêque, lui dit-il, comment doit-on traiter son ennemi? Le seigneur, répondit Angelbert, a ordonné, dans son évangile, de l'aimer et de lui faire du bien. Mais si je n'obéis pas à ce précepte?

reprit Louis: vous n'obtiendrez point la vie éternelle, répliqua le prélat». L'empereur fâché d'être obligé de renoncer à sa vengeance ou au paradis, convint avec l'archevêque d'avoir le lendemain une conférence à ce sujet; et il s'y fit accompagner par tout ce qu'il y avoit de plus savant à sa cour. «Seigneurs, dit ce prélat en entamant la controverse, savez-vous que nous sommes tous frères en Jésus-Christ? Oui, répondirent les assistans; car nous avons tous le même père dans les cieux. L'homme libre, continua Angelbert, le serf, le père, le fils, sont donc frères. Or, l'apôtre S. Jean n'a-t-il pas dit que qui hait son frère est homicide? Et un homicide peut-il entrer dans la béatitude éternelle?» A ces mots, tous les savans de l'empereur se trouvèrent confondus; et ce prince, se prosternant le front contre terre, demanda pardon à Dieu du doute qu'il avoit eu, et rendit son amitié à Lothaire.

Je ne m'arrête pas sur les événemens de ce règne foible et malheureux: personne n'ignore que Louis-le-Débonnaire, toujours esclave des caprices et des passions de ceux qui le gouvernoient, fut enfin la victime de l'ambition de Judith et de l'inquiétude de ses fils. Pepin et Louis, plus jaloux du crédit de l'impératrice dont ils avoient pénétré les intentions, que reconnoissans de ses perfides bienfaits, se liguèrent une seconde fois avec Lothaire. Ces princes se jouèrent de la religion, qui servoit de voile à leur perfidie. Des évêques, qui n'étoient que leurs instrumens, parurent les auteurs de la disgrace de Louis. Flattés de se voir les dépositaires des droits des nations, et les juges d'un empereur, ils le dépouillèrent de sa dignité, et le reléguèrent dans l'abbaye de Saint-Médard de Soissons.

Ce prince y auroit été oublié, si l'union de ses fils avoit pu subsister; mais Lothaire, qui, dès qu'il se crut le maître de l'empire, ne sentit plus le besoin qu'il avoit de ses frères, voulut les réduire à n'être que ses lieutenans. Ces princes indignés prirent les armes, et remplacèrent leur père sur le trône, où, n'éprouvant jusqu'à sa mort que de nouvelles disgraces, il fut continuellement occupé à rendre ridicule, par sa foiblesse, la dignité auguste dont il étoit revêtu, à craindre les trahisons de ses fils, et à leur pardonner leurs révoltes. Tandis que l'autorité royale s'anéantissoit, Louis fomentoit, sans le savoir, les haines de ses fils, et portoit ainsi le dernier coup au gouvernement. En prenant de bonne foi les mesures qu'il croyoit les plus propres à les réunir, il perpétuoit leurs divisions, et souffloit le feu des guerres civiles qui devoient perdre sa maison.

Charlemagne, qui connoissoit le poids énorme de la royauté, parce qu'il en avoit rempli tous les devoirs, comprit qu'il devoit y avoir une certaine proportion entre l'étendue d'un état et celle de l'esprit humain, sans quoi la politique trop foible ne peut embrasser toutes les parties de l'empire, et voir naître rapidement des abus auxquels il n'est bientôt plus possible de remédier. Dans le point de grandeur où la puissance des Français étoit parvenue, tandis que leurs connoissances étoient si médiocres et leurs vices si grands, il étoit heureux que l'usage de partager le royaume entre les fils du prince, subsistât encore. Il eût été dangereux de ne faire qu'un seul empire des trois royaumes que Charlemagne forma; et dont chacun en particulier étoit non-seulement en état de résister à ses ennemis, mais même de les subjuguer, ou du moins de contenir dans leurs habitations ces restes de barbares qui continuoient à infester les mers, et à faire des descentes et des courses dans les différentes provinces de l'Europe.

Bien loin d'assujettir les trois royaumes des Français à des devoirs réciproques, Charlemagne les rendit absolument indépendans les uns des autres. Au lieu de songer à confondre leurs intérêts, il voulut qu'ils n'eussent rien à démêler ensemble, et disposa leurs provinces de façon qu'ils ne pussent avoir aucune querelle au sujet de leur territoire, que leurs frontières se trouvassent naturellement fortifiées, et que, sans avoir sujet de s'offenser, ils pussent cependant se secourir contre les attaques des étrangers.

Il étoit défendu[69] à chaque prince de recevoir dans ses états quelque sujet mécontent de l'un de ses frères, et d'interposer même ses bons offices en sa faveur. Charlemagne craignoit que des transfuges ne communiquassent leur chagrin, ou leur inquiétude au prince chez lequel ils se retireroient. Il vouloit empêcher qu'une cour ne s'exposât à des refus humilians en sollicitant des grâces, ou n'extorquât, à force de négociations, des complaisances propres à produire de l'aigreur, ou du moins un ressentiment secret, souvent nuisible au bien de la paix. Il ne fut point permis de recevoir des bénéfices d'un autre prince que celui dont on étoit sujet. Charlemagne ordonna enfin qu'aucun de ses enfans ne pût acquérir quelque espèce de possession que ce fût dans les royaumes de ses frères, et permit cependant à leurs sujets de former entre eux des alliances par le mariage.

Louis-le-Débonnaire voulut être plus sage que Charlemagne, et tout fut perdu sans ressource. Croyant, parce qu'il étoit extrêmement foible, timide et borné, qu'un état ne pouvoit jamais être trop étendu ni trop puissant, il ne forma qu'un seul corps politique des trois royaumes qu'il donna à ses trois fils, Lothaire, Louis-le-Germanique et Charles-le-Chauve. Il établit entre eux une sorte de subordination[70] domestique, fondée sur l'âge et les degrés de parenté des princes qui les gouverneroient. Lothaire, en qualité de fils aîné, devoit avoir sur ses frères et sur leurs états la même autorité que Louis-le-Débonnaire prétendoit s'être réservée en donnant d'abord des royaumes à ses enfans, mais dont il n'avait jamais pu jouir, et qui causa la plupart des malheurs de son règne.

Tous les ans Lothaire, Louis-le-Germanique et Charles-le-Chauve, devoient conférer ensemble sur les affaires générales et particulières de leurs royaumes. Il étoit ordonné que les deux derniers se rendroient chez leur frère aîné, lui porteroient des présens; et que celui-ci, après les avoir reçus avec bonté, les renverroit avec des marques de sa libéralité. Louis et Charles ne pouvoient ni se marier, ni entreprendre une guerre étrangère, ni faire la paix sans le consentement de Lothaire. Ils avoient enfin les uns sur les autres un droit pernicieux d'inspection et de correction, qui s'étendoit même jusqu'à déposer un prince qui, ayant abusé de son pouvoir, refuseroit de réparer ses injustices.

Il pouvoit ce faire que les arrangemens politiques de Charlemagne, les plus sages qu'il fût alors possible de prendre, ne fussent pas cependant capables de prévenir des soupçons, des haines, et même des ruptures ouvertes entre des princes avares, inquiets et ambitieux; mais les dispositions de Louis-le-Débonnaire en devoient nécessairement produire entre les princes même les plus modérés. Aussi les règnes de Lothaire, de Louis-le-Germanique et de Charles-le-Chauve, déjà ennemis les uns des autres avant la mort de leur père, ne furent-ils qu'une longue suite de guerres civiles.

Les premiers troubles qui avoient agité le gouvernement de Louis-le-Débonnaire, lui firent perdre les prérogatives qu'il s'étoit attribuées et les droits qui lui appartenoient le plus légitimement. L'audace de ses fils rendit tout le monde audacieux; il ne fut plus question de craindre les lois, mais de se faire craindre; et dans l'anarchie où l'état se précipitoit, la justice fut obligée de céder à la force. Des princes tels que Lothaire et ses frères, tombèrent dans le dernier mépris. Toujours acharnés à se perdre, se susciter des ennemis, se tendre des piéges, et se débaucher mutuellement leurs créatures par les plus basses complaisances, ils mirent en honneur la révolte et la perfidie. Ils furent obligés de dissimuler les entreprises qu'on formoit contre eux, de tout pardonner, parce qu'ils ne pouvoient rien punir; et de traiter continuellement avec la noblesse et le clergé pour avoir des secours qui leur étoient dus, qu'on ne leur accordoit presque jamais, ou qui les rendoient plus ambitieux, plus entreprenans, plus injustes, plus téméraires, et par conséquent plus foibles, s'ils avoient l'adresse de les obtenir.

Si Lothaire ne fut plus en état de repousser les Sarrasins qui infestoient la Méditerranée et l'Italie, Louis-le-Germanique de contenir dans le devoir les peuples de Germanie qui étoient ses tributaires, et Charles-le-Chauve d'humilier les Bretons qui affectoient une entière indépendance dans l'Armorique; si leurs royaumes furent ouverts aux courses des Normands, la nation française ne manquoit pas des forces nécessaires pour se faire respecter, mais de l'art de les réunir, et sur-tout de les employer avec avantage. Personne ne sachant commander, personne ne savoit obéir. C'est l'anarchie et non pas la bataille de Fontenay qui fit la foiblesse de l'état. Quoiqu'il périt cent mille Français à cette journée, elle ne laissoit pas la nation sans ressources. Les historiens n'ont pas fait attention que cent mille hommes de plus ou de moins dans trois royaumes qui embrassoient la plus grande partie de l'Europe, et dont tout citoyen étoit soldat, ne pouvoient les jeter dans l'anéantissement où ils tombèrent. Un plus grand fléau avoit frappé les

Français; c'est la ruine des lois, qui entraînoit celle de leur domination; c'est l'indépendance des grands, c'est la servitude, c'est la misère du peuple qui faisoient chanceler l'état.

Soit qu'au milieu des guerres civiles on ne convoquât plus les assemblées de la nation, soit qu'elles ne fussent que des conventicules de factieux ou de flatteurs, il cessa en quelque sorte d'y avoir une puissance souveraine dans l'état; et les Français se trouvèrent à peu près dans la même situation où leurs pères avoient été après le règne de Clotaire II. Le germe de division qui subsistoit toujours entre les différens ordres des citoyens, se développa promptement et produisit des maux encore plus grands. Je parlerai bientôt de la servitude déplorable où le peuple étoit réduit, quand Hugues Capet parvint à la couronne. Si le clergé avoit recouvré des richesses immenses, si on lui avoit donné de grandes[71] terres, si, par je ne sais quelle dévotion mal entendue, des familles sans nombre se rendoient esclaves de ses maisons, son sort n'en étoit pas plus heureux. Les évêques et les abbés n'étant point en état de défendre leurs possessions, depuis que la force décidoit de tout en France, et qu'ils avoient cessé de s'occuper du métier des armes, leurs plus grands domaines devinrent la proie[72] de l'avarice des seigneurs. On vit des laïcs s'établir, les armes à la main, dans les abbayes, prendre même le titre d'abbés, et ne laisser à leurs moines que la liberté de prier Dieu pour la prospérité de leurs persécuteurs.

La France étoit ravagée à la fois par les armes des Normands, et par les guerres particulières des seigneurs. On ne voyoit de toutes parts que des bourgs et des hameaux en feu, et des hommes errans, qui n'avoient aucune retraite. Tant de désordres concentrèrent, si je puis parler ainsi, l'attention de chaque particulier sur lui-même. Comme on n'attendoit aucune protection d'un gouvernement qui ne subsistoit plus, chacun ne pensa qu'à sa propre défense, et devint insensible aux maux publics. Les fils de Louis-le-Débonnaire demandoient-ils quelques secours à leurs sujets pour faire la guerre et repousser les Normands? Je suis esclave, devoit répondre le peuple, rompez les chaînes dont les seigneurs m'ont chargé, et je vous sacrifierai mes bras. Le clergé, occupé de ses seules pertes, éclatoit en murmures, en reproches et en menaces; et regardoit les ravages des Normands comme le juste châtiment des Français qui pilloient les biens de l'église. Si les seigneurs avoient encore quelque déférence pour les ordres du prince, ce n'étoit que pour en obtenir quelque diplome inutile, qui favorisât leurs usurpations.

CHAPITRE V.

Ruine entière de l'ancien gouvernement sous le règne de Charles-le-Chauve.—Ce prince rend les bénéfices et les comtés héréditaires.—Naissance du gouvernement féodal.

CHARLES-LE-CHAUVE, trompé par les flatteries de ses courtisans, et les vaines marques de respect qu'on rendoit à sa dignité, se croyoit tout-puissant. Parce qu'il n'y avoit plus de champ de Mai, il se regarda comme le législateur revêtu de toute la puissance souveraine; mais si on ne lui contestoit point le droit de commander en maître, c'est qu'on avoit celui de lui désobéir impunément; et son prétendu despotisme n'étoit que la preuve de sa foiblesse.

Ses états éprouvant enfin tous les jours de nouvelles disgraces de la part des Normands, sans qu'il pût leur opposer une armée, il ouvrit les yeux, malgré lui, sur sa situation, cependant il ne connut pas d'abord toute l'étendue du mal. Il espéra qu'en convoquant une assemblée générale des seigneurs, car le peuple n'étoit plus compté pour rien, il réuniroit les ordres divisés de la nation, et qu'elle formeroit encore sous sa conduite un corps qui n'auroit qu'un même intérêt et un même mouvement. Il se trompoit. Il ne se rendit à ses ordres que des prélats, qui se plaignirent de tous les torts et de toutes les injures que la noblesse leur avoit faites, et qui dévoilant par-là même toute leur foiblesse, n'étoient guères propres à donner du crédit au prince, et du poids aux règlemens qu'il feroit.

Charles s'humilia, dès que n'étant plus soutenu par de folles espérances, il ne put se déguiser qu'il étoit abandonné de la plupart des grands. Au lieu de faire des menaces, il publia qu'il étoit prêt à oublier tout le passé, à pardonner les injures qu'on lui avoit faites[73], et les infidélités qu'on avoit commises à son égard. Il proteste qu'il honorera les grands, qu'il satisfera à leurs demandes, qu'il se conduira par leurs conseils. Rien de tout cela n'est écouté. On méprise l'amnistie d'un prince qui est obligé lui-même de demander grâce; on dédaigne la protection d'un roi qu'on a réduit à tout craindre. Si quelques seigneurs consentent enfin à venir lui rendre hommage, et lui promettent par serment de le servir avec fidélité, il s'oblige lui-même à son tour à les respecter, à les protéger, tant que Dieu lui conservera l'usage de la raison, et à réparer sans délai les torts qu'il pourroit leur faire par surprise ou par inadvertance.

Une conduite ferme et courageuse, de la part d'un prince tel que Charles-le-Chauve, ne lui auroit vraisemblablement valu que de nouveaux mépris; mais il est certain aussi qu'en ne cherchant qu'à exciter la pitié, il accréditoit les abus auxquels il prétendoit remédier. Puisque Charles étoit incapable de suivre l'exemple de son aïeul, et de rétablir son autorité en rétablissant celle des lois, il ne lui restoit d'autre ressource que de s'ensevelir sous les ruines de l'état. Mais il étoit trop lâche pour supporter cette pensée, et ne pas toujours se flatter qu'à force de complaisance ou de bienfaits, il gagneroit enfin la noblesse, et la ramèneroit à l'obéissance.

Depuis plusieurs années, ses propres vassaux, fatigués de leur service, n'avoient cherché qu'à le diminuer, ou ne l'acquittoient qu'avec une extrême tiédeur. Charles, lassé de leurs plaintes, et sans doute intimidé par leur mauvaise volonté, les avoit dispensés de le suivre[74] à la guerre, à moins que le royaume ne fût menacé d'une invasion de la part des étrangers. Pour réparer le tort que lui avoit fait cette première complaisance, il en eut une seconde encore plus contraire à ses intérêts. Louis-le-Débonnaire, cédant à la nécessité, avoit déjà aliéné pour toujours quelques-uns de ses bénéfices[75], et Charles consentit à rendre tous les siens héréditaires. Il voulut même que les seigneurs qui en étoient en possession pussent, au défaut d'enfans, en disposer en faveur de quelqu'un de leurs parens. Il comptoit que la reconnoissance alloit donner un nouveau zèle à ses vassaux pour ses intérêts; mais ils furent peu touchés de cette libéralité, parce que le prince n'étoit plus assez fort pour reprendre ses bénéfices.

Charles n'ayant plus rien à donner, rendit enfin les comtes[76] héréditaires; et il ne fit encore que des ingrats. Les comtes avoient commencé, sous le règne précédent, à conférer en leur nom les bénéfices royaux qui étoient situés dans leurs ressorts. Ils s'étoient fait des amis et des créatures; et les divisions du clergé, de la noblesse et du peuple les rendoient si indépendans du prince, qu'il eût été dangereux de les vouloir dépouiller de leur magistrature. De ce degré de pouvoir à l'hérédité, la distance est courte et se franchit aisément; ainsi on peut dire que l'ordonnance de Charles-le-Chauve ne causa pas une révolution, mais hâta seulement un événement nécessaire, qui devoit établir un ordre de choses tout nouveau chez les Français.

Dès que les comtés devinrent le patrimoine de quelques familles, tout ce qui subsistoit encore de l'ancien gouvernement disparut en peu de temps. Il seroit difficile de peindre la confusion anarchique où se trouvèrent tous les ordres de l'état, et l'anéantissement sur-tout dans lequel tombèrent des princes sans soldats, sans argent, et qui n'ayant plus de lois à faire parler pour eux, ni de grâces à accorder, ne devoient rencontrer que des sujets infidelles et désobéissans. Jusqu'alors Charles-le-Chauve avoit toujours été aidé des secours de quelques comtes disposés à le suivre à la guerre avec les hommes de leurs provinces; et ces forces le mettoient en état de se faire craindre des seigneurs, ou de les contraindre du moins à se conduire à son égard avec quelques ménagemens. Après la révolution, les comtes furent presque toujours cités inutilement par le roi. Leur nouvelle fortune leur donnoit de nouveaux intérêts, et les occupa entièrement.

Le prince convoqua encore des assemblées de la nation, mais il ne s'y rendit que des hommes qui étoient, comme lui, les victimes des désordres publics. On y faisoit un tableau touchant des malheurs de l'état, on parloit des courses et des pillage des Normands; des vexations des seigneurs, de la ruine du clergé et de la misère du peuple; on faisoit des plaintes inutiles, et par un règlement auquel on dût obéir, les lois saliques, ripuaires, &c. les capitulaires de Charlemagne et de Louis-le-Débonnaire n'ayant plus de protecteur, tombèrent dans le plus profond oubli. Au lieu de n'être encore que les simples ministres des lois, les comtes, qui avoient secoué le joug des envoyés royaux et refusé de reconnoître l'ordonnance par laquelle Charles-le-Chauve commettoit chaque évêque[77] pour en exercer les fonctions dans l'étendue de son diocèse, devinrent les maîtres, ou plutôt les tyrans des lois dans leurs comtés.

Une volonté arbitraire décida de tous les droits. Chaque seigneur rendit sa justice souveraine[78], et ne permettant plus que ses jugemens fussent portés par appel à la justice du roi, le Français réclama inutilement les lois saliques ou ripuaires, le Gaulois les lois romaines, le Bourguignon les lois de Gondebaud, &c.; il fallut n'en plus reconnoître d'autres que les ordres du comte ou de son seigneur. Tous les peuples qui, à la faveur de leurs codes différens, avoient été jusqu'alors séparés les uns des autres, oublièrent leur origine. N'ayant plus qu'une même loi, ou plutôt qu'une même servitude, ils se confondirent; et les caprices de leurs maîtres furent leur droit public et civil, jusqu'à ce que le temps eût enfin consacré les coutumes que la violence établissoit.

Il ne faut pas penser que les comtes devinrent absolus dans toute l'étendue de leur comté; ils n'acquirent en propre que leur ville et les bourgs, villages et hameaux où ils avoient eu l'habileté d'empêcher qu'il ne se formât quelque seigneur particulier. Ce n'est que dans ces territoires qu'ils devinrent tout-puissans; car les seigneurs de chaque province, aussi adroits à profiter des désordres publics et de l'anéantissement des lois que les comtes, s'étoient déjà cantonnés dans leurs terres, et y jouissoient de tous les droits que nos jurisconsultes modernes appellent régaliens, qu'on nommoit alors simplement seigneuriaux, et qui constituent en effet la souveraineté.

Après ce que j'ai dit de l'administration injuste et pusillanime de Charle-le-Chauve, on ne sera pas surpris des progrès rapides que fit la tyrannie des particuliers à la faveur de l'anarchie générale, si on se rappelle la peinture que l'histoire nous fait des successeurs de ce prince. Louis-le-Bègue, qui à peine auroit été capable d'être le magistrat d'une nation heureuse et tranquille, ne régna que dix-huit mois, et laissa, pour lui succéder, Louis III et Carloman, qui étoient encore dans leur première jeunesse, et dans qui l'âge ne développa aucun talent. Charles-le-Gros, fils de Louis le germanique, et qui, avec le titre d'empereur, étoit roi d'Italie et de Germanie, fut placé sur le trône de France.

Il réunissoit ainsi sous sa domination tous les pays qui avoient formé le vaste empire de Charlemagne; et il n'en parut que plus foible et plus méprisable. L'Italie n'étoit pas dans une meilleure situation que la France, son roi ne portoit qu'un vain titre. La Germanie, il est vrai, étoit moins malheureuse; les lois n'y étoient pas tombées dans le même mépris qu'en France, et le prince y conservoit encore quelqu'autorité; mais Charles-le-Gros n'étoit pas capable de s'en servir pour se faire respecter des Français, et former un nouvel édifice des ruines de l'ancien. Ce prince, toujours accablé sous le poids des titres qu'il portoit, éprouva le sort qui l'attendoit dans une nation qui ne connoît plus de règle. On lui ôta ses couronnes, et il finit ses jours dans une prison. Je ne parle pas de ses successeurs, à peine méritent-ils que l'histoire conserve leur nom.

On doit être au contraire étonné qu'au milieu des révolutions qui changèrent la face du royaume, les Français aient conservé l'usage du serment de fidélité et de l'hommage dont ils auroient pu s'affranchir. Si on eût secoué le joug de Charles-le-Chauve et de ses successeurs, pour les punir d'avoir abusé tyranniquement de leur pouvoir, la révolution se seroit faite avec un emportement qui eût fait franchir toutes les bornes du devoir. Mais comme on les dépouilloit de leurs prérogatives, parce qu'ils ne savoient pas les conserver; qu'on agissoit par ambition et par avarice, et non par haine, les esprits ne reçurent point de ces secousses violentes, qui, en les échauffant, les portent aux dernières extrémités. Au milieu de toutes les nouveautés que produisoit la licence de tout faire, on se laissoit encore conduire par les idées que l'ancien gouvernement avoit données. On ne refusoit pas de prêter la foi et l'hommage, parce qu'on y étoit accoutumé; mais on violoit ses engagemens sans scrupule, parce qu'on pouvoit le faire impunément.

D'ailleurs, les comtes crurent faire une assez grande fortune, en acquérant tous les droits dont avoient joui les ducs des Bavarois, des Allemands, des Bretons, &c. qui étant chefs de leurs nations, sous la protection des rois de France, ne leur rendoient qu'un simple hommage, et n'étoient obligés qu'à les suivre à la guerre. Il n'étoit pas même de l'intérêt de ces nouveaux souverains de s'affranchir de tout devoir à l'égard du prince. Refuser de reconnoître sa supériorité, c'eut été révolter l'esprit général et dominant de la nation. Les comtes, par cette conduite, auroient donné aux seigneurs qui possédoient des terres dans leur province, l'exemple et le prétexte d'aspirer à la même indépendance; et ils y auroient perdu leur suzeraineté, droit souvent inutile, mais titre brillant, que la vanité estimoit alors beaucoup.

Il y eut, il est vrai, des seigneurs assez puissants ou assez heureux pour ne reconnoître aucune supériorité dans leur comte. Ils refusèrent de lui prêter hommage, et ne relevèrent, ainsi qu'on s'exprima bientôt après, que de Dieu et de leur épée. Leurs terres devinrent des principautés absolument indépendantes, et on les appela des Alleux[79], ou des terres allodiales. Mais en général les seigneurs firent hommage à leur comte; les uns parce qu'ils n'étoient pas assez forts pour oser le lui refuser; les autres parce qu'ils étoient accoutumés par l'ancien gouvernement à le regarder comme le magistrat public dans sa province, et qu'il avoit conservé une sorte de jurisdiction[80] sur leurs terres.

Quand il n'y eut plus d'autre lien entre les parties désunies de l'état que la foi et l'hommage, on manqua d'expressions pour rendre les idées toutes nouvelles que présentoit à l'esprit un gouvernement tout nouveau. On se servit de celles qui étoient les plus propres à se faire entendre. On appela par analogie, du nom de vassal, tout seigneur qui devoit l'hommage: on nomma fief, toute possession en vertu de laquelle on y étoit tenu; et gouvernement féodal, les droits et les devoirs fondés sur la foi donnée et reçue. Ces expressions, qu'on n'avoit autrefois employées qu'à signifier l'espèce de bénéfices établis par Charles Martel, et le gouvernement économique des familles, signifièrent alors le gouvernement politique, et le droit public et général de la nation: s'il est permis de donner ces noms à une constitution monstrueuse, destructive de tout ordre et de toute police, et contraire aux notions les plus communes de la société.

Sans doute que les nouveaux vassaux dont je parle, toujours conduits par l'ancien esprit de la nation, furent d'abord obligés de remplir, à l'égard du seigneur auquel ils rendirent hommage, les mêmes devoirs que les vassaux établis par Charles Martel devoient à leurs bienfaiteurs, et que le suzerain à son tour leur promettoit sa protection. La manière dont Charles-le-Chauve rendit les comtés héréditaires, et le serment que ce prince et les grands se firent réciproquement de s'aider et de se défendre, l'indiquent assez clairement. Mais il est plus certain encore qu'on ne reconnut bientôt cette obligation, qu'autant qu'on fut trop foible pour ne la pas remplir. Tous les droits devoient paroître équivoques et douteux, tous les intérêts étoient opposés, et les passions qui n'étoient retenues par aucun frein, devoient sans cesse exciter de nouvelles querelles. Comme il n'y avoit dans ce chaos d'injustices et d'usurpations, aucune puissance publique et générale, dont les suzerains et les vassaux pussent implorer la protection ou la vengeance, et que les grands vassaux qui relevoient de la couronne étoient assez puissans pour ne pas craindre les arrêts rendus contre eux par la cour du roi, et que peut-être même elle ne tint pas ses assises dans ce temps de foiblesse et de confusion, la force fut le seul droit en vigueur, et le succès le seul titre respecté.

Les guerres continuelles que se firent les seigneurs, depuis le règne de Louis-le-Bègue jusqu'à l'avénement de Hugues Capet au trône, durent empêcher que le gouvernement féodal ne prit une forme constante et uniforme. Des événemens nouveaux, bizarres, imprévus et contraires, changeoient continuellement les coutumes naissantes, et étendoient ou restreignoient les droits des suzerains et les devoirs des vassaux. Aujourd'hui on relevoit d'un seigneur, et demain d'un autre. Quelques comtes en forcèrent d'autres à leur prêter hommage, quoique tous dans leur origine tinssent également leur fief du roi, et dussent par conséquent être vassaux immédiats de la couronne. Quelques seigneurs firent revivre le titre de duc; d'autres, en possédant un duché, préférèrent la qualité de comte. Plusieurs terres possédées en alleu durent consentir à rendre hommage pour se faire un protecteur dans une conjoncture difficile; d'autres, au contraire, tenues en fiefs, parvinrent, par quelques succès, à ne reconnoître aucun seigneur. Enfin, la fortune, toujours capricieuse lorsqu'elle n'est pas domptée par des lois fermes et sages, décida du droit ainsi que des événemens, jusqu'au règne des premiers Capétiens.

Depuis l'établissement des seigneuries, dont les prérogatives étoient si propres à énerver la puissance publique et à donner le goût de l'indépendance et de la tyrannie aux familles qui en étoient en possession, il semble que tout portoit les Français à la monstrueuse anarchie du gouvernement féodal. Il est vraisemblable que, dès la première race, ils en auroient éprouvé les désordres, si la famille des Pepins, en produisant plusieurs grands hommes qui se succédèrent les uns aux autres, n'étoit venue au secours de l'état prêt à se démembrer. Les qualités personnelles de Charles Martel et de son père suppléèrent à ce qui manquoit au gouvernement. Ils surent tenir la nation unie, en se faisant obéir par les seigneurs, qui dès-lors ne travailloient qu'à se cantonner dans leurs terres. Sous les Carlovingiens, les mêmes passions portoient les Français à la même indépendance, mais avec plus de force, parce que la puissance des seigneurs étoit plus grande, et la France ne produisit aucun homme de génie qui pût se mettre à la tête des affaires, protéger les lois, ou du moins en prendre la place, et faire respecter son autorité. Robert-le-Fort acquit de la réputation contre les Normands, mais il n'avoit de talent que pour la guerre. Ses descendans surent se frayer un chemin au trône, c'est-à-dire, profiter des désordres de l'état, mais non pas le gouverner.

CHAPITRE VI.

Démembrement que souffrit l'empire de Charlemagne.—Ruine de sa maison.—Avénement de Hugues-Capet au trône.

LA guerre, allumée entre les trois fils de Louis-le-Débonnaire, avoit été terminée en 845 par un nouveau partage dont ils convinrent. Lothaire avoit été reconnu en qualité d'empereur; et outre le royaume d'Italie et les provinces qui s'étendent depuis les Alpes jusqu'au Rhône et à la Saône, il occupa dans l'Austrasie tout le pays dont son second fils, nommé aussi Lothaire, forma le royaume de Lorraine. Louis-le-Germanique posséda au-delà du Rhin l'ancienne Germanie, et en deçà de ce fleuve, quelques villes avec leur territoire, telles que Spire, Mayence, &c. Charles-le-Chauve n'eut dans son partage que le pays qui avoit autrefois composé le royaume de Neustrie, une partie de la Bourgogne et l'Aquitaine. Tout le monde sait comment les états de la succession de Lothaire[81] et de son frère Louis-le-Germanique furent usurpés par des étrangers sur la maison de Charlemagne, et commencèrent à former des puissances entièrement indépendantes de la France. C'est à l'histoire du royaume de Charles-le-Chauve qu'est désormais bornée celle de la nation française, qui, après avoir fait de si grandes conquêtes, se trouvoit resserrée dans des bornes plus étroites qu'elle ne l'avoit été sous les derniers rois de la première race, et ne retiroit d'autre avantage de ses travaux, que de voir former de ses débris, par la défection des vaincus, des puissances qui étoient devenues ses ennemies.

Tandis que les princes Carlovingiens, qui ne régnoient plus que dans la France proprement dite, tomboient de jour en jour dans le plus grand avilissement, les rois de Germanie, plus dignes de leur place, et qui tiroient encore quelque force du crédit que les lois conservoient chez les Allemands, portèrent leurs armes en Italie, et réprimèrent une foule de petits tyrans qui aspiroient à l'empire, et que l'imbécillité des empereurs Lothaire et Louis II y avoit laissé naître. Ils protégèrent l'église de Rome, et méritèrent que les papes, presque souverains et déjà reconnus par Charles-le-Chauve pour dispensateurs de la dignité impériale, l'unissent pour toujours à la couronne[82] de Germanie. Le préjugé avoit attaché au titre d'empereur un rang supérieur à celui de roi, et Louis-le-Débonnaire avoit fortifié ce préjugé, en voulant que l'empereur eût une sorte de juridiction sur les différens royaumes de sa succession. Si Charles-le-Chauve, de concert avec Louis-le-Germanique, n'eut pas fait la guerre assez heureusement pour forcer l'empereur Lothaire son frère à reconnoître l'indépendance de sa couronne et le traiter comme son[83] égal, la dignité impériale, qui devoit être chez les Français un monument éternel de leur gloire et de leur courage, n'auroit servi qu'à les rendre dépendans de la nation allemande qu'ils avoient vaincue.

Les Français voyoient sans chagrin ces diverses révolutions. Occupés de leurs troubles domestiques et des intérêts particuliers de leurs familles, il leur importoit peu que le roi perdît ou conservât le titre d'empereur, et que des peuples que Charlemagne avoit subjugués, se rendissent indépendans d'une maison dont ils ne vouloient plus eux-mêmes reconnoître l'autorité. Quand Arnoul fut couronné empereur et roi de Germanie, à la place de Charles-le-Gros qu'il avoit fait déposer, Eudes, fils de Robert-le-Fort, s'empara sans opposition de la couronne de France, qui appartenoit à Charles-le-Simple comme au seul mâle de la maison Carlovingienne. Ce prince ne recouvra une partie du bien de ses pères que pour éprouver des disgraces. Peu s'en fallut qu'au lieu d'être en état de réclamer les lois de la succession, et de faire valoir ses droits sur la Germanie, l'Empire et l'Italie, il ne se vît encore enlever la couronne de France par Robert, frère du roi Eudes. Ayant été assez heureux pour rassembler quelques forces et battre cet ennemi, qui fut tué dans la déroute de ses troupes, il ne tira aucun avantage de cette victoire. Ce prince n'échappoit à un écueil que pour échouer contre un autre. Héribert, comte de Vermandois, le retint prisonnier dans le château de Péronne pendant les sept dernières années de sa vie; et Raoul, duc de Bourgogne, profita de cette espèce de vacance du trône pour se faire couronner roi de France; ce titre ne lui donna aucune autorité nouvelle, et son règne dura quatorze ans.

Hugues-le-Blanc pouvoit suivre l'exemple d'usurpation qu'Eudes et Raoul lui avoient donné; mais, soit que son ambition fût satisfaite d'être un des plus grands seigneurs du royaume, soit qu'il crût que la royauté dépouillée de toutes ses prérogatives, en le rendant suspect à la plupart des grands vassaux, ne lui donneroit que des prétentions qu'il seroit dangereux de vouloir faire revivre, il plaça sur le trône Louis IV, surnommé d'Outremer. Il le protégea, lui fit la guerre, le tint renfermé dans un château, ou lui donna la liberté, selon qu'il importoit à ses intérêts. Lothaire ne fut aussi couronné que de son consentement. Mais, quoique Hugues fût le maître absolu du prince, parce qu'il avoit des forces beaucoup plus considérables que lui, et que leurs domaines se touchoient, il faut bien se garder d'en conclure avec quelques historiens, qui n'ont pas remarqué les révolutions arrivées dans l'état, et la forme bizarre que le gouvernement avoit prise, qu'il pût disposer de la nation comme les Pepins et Charles Martel en avoient autrefois disposé. Ceux-ci étoient maires du palais; et quoique leur autorité fût odieuse, elle étoit reconnue dans toute l'étendue et par tous les ordres du royaume. Hugues-le-Blanc n'étoit que duc de France; et cette qualité ne lui donnoit que, dans la province de ce nom, le même pouvoir que les autres grands vassaux avoient dans les provinces qui leur étoient tombées en partage.

Louis V, surnommé le Fainéant, ne régna qu'un an; et Hugues-Capet s'empara du trône au préjudice de Charles, duc de Lorraine, seul prince de la maison de Charlemagne, second fils de Louis d'Outremer, et oncle de Louis

V. Quelques historiens ont dit que Charles fut rejeté par sa nation, à laquelle il s'étoit rendu odieux, en se dégradant au point de se rendre vassal de l'empereur. Si cela est ainsi, il faut convenir que les Français furent, dans le moment de la révolution, bien différens de ce qu'ils avoient été jusqu'alors, et de ce qu'ils furent encore un moment après. S'ils étoient si jaloux de la gloire de leur prince; s'ils croyoient que la plus légère tache le rendît indigne de régner sur eux, pourquoi avoient-ils donc fait eux-mêmes, aux derniers Carlovingiens, les affronts les plus humilians? Pourquoi souffroient-ils qu'on les retînt dans les prisons? Pourquoi les avoient-ils réduits à une telle misère, que les fils puînés de ces rois sans domaine, n'ayant pas même à espérer un château de la succession de leur père, étoient obligés d'aller chercher fortune hors du royaume? et c'en étoit une sans doute très-considérable pour le second fils de Louis d'Outremer, que d'être fait duc de Lorraine par l'empereur.

Mais les Français étoient bien éloignés de penser que l'hommage et la vassalité avilissent un prince. Ils avoient vu les rois de Provence et de Bourgogne se déclarer vassaux de l'Empire, sans perdre l'éclat de leur dignité. Jamais on n'imaginera que les ducs de Normandie, de France, d'Aquitaine, de Bourgogne, les comtes de Flandre, de Toulouse, de Troyes, de Vermandois, &c. regardassent l'hommage comme une bassesse, et l'eussent cependant prêté à des rois aussi puissans que Charles-le-Simple, Louis d'Outremer, Lothaire et Louis-le-Fainéant. Si Charles est jugé incapable de porter la couronne, parce qu'il relève de l'Empire pour la Lorraine, pourquoi donc Hugues-Capet, après avoir été fait roi, et ses fils, rendent-ils les devoirs du vasselage[84] à différens seigneurs de leur royaume, pour les fiefs particuliers qu'ils possédoient dans l'étendue de leurs terres? C'est une étrange absurdité qu'on assujettisse ces rois à un hommage qui avoit rendu le duc de Lorraine inhabile à monter sur le trône de ses pères.

Ne cherchons point à nous tromper; ce ne furent, ni les lois, qui ne subsistoient plus, ni la nation divisée, qui décidèrent entre Charles et Hugues-Capet; la force seule fit le droit de celui-ci. Il étoit, par ses possessions[85] et ses alliances, le plus puissant du royaume, et Charles n'y possédoit rien. La loi de la succession déjà violée en Allemagne, en Italie, dans la moitié des Gaules et en France même, devoit donc se taire devant Hugues-Capet. Il étoit à la tête d'un parti puissant, et chef d'une famille qui depuis long-temps avoit formé son plan d'élévation; son rival descendoit, il est vrai, de Charlemagne, mais Charlemagne étoit oublié, et on n'avoit sous les yeux que les derniers princes qui avoient déshonoré sa maison.

La nation française ne déféra pas la couronne à Hugues-Capet, comme elle l'avoit donnée à Pepin. Les historiens contemporains ne disent point qu'il se tint à ce sujet une assemblée[86] générale des grands; et quand ils le diroient, il ne faudroit pas le croire. Ces assemblées étoient déjà fort rares sous le fils de

Louis-le-Débonnaire. Qui ne voit pas qu'elles étoient impraticables depuis que les comtes s'étoient rendus souverains dans leurs gouvernemens, et les seigneurs dans leurs terres? L'anarchie où le royaume étoit plongé, prouve évidemment que toute puissance publique y étoit détruite. Par quel prodige se seroit-il formé presqu'autant de coutumes différentes qu'il y avoit de seigneuries, si la nation eut toujours tenu ses assemblées? Comment toutes les lois auroient-elles été oubliées? Pourquoi le gouvernement féodal auroit-il été si long-temps à prendre une forme constante?

D'ailleurs, je demande en vertu de quel titre Hugues-Capet, simple vassal de la couronne, auroit convoqué les états, et ordonné à ses pairs, les vassaux immédiats du roi, de s'y rendre? Mais ce qui tranche toutes les difficultés, c'est que l'intervalle de la mort de Louis V, au couronnement de Hugues-Capet, fut trop court pour assembler les grands du royaume. Hugues se contenta d'appeler auprès de lui ses parens, ses amis et ses vassaux; il en composa, si l'on veut, une espèce d'assemblée, telle que celles qui avoient élevé Eudes et Raoul sur le trône, se fit reconnoître pour roi par ses partisans, et se mit en état de défendre sa dignité contre les seigneurs qui épouseroient les intérêts du dernier Carlovingien.

La prérogative royale étoit si peu de chose, et les grands tellement indépendans du prince, ainsi qu'on le verra bientôt quand je parlerai des droits et des devoirs respectifs des suzerains et des vassaux, que l'élévation de Hugues-Capet et les droits de son compétiteur ne pouvoient pas former une question bien importante, lorsqu'elle fut agitée. Il paroissoit presqu'indifférent aux seigneurs français d'avoir un roi ou de n'en point avoir. Ceux qui servirent Charles par générosité crurent bientôt en avoir trop fait en sa faveur. Ceux qui ne lui étoient attachés que pour nuire à Hugues-Capet, se laissèrent gagner par des bienfaits ou des promesses; et Charles, abandonné de ses partisans, ne laissa aucun héritier de ses droits.

L'extinction de la maison de Charlemagne devint un événement de la plus grande importance. Il étoit heureux pour les royaumes qui s'étoient formés des débris de la puissance française, que la postérité de Charles-le-Chauve ne subsistât plus. Les anciennes lois de la succession pouvoient servir de prétexte à des mécontens ou à des ambitieux, pour augmenter les troubles, les désordres, les calamités dont l'anarchie féodale menaçoit tous les peuples de la chrétienté.

Quelque irrégulière que fût la manière dont Hugues-Capet étoit monté sur le trône, il devint un roi légitime, parce que les grands du royaume, en traitant enfin avec lui, reconnurent sa dignité, et consentirent à lui prêter hommage et remplir à son égard les devoirs de la vassalité. Ce fut un vrai contrat entre le prince et ses vassaux. L'intention présumée de ceux-ci, en se soumettant à reconnoître un seigneur au-dessus d'eux, n'étoit pas sans doute de se faire un ennemi qui eût le droit de les dépouiller de leurs priviléges; et Hugues-Capet fut censé consentir à la conservation des coutumes féodales, que des exemples réitérés et le temps commençoient à consacrer. Mais je prie de le remarquer; ce contrat étoit subordonné à un devoir primitif, et dont rien ne peut exempter les hommes. Ce devoir consiste à faire tous ses efforts pour délivrer sa patrie de ses vices, et y faire régner l'ordre, la paix et la sûreté: falloit-il donc respecter l'absurde et tyrannique gouvernement des fiefs?

Fin du livre second.

LIVRE TROISIÈME.

CHAPITRE PREMIER.

De la situation du peuple à l'avénement de Hugues-Capet au trône.—Droits privilégiés, état de la noblesse qui ne possédoit pas des terres en fief.

QUOIQU'A l'avénement de Hugues-Capet au trône on distinguât l'homme libre du serf, cette distinction ne laissoit presque aucune différence réelle entre eux. La souveraineté que les seigneurs avoient usurpée dans leurs terres, ouvrage de l'avarice et de la vanité, étoit devenue la tyrannie la plus insupportable. Pouvoit-elle avoir eu des bornes sous les derniers Carlovingiens, puisque dans un temps bien postérieur, où il sembloit qu'on commençât à sentir la nécessité d'une police plus régulière et à penser avec plus d'humanité, les seigneurs s'opiniâtroient à croire encore que tout leur avoit toujours appartenu, et que le roturier, ne possédant ses habitations que d'une manière précaire, les tenoit de leur libéralité? Étrange ignorance des devoirs que la nature nous prescrit! Ils ne comprenoient pas que leurs droits pussent être limités[87], ni que ce fût un vol, ou du moins une injustice, d'exiger des redevances qui n'étoient pas établies par la coutume ou par des chartes.

Chaque terre fut une véritable prison pour ses habitants. Ici ces prétendus hommes libres ne pouvoient disposer de leurs biens, ni par testament, ni par actes entre-vifs, et leur seigneur étoit leur héritier, au défaut d'enfans domiciliés dans son fief. Là, il ne leur étoit permis de disposer que d'une partie médiocre de leurs immeubles ou de leur mobilier. Ailleurs, ils ne pouvoient se marier qu'après en avoir acheté la permission. Chargés par-tout de corvées fatigantes, de devoirs humilians et de contributions ruineuses, ils avoient continuellement à craindre quelque amende, quelque taxe arbitraire, ou la confiscation entière de leurs biens. La qualité d'homme libre étoit devenue à charge à une foule de citoyens. Les uns vendirent par désespoir leur liberté à des maîtres qui furent du moins intéressés à les faire[88] subsister, et d'autres qui s'étoient soumis pour eux et pour leur postérité à des devoirs serviles envers une église ou un monastère, consentirent sans peine que leur dévotion devînt un titre de leur esclavage.

Cette tyrannie des seigneurs avoit commencé, comme on l'a vu, dans les campagnes, et elle en chassa les plus riches habitants, qui se réfugièrent dans les villes, où ils se flattoient de vivre sous la protection des lois; mais les maux qu'ils fuyoient les y poursuivirent, quand les comtes eurent changé leurs gouvernemens héréditaires en des principautés souveraines. Ces nouveaux seigneurs exercèrent à leur tour sur les bourgeois[89] la même autorité que les autres seigneurs avoient acquise sur les villains de leurs terres. Les péages, les droits d'entrée, d'escorte et de marche se multiplièrent à l'infini. Les villes furent sujettes, comme les campagnes, à une taille arbitraire, et obligées de défrayer leur seigneur et ses gens quand il y venoit. Vivres, meubles, chevaux, voitures, tout étoit alors enlevé, et on auroit dit que les maisons des bourgeois étoient au pillage.

Il ne faut que parcourir les chartes par lesquelles les seigneurs vendirent dans la suite à leurs villes le droit de commune, pour se faire un tableau de la situation déplorable des bourgeois. Les priviléges qu'on leur accorde supposent les vexations les plus atroces. C'est par grâce qu'on permet à ces malheureux de s'accommoder, après avoir commencé un procès juridiquement, tant on étoit éloigné de penser que la magistrature fût établie pour l'utilité du peuple, et non pour l'avantage du magistrat! Ils étoient réduits à demander, comme une faveur, qu'il fût permis à leurs enfans d'apprendre à lire et à écrire, et de n'être obligés de vendre à leur seigneur que les denrées ou les effets qu'ils auroient mis en vente. Toute industrie étoit étouffée entre des hommes qu'on vouloit rendre stupides. Les bourgeois n'osoient faire aucun commerce, parce que les seigneurs s'étoient arrogé le droit d'interdire dans leurs terres toute espèce de vente ou d'achat entre les particuliers, lorsqu'ils vouloient vendre eux-mêmes les denrées de leur cru ou celles qu'ils avoient achetées. Ces monopoles étoient tellement accrédités, que le peuple prit pour un acte de générosité, l'injustice moins criante par laquelle les seigneurs se réservoient dans chaque année un temps fixe pour le débit des fruits de leurs terres, en stipulant toutefois qu'ils les vendroient plus cher que de coutume, et que les bourgeois n'exposeroient alors en vente que des denrées altérées et corrompues.

On devine aisément qu'elle espèce de crédit demandoit le comte de Poix dans la charte qu'il accorde à ses sujets, lorsqu'il exige qu'il lui fût permis d'acheter une fois en sa vie, à chaque marchand, sans payer ni donner aucun gage, quelqu'effet qui n'excèderoit pas la valeur de cinq sous. Autoriser le vol, le déni de payement, la banqueroute par un traité, suppose d'étranges mœurs. Il seroit trop long de rapporter seulement les noms des divers droits que les seigneurs avoient établis à leur avantage, même sans aucun prétexte de bien public. Cette tyrannie épidémique, si je puis parler ainsi, passa jusqu'à leurs valets. Les marmitons de l'archevêque de Vienne avoient établi un impôt sur les mariages; et ses domestiques, prenant sous leur protection des voleurs et des bandits, dont ils partageoient, sans doute, le butin, s'étoient fait une seigneurie en sous-ordre, et plus odieuse encore que celle de leur maître.

La seule différence essentielle qu'il y eût entre les hommes libres et les serfs, dont la France étoit presqu'entièrement peuplée, c'est que ceux-ci ne pouvoient s'affranchir que par la pure faveur de leur maître, tandis que la coutume laissoit aux autres quelques moyens de se soustraire au joug de leur seigneur. Les hommes libres n'avoient besoin que du consentement de leur évêque, pour être admis à la cléricature, qui, par une de ces contradictions ridicules auxquelles il faut s'accoutumer, quand on étudie l'histoire de France, exemptoit de toute charge[90] le patrimoine d'un clerc, quoiqu'on ne se fît aucun scrupule de piller et de soumettre à des redevances, les terres de l'église, qu'on regardoit comme le patrimoine de Dieu même. Les serfs n'avoient pas le même avantage; s'ils étoient admis par surprise au nombre des clercs, l'église, en les dégradant, étoit obligée de les rendre[91] au maître qui les réclamoit avant qu'ils eussent reçu des ordres sacrés.

Leurs enfans naissoient esclaves comme eux; et ces malheureux communiquoient en quelque sorte leur disgrace à tout ce qui les approchoit. Si un gentilhomme eût eu la bassesse de se marier à une serve, ses enfans auroient été réduits à la condition[92] humiliante de leur mère. Les alliances contractées avec une famille libre, ne portoient, au contraire, aucune tache dans la maison d'un gentilhomme; et ses fils, malgré la roture de leur mère, pouvoient être honorés de la qualité de chevalier. Les hommes libres jouissoient même du privilége de s'anoblir eux et leur postérité, soit en épousant la fille d'un gentilhomme, soit en acquérant quelque fief. Dès lors, ils n'étoient plus soumis à cette foule de devoirs, de corvées et de charges qui rendoient le peuple malheureux. Il est même vraisemblable que la noblesse de leur personne passoit jusqu'aux domaines qu'ils possédoient en roture.

Aucun monument, il est vrai, ne nous fait connoître les prérogatives particulières dont la simple noblesse jouissoit à l'avénement de Hugues-Capet au trône. Mais il est certain que sous les derniers princes de la maison de Charlemagne, il y avoit un grand nombre de familles autrement anoblies par leurs alliances ou la possession de quelque seigneurie, et qui, par une suite des événemens qui changèrent les fortunes domestiques, comme la fortune de l'état, ne possédoient que des biens roturiers. Elles continuèrent pendant le cours de la révolution qui donna naissance au gouvernement féodal, à être distinguées des familles d'un ordre inférieur; et cette distinction, dont on ne peut douter, suppose nécessairement la jouissance de quelque privilége particulier qui passoit du père aux enfans. Sans ce signe distinctif, comment tous les citoyens qui ne possédoient pas quelque fief, n'auroient-ils point enfin, été confondus dans une même classe?

Peut-être que cette noblesse se trouva assez nombreuse pour forcer les seigneurs à la ménager. Sans doute, qu'elle les servit dans les guerres privées qui revinrent en usage dans la décadence du gouvernement, et mérita par là leur reconnoissance et leur protection; pourquoi donc n'auroit-elle pas toujours joui dans ses patrimoines roturiers, des mêmes franchises que la cléricature attachoit à ceux des clercs? Tout paroît l'indiquer, mais il me semble du moins qu'on ne peut s'empêcher de convenir que sous le règne de Hugues-Capet, les simples gentilshommes n'eussent déjà les mêmes immunités, dont on les voit en possession dans un temps bien postérieur. Bien loin qu'ils aient pu alors acquérir quelques nouveaux priviléges, ils en durent perdre plusieurs. On voit que les seigneurs, de jour en jour, plus jaloux d'étendre leurs droits et leur autorité, s'appliquèrent à dégrader la dignité même des petits fiefs qui relevoient d'eux. Tandis qu'ils ne craignoient point d'offenser leurs vassaux, que, sans égard pour les plaintes et les menaces des évêques, ils faisoient, sans cesse, de nouvelles entreprises sur les possessions que les ecclésiastiques tenoient de leurs pères, seroit-il vraisemblable qu'ils eussent respecté la fortune d'une noblesse peu puissante, et qui n'avoit aucun protecteur?

Quoiqu'il en soit des immunités des simples gentilshommes, à l'avénement de Hugues-Capet au trône, ils n'étoient sujets, quand S. Louis écrivoit ses établissemens, à aucune imposition, en vendant leurs denrées[93], ni en achetant les choses nécessaires à leur usage particulier. Les terres que les gentilshommes faisoient valoir par eux-mêmes, ne payoient pas la taille; et dans les affaires personnelles, ils obéissoient à une jurisprudence, toute différente de celle à laquelle les roturiers étoient soumis. C'est l'espérance de pouvoir jouir un jour de tous ces avantages, qui empêchoit les hommes libres de succomber sous le poids de leur malheur; tandis que les serfs, ne voyant de toute part que leur servitude, ne pouvoient s'affranchir du joug d'un maître, que pour passer sous celui d'un seigneur.

CHAPITRE II.

Situation des seigneurs, à l'avénement de Hugues-Capet au trône.—Des causes qui contribuèrent à établir une sorte de règle et de droit public.

TOUS ces droits barbares des seigneurs, sur leurs sujets, furent bientôt réglés: c'étoit la force qui imposoit la loi à la foiblesse. Mais à l'égard des devoirs et des droits respectifs des seigneurs les plus puissans, liés entre eux, par l'hommage et le serment de fidélité, ce n'étoient encore, lorsque Hugues-Capet monta sur le trône, que des prétentions incertaines et toujours contestées. Les coutumes[94] dont nous trouvons le détail dans les établissemens de S. Louis, et les écrits de Pierre de Fontaine et de Beaumanoir, n'existoient pas encore. C'est le propre des coutumes de ne s'établir qu'avec lenteur, le temps seul peut leur donner une certaine force; et de l'anarchie des derniers rois Carlovingiens, à la forme de gouvernement connue sous S. Louis, le passage suppose nécessairement une longue suite de révolutions et les règnes de plusieurs princes actifs, courageux et entreprenans.

Quand il seroit resté quelque espèce de règle et de subordination dans l'état, l'usurpation de Hugues-Capet, les guerres qu'il soutint contre quelques vassaux de la couronne, et les complaisances auxquelles il fut forcé de se prêter, pour se rendre agréable, l'auroient fait entièrement disparoître. Il faudroit, en effet, avoir bien peu de connoissance des temps malheureux dont je parle, et des passions par lesquelles les hommes seront éternellement gouvernés, pour croire que les ducs de Normandie, d'Aquitaine, de Bourgogne, les comtes de Toulouse, de Flandre, de Vermandois, de Troyes, &c. qui avoient vu Hugues-Capet, simple duc de France, et leur égal, consentissent, par amour seul de l'ordre et de la paix, à lui rendre les devoirs que Charles-le-Chauve exigeoit inutilement de ses vassaux, sur la fin de son règne, et que ses successeurs n'auroient pas osé demander.

Les seigneurs du second ordre, j'entends les barons qui relevoient immédiatement d'un suzerain, dont la seigneurie s'étendoit sur toute une province, affectèrent également une entière indépendance. Toute notre histoire est pleine de faits qui prouvent que les petits-fils de Hugues-Capet ne pouvoient point encore accoutumer les seigneurs du duché de France, à remplir les devoirs de la vassalité, et la même anarchie règnoit dans les autres provinces du royaume. La souveraineté que les barons exerçoient sur leurs sujets, leur avoit inspiré une ambition dangereuse. Mettant à profit la foiblesse où se trouvoient leurs suzerains divisés par des haines, des rivalités et des guerres continuelles, ils étoient parvenus à s'en faire craindre, et ne regardoient l'hommage que comme une vaine cérémonie qui n'emportoit avec soi aucune obligation réelle de service et d'obéissance.

Si on retrouvoit quelque trace de la subordination des fiefs et des devoirs réciproques que se devoient les suzerains et leurs vassaux, et que suppose le serment que Charles-le-Chauve et les seigneurs les plus puissans du royaume se firent mutuellement, ce n'étoit plus qu'entre les seigneurs d'une classe inférieure aux barons; ils se souvenoient pour la plupart que leurs terres leur avoient été données en bénéfices; leurs possessions étoient peu considérables, et n'ayant que de moindres espérances ou de moindres prétentions, ils souffroient davantage des désordres de l'anarchie, et n'avoient pas le même intérêt de ne reconnoître d'autres lois que leurs caprices.

Quoique ces seigneurs eussent, comme les barons mêmes, dont ils relevoient, le droit de guerre, le pouvoir de faire des lois, ou plutôt de publier des ordres dans l'étendue de leurs fiefs, et qu'ils exerçassent sur leurs sujets un empire également despotique, ils ne jouissoient pas cependant dans toute sa plénitude, de la puissance qui constitue véritablement la souveraineté. Leurs justices, par exemple, étoient souveraines, c'est-à-dire, jugeoient en dernier ressort et sans[95] appel, toutes les affaires qui y étoient portées; mais elles n'avoient quelquefois qu'une compétence bornée. Ces seigneurs d'un ordre inférieur, n'étoient juges dans leurs terres, que des délits ordinaires; tandis que le baron, dont ils relevoient, y avoit la haute-justice, et connoissoit de tous les crimes qui, à l'exception du vol, étoient punis de mort. Il est encore certain que dans le cours des dernières révolutions, les barons ne permirent pas à leurs vassaux de faire les mêmes usurpations qu'ils faisoient eux-mêmes. Abusant, au contraire, de leurs forces et du crédit que leur avoit donné l'ancien gouvernement, pour se saisir d'une partie de la souveraineté, dans les seigneuries qui relevoient d'eux, ils s'arrogèrent le droit d'y régler les poids et les mesures publiques, empêchèrent leurs vassaux d'avoir une monnoie particulière, et les contraignirent à ne se servir que des espèces fabriquées dans le chef-lieu de la baronnie.

Les mêmes causes qui avoient empêché la plupart de ces seigneurs, d'affecter une entière indépendance, les portèrent à se soumettre à l'homme-lige; c'est-à-dire, qu'ils se crurent tenus à défendre les possessions de leur suzerain, et à le suivre à la guerre, quand il les convoquoit. D'ailleurs, ils n'avoient souvent qu'un château; et craignant d'y être forcés après un premier échec, le droit de guerre leur paroissoit plus nuisible qu'avantageux. Dans cet état de foiblesse, il leur importoit que toutes les querelles ne se vidassent pas les armes à la main. Ainsi, bien loin de profiter des désordres de l'anarchie, pour ne plus reconnoître dans leur suzerain, cette juridiction déjà en usage[96] sous le règne de Charlemagne et qui rendoit chaque seigneur, juge de ses bénéficiers, ils la regardèrent comme le rempart de leur fortune.

C'est chez ces seigneurs d'une classe inférieure et à demi souverains, que se conserva la tradition des devoirs auxquels les bénéfices établis par Charles Martel avoient autrefois assujetti les vassaux; et c'est l'élévation de Hugues-

Capet au trône qui contribua à l'étendre et lui donner une plus grande autorité. En qualité de duc de France, de comte de Paris et d'Orléans, ce prince avoit de riches domaines, et ses forces étoient égales à celles des principaux vassaux de la couronne. Il fallut avoir pour ses fils des égards qu'on n'avoit point eus pour les derniers princes de la maison de Charlemagne. La foiblesse et la pauvreté des Carlovingiens avoient ouvert la porte à l'anarchie: la force et les richesses des Capétiens devoient en tempérer les désordres. A mesure qu'on espéroit moins d'avantages de son indépendance, on devoit en être moins jaloux. Les intérêts des principaux seigneurs et leurs passions changèrent donc avec la situation de la monarchie. Les désastres de leurs guerres, souvent aussi funestes au vainqueur qu'au vaincu, domptèrent leur vanité, et les préparèrent à la paix; quand ils sentirent enfin, malgré eux, la nécessité d'avoir une police, ils en trouvèrent le modèle dans les fiefs des dernières classes.

Nous voyons, en effet, par le traité que Henri I, roi d'Angleterre et duc de Normandie, conclut le 10 mars 1101, avec Robert, comte de Flandre, que les grands vassaux, déjà plus dociles sous Philippe I, que sous Louis d'Outremer, Lothaire et Louis-le-Fainéant, se croyoient obligés de suivre le roi à la guerre, sous peine de perdre leur[97] fief. Il y avoit même des formalités de justice avouées et reconnues entre Philippe I et ses vassaux; et cette cour suprême, où les rois jugeoient autrefois les grands de l'état, étoit déjà sortie du néant où la foiblesse des derniers Carlovingiens l'avoient laissée tomber. Il étoit naturel que les premiers Capétiens offrissent leur médiation à leurs vassaux, quelquefois fatigués de la guerre, ou qui n'étoient pas en état de la faire; et que dans des circonstances fâcheuses, ils soumissent eux-mêmes leurs propres querelles, à leur arbitrage; et c'est vraisemblablement par cette conduite, que le prince reprit sa qualité de juge, et que des vassaux qui avoient des forces égales aux siennes, s'accoutumèrent à reconnoître l'autorité d'une cour féodale et de ses jugemens. Dès que les vassaux les plus puissans consentirent à remplir de certains devoirs, et à se soumettre au tribunal du roi, leurs barons qui, à leur exemple, avoient affecté une entière indépendance, mais plutôt par point d'honneur, que par ambition, furent aussi, à leur exemple, moins indociles et moins révoltés, contre la subordination de la vassalité.

Plusieurs autres causes contribuèrent en même temps, à fixer la nature du service des fiefs et des devoirs respectifs des suzerains et des vassaux. Leurs guerres étoient terminées par des traités; et quoique ces traités fussent peu respectés, ils ne laissoient pas d'être regardés comme autant de titres, du moins par la partie à laquelle ils étoient avantageux. On y régloit des prétentions incertaines, et les articles, dont deux seigneurs étoient convenus, servirent de modèle à plusieurs autres; les mêmes maximes s'étendoient; et en s'étendant, elles acquéroient de l'autorité.

Les seigneurs, continuellement en guerre les uns contre les autres, ne tiroient presqu'aucun secours de leurs sujets, trop maltraités pour être bons soldats; et ne pouvant exiger un service utile que de leurs vassaux, ils se virent obligés de multiplier ces derniers, ou pour acquérir des défenseurs à leurs terres, ou pour s'agrandir aux dépens de leurs voisins. Ils démembrèrent donc quelques parties de leurs domaines, qu'ils conférèrent en fief. Soit que les dangers se multipliassent de jour en jour, soit qu'on ne jugeât de la dignité d'une terre que par le nombre des fiefs qui en relevoient, la politique, la vanité et la mode ne mirent alors aucune borne à la libéralité des seigneurs. Au défaut de terres, on donna en fief, dit un savant écrivain, «la gruerie des forêts, le droit d'y chasser, une part dans le péage ou le roage d'un lieu, le conduit ou escorte des marchands venant aux foires, la justice dans le palais du prince ou haut-seigneur, les places de change, dans celles des villes où il faisoit battre monnoie, les maisons et les loges des foires, les maisons où étoient les étuves publiques, les fours banaux des villes, enfin, jusqu'aux essaims des abeilles qui pouvoient être trouvés dans les forêts. Quelques seigneurs, *ajoute ailleurs M. Brussel*, s'avisèrent d'ériger en fief, l'affranchissement de certaines coutumes et la cession de quelque droit; c'est-à-dire, qu'ils cédoient à quelqu'un le droit de lever à son profit, l'impôt qu'ils s'étoient attribué.» Les seigneurs convertirent en fiefs les charges de leur maison, établissement analogue aux anciennes idées de vasselage qu'avoient fait naître les bénéfices de Charles Martel. En armant un gentilhomme chevalier, ils en firent leur homme; ils achetèrent même des vassaux, en donnant une certaine somme d'argent, ou en payant une pension annuelle. C'est ainsi, pour n'en citer qu'un exemple, qu'Henri I, roi d'Angleterre, donnoit en fief à Robert, comte de Flandre, une pension de quatre cents marcs d'argent.

Ces nouveaux fiefs étant créés par des contrats, des chartes ou des traités, les devoirs n'en pouvoient jamais être équivoques; et le vassal étoit d'autant plus exact à les remplir, qu'il étoit très-facile à son seigneur de le punir de sa félonie. Il n'étoit pas nécessaire de recourir aux formalités d'un jugement, d'assembler ses vassaux, ni de s'exposer aux événemens toujours incertains de la guerre; il ne falloit que ne pas payer le terme échu d'une pension. Un four banal, des étuves et des loges de marchands n'étoient pas des châteaux forts où un vassal rebelle pût se défendre avec avantage.

L'inconsidération éternelle des Français, jointe à l'ignorance la plus profonde de leurs antiquités, leur persuada que ce qui se passoit sous leurs yeux, étoit autant de coutumes qu'ils avoient reçues de leurs premiers ancêtres. Pensant que tous les fiefs avoient la même origine, ils crurent qu'ils étoient tous tenus par reconnoissance aux mêmes devoirs. Cette erreur apprivoisa les esprits, que le droit de guerre rendoit farouches. On se crut lié à son suzerain, par le bienfait qu'on en avoit reçu. On s'accoutuma peu à peu à la subordination féodale, on en convint du moins, quand on n'eut aucun intérêt présent de la contester; et à l'avénement de Louis-le-Gros à la couronne, les devoirs auxquels les nouveaux fiefs furent assujettis, étoient déjà devenus une loi, ou, pour m'exprimer plus exactement, une coutume générale du gouvernement féodal; et elle n'étoit désavouée par aucun seigneur.

REMARQUES ET PREUVES
DES
Observations sur l'histoire de France.

LIVRE PREMIER.

CHAPITRE PREMIER.

[6] REGES *ex nobilitate, duces ex virtute sumunt. Nec regibus infinita aut libera potestas; et duces exemplo potiùs quàm imperio, si prompti, si conspicui, si ante aciem agant, admiratione præsunt. Cæterùm neque animadvertere, neque vincire, neque verberare quidem, nisi sacerdotibus permissum; non quasi in pœnam nec ducis jussu, sed velut Deo imperante, quem adesse bellantibus credunt.* (De Mor. Ger. C. 7.) *De minoribus rebus principes consultant, de majoribus omnes; ità tamen ut ea quoque quorum penès plebem arbitrium est, apud principes pertractentur... Mox rex vel principes, prout ætas cuique, prout nobilitas, prout decus bellorum, prout facundia est, audiuntur, autoritate suadendi magis, quàm jubendi potestate. Si displicuit sententia, fremitu aspernantur: sin placuit, frameas concutiunt.* (Ib. c. II.)

Nos monumens les plus anciens et les plus respectables disent la même chose. *Dictaverunt Salicam Legem Proceres ipsius gentis, qui tunc temporis apud eam erant rectores. Sunt autem electi de pluribus viris quatuor.... Qui per tres Mallos convenientes, omnes causarum origines sollicitò discurrendo, tractantes de singulis judicium decreverunt hoc modo.* (Præf. Leg. Sal.) *Hoc decretum est apud regem et principes ejus et apud cunctum populum christianum qui infrà regnum Merwengorum consistunt.* Præf. Leg. Sal. *Placuit atque convenit inter Francos et eorum Proceres, ut propter servandum inter se pacis studium, omnia incrementa veterum rixarum resecare deberent.* Præf. Leg. Sal. *Cum in Dei nomine nos omnes calendas Martias de quacumque conditione unà cum nostris optimatibus pertractavimus.* Decret. *Childeberti circà annum 595*, (Art. 1.) *Pari conditione convenit calendas Martias omnibus nobis adunatis.* (Ibid. art. 5.) Les rois Mérovingiens ne donnoient aucun ordre particulier, aucun diplome, sans employer les formules suivantes: *Unà cum nostris optimatibus: fidelibus pertractavimus. De consensu fidelium nostrorum. In nostrâ et Procerum nostrorum præsentiâ.* Voyez les ordonnances de ces princes, recueillies par M. Baluze, ou par dom Bouquet.

[7] *Eo tempore multæ Ecclesiæ à Chlodovechi exercitu deprædatæ sunt, quia erat ille adhuc fanaticis erroribus involutus. Igitur de quâdam ecclesiâ urceum miræ magnitudinis ac pulchritudinis hostes abstulerant, cum reliquis ecclesiastici ministerii ornamentis. Episcopus autem ecclesiæ illius missos ad regem dirigit, poscens, ut si aliud de sacris vasis recipere non mereretur, saltem vel urceum ecclesiæ suæ reciperet. Hæc audiens Rex, ait Nuncio: sequere nos usque Suessiones, quia ibi cuncta quæ acquisita sunt, dividenda erunt, cumque mihi vas istud sors dederit, quæ papa poscit, adimpleam. Dehinc adveniens Suessiones, cuncto onere prædæ in medium posito, ait rex: Rogo vos, fortissimi Præliatores, ut saltem mihi vas istud, hoc enim de urceo suprâ memorato dicebat, extrà partem concedere non abnuatis. Hæc rege dicente, illi quorum erat mens sanior, aiunt: omnia, gloriose rex, quæ cernimus tua sint; sed ac nos ipsi tuo sumus dominio subjugati, nunc quod tibi benè placitum videtur, facito; nullus enim potestati tuæ resistere valet. Cùm illi hæc ità dixissent, unus levis,*

invidus ac facilis, cum magnâ voce, elevatam bipennem urceo impulit, dicens: nihil hic accipies, nisi quæ sors vera largitur. Ad hæc, obstupefactis omnibus, rex injuriam suam patientiæ lenitate coercuit, acceptumque urceum nuncio ecclesiastico reddidit, servans abditum sub pectore vulnus; transacto vero anno, jussit omnem cum armorum apparatu advenire Phalangem, ostensuram in campo Martis suorum armorum nitorem. Verùm ubi cunctos circuire deliberat, venit ad urcei percussorem, cui ait: nullus tam inculta, ut tu, arma detulit, nam neque tibi hasta, neque gladius, neque securis est utilis; et adprehensam securim in terram dejecit. At ille cum paululùm inclinatus fuisset ad colligendam eam, rex, elevatis manibus, securim suam capiti ejus defixit. Sic, inquit, tu apud Suessiones in urceo illo fecisti. (Greg. Tur. l. 2. C. 27.)

A travers la narration peu sensée de Grégoire de Tours, il est facile de saisir l'esprit du fait qu'il rapporte. Il est évident que Clovis n'avoit que sa part du butin, et que le sort en décidoit. Que signifient les paroles ridicules que l'historien met dans la bouche de ce prince? *Sequere nos usque Suessiones; quia ibi cuncta quæ acquisita sunt, dividenda erunt. Cumque mihi vas istud sors dederit, quæ papa poscit, adimpleam.* Il n'y a qu'un escamoteur qui puisse ainsi répondre de la fortune. Le compliment de l'armée, tel que Grégoire de Tours le suppose, ne peut être vrai; il n'a aucune analogie avec les mœurs publiques. On avoit dit à l'historien que l'armée avoit consenti à la demande de Clovis; et là-dessus, il imagine une réponse telle que l'auroient faite des Gaulois, aussi accoutumés au gouvernement despotique que les Français l'étoient à la liberté. Il ne s'apperçoit pas qu'il est contradictoire que l'armée parle en mercenaire, et que Clovis attende un an pour se venger de l'injure qu'il reçoit.

Je ne sais pourquoi M. le comte de Boulainvilliers dit que Clovis n'osa se saisir du vase, et le laissa au soldat. C'est altérer la vérité, et il n'en avoit pas besoin pour son système. Le P. Daniel appelle cet événement une historiette; et c'est une preuve de son bon jugement. L'abbé du Bos parle aussi de l'aventure du vase de Soissons, dans son histoire critique de l'établissement de la monarchie Française dans les Gaules, liv. 3. chap. 21. Voici de quelle façon il traduit le discours de Clovis à son armée. *Rogo vos, ô fortissimi præliatores, ut saltem mihi vas istud extrà partem concedere non abnuatis.* «Braves soldats, trouvez bon qu'avant que de rien partager, je retire ce buire d'argent de la masse, pour en disposer à mon plaisir.» Quelle traduction! Clovis n'osant pas punir le soldat qui l'avoit offensé, en réclamant la coutume de la nation, il attend, dit l'abbé du Bos, «une occasion où il peut se venger, non point en particulier qui se livre au mouvement impétueux d'une passion, mais en souverain qui se fait justice d'un sujet insolent.» Cette réflexion n'est pas juste; ce n'est point comme souverain que Clovis se fait justice d'un sujet insolent, puisqu'il déguise sa vengeance, en prenant le prétexte de punir le soldat pour sa négligence à tenir ses armes en bon état. Croira-t-on sans peine que la patience et la modération fussent alors des qualités fort estimées chez les Français, et qu'il fût plus honnête pour un grand roi d'assassiner de sang froid un de ses soldats, que de le tuer par emportement? Je ne saurois penser, sur la parole de l'abbé du Bos, «qu'une si grande sagesse combla de gloire Clovis, et lui valut l'admiration de toutes les Gaules.»

CHAPITRE II.

[8] *Si quis ingenuum Francum aut hominem barbarum occiderit qui Lege Salicâ vivit,* fol. 200, *culpabilis judicetur. Si quis eum occiderit qui in Truste dominicâ est,* fol. 600, *culpabilis judicetur. Si quis Romanum hominem convivam regis occiderit,* fol. 300, *culpabilis judicetur. Si Romanus homo possessor, id est, qui res, in pago ubi commanet, proprias possidet, occisus fuerit, is qui cum occidisse convincitur,* fol. 100, *culpabilis judicetur. Si quis Romanum Tributarium occiderit,* fol. 45, *culpabilis judicetur.* (Leg. Sal. Tit. 43.) *Si Romanus homo Francum expoliaverit, fol. 62, culpabilis judicetur. Si verò Francus Romanum expoliaverit,* fol. 30, *culpabilis judicetur.* (Ibid. Tit. 15.) *Si Romanus Francum ligaverit sine causâ,* fol. 30, *culpabilis judicetur. Si autem Francus Romanum ligaverit sine causâ,* fol. 15, *culpabilis judicetur.* (Ibid. Tit. 34,) *&c.* Les lois Ripuaires établissent les mêmes proportions entre les Français et les Gaulois, et je n'en rapporte pas ici le texte, pour abréger.

Si ces autorités font voir avec quelle dureté les vainqueurs traitèrent les vaincus, elles ne prouvent pas moins que les Gaulois ne furent pas réduits en servitude, puisqu'on trouve parmi eux un ordre de citoyens, les convives du roi, à qui la loi accorde une composition plus considérable qu'aux Français d'une condition commune. Cent passages de Grégoire de Tours attestent que des Gaulois furent élevés aux premières dignités de l'état, sous les rois Mérovingiens. Pourquoi Loyseau, dans son traité des seigneuries, (*chap. 1. §. 55 et 69,*) prétend-il donc que les Francs ôtèrent aux Gaulois l'usage des armes, et en firent leurs esclaves? Le comte de Boulainvilliers a bâti, sur cette prétendue servitude, tout son système de notre ancien gouvernement. Je réfuterai cette erreur dans les notes suivantes, en parlant des franchises de la nation Gauloise sous le gouvernement des Français.

[9] L'abbé du Bos prétend, histoire critique, (*liv. 6. C. 14 et 15,*) que Clovis et ses successeurs eurent dans les Gaules les mêmes revenus dont les empereurs Romains y avoient joui; qu'ils levèrent un tribut sur les terres, exigèrent une capitation, eurent des douanes, et que les Français furent soumis, ainsi que les Gaulois, à toutes ces impositions. Il convient d'abord qu'aucun historien ne dit «expressément et distinctement que nos rois ont eu dans les Gaules les mêmes revenus dont jouissoient avant eux les empereurs Romains; mais, continue-t-il, c'est qu'il étoit inutile de dire ce que tout le monde voyoit.» J'abrège le style diffus de l'abbé du Bos. Il fonde son opinion sur ce qu'il est de droit commun que le vainqueur se mette à la place du vaincu. Quand, par exemple, ajoute l'abbé du Bos, on a dit que Louis XIV conquit en 1684 le duché de Luxembourg, c'est avoir dit suffisamment qu'il se mit en possession

de tous les domaines, droits et revenus dont Charles II jouissoit avant la conquête. Je conviens du droit du vainqueur; mais quel étoit le vainqueur des Gaules? Étoit-ce Clovis seul, ou la nation Française avec lui? Qu'on en juge par l'aventure du Vase de Soissons, et par la forme même du gouvernement que les Français conservèrent dans les Gaules.

Mais si Louis XIV, au lieu d'avoir une administration à peu près pareille à celle de Charles II, avoit été le chef de quelque horde de Tartares, l'abbé du Bos se persuaderoit-il aisément que ce nouveau Clovis et ses soldats, en s'établissant dans le duché de Luxembourg, eussent été préparés à adopter subitement toutes les idées des Espagnols? Je consens à cette espèce de prodige; quand les Luxembourgeois vaincus n'auroient point changé de sort, comment le prince auroit-il osé dire à ces Tartares: mes amis, voilà un peuple subjugué par nos armes, qui me reconnoît pour son nouveau souverain, et qui me payera désormais la taille, la capitation, &c. qu'il payoit à ses anciens maîtres; puisque votre victoire m'a mis à la place de Charles II, il est raisonnable que tout notre gouvernement prenne une nouvelle forme. Enrichissez-vous des dépouilles des vaincus; mais songez désormais à me donner les mêmes tributs que me donneront les Luxembourgeois. Si le prince Tartare tenoit un pareil langage après la victoire, est-il vraisemblable qu'il persuadât son armée? mon général, lui répondroit-elle, nous ne comprenons rien à tout ce discours. Nous ne combattons pas pour vous, mais vous combattez à notre tête pour l'avantage commun. L'empire sur une province conquise nous appartient comme à vous; et il seroit bizarre que nous fussions traités en vaincus, parce que nous sommes vainqueurs: nous conserverons ici nos anciennes coutumes, et nous y établirons notre gouvernement.

Les mœurs des Français, leur attachement à leurs lois, leur administration politique, tout concourt à la fois à prouver qu'ils ne furent sujets à aucune sorte d'impôts. J'ajoute que les Gaulois jouirent du même avantage; et c'est presque le démontrer, que de dire que la plupart d'entre eux négligèrent de se naturaliser Français. Un peuple accoutumé au gouvernement despotique, peut bien ne pas désirer d'être libre; mais un peuple vexé par des impositions aussi énormes que celles que levoient les empereurs Romains, saisira toujours les moyens de s'en délivrer. Cependant la plus grande partie des Gaulois continua à vivre sous la loi Romaine, tandis qu'il étoit permis aux étrangers de se faire Français; il falloit donc que les Gaulois ne fussent pas soumis à des charges plus considérables que les Français mêmes.

Tout le monde a entre les mains l'esprit des lois. Je prie d'y lire, liv. 30, le chapitre treizième, intitulé: «Quelles étoient les charges des Romains et des Gaulois dans la monarchie des Francs. Le président de Montesquieu prouve très-bien qu'un état qui n'avoit point de besoins, ne levoit point d'impôts. En parlant des charges des hommes libres, qui étoient obligés d'aller à la guerre à leurs dépens, sous les ordres de leur comte, et de fournir des chevaux et des voitures aux envoyés du roi et aux ambassadeurs qui partoient de sa cour ou qui s'y rendoient; je voudrois seulement, pour une plus grande exactitude, qu'il eût ajouté, sur l'autorité de la loi Ripuaire et de Marculfe, que les citoyens étoient tenus de loger et de défrayer ces envoyés à leur passage. *Si quis autem legatarium regis vel ad regem, seu in utilitatem regis pergentem hospitio suscipere contempserit, nisi emunitus regis hoc contradixerit, sexaginta solidis culpabilis judicetur*, (Leg. Rip. Tit. 55.) Ille rex omnibus agentibus. *Dum et nos in Dei nomine apostolicum virum illum necnon et illustrem virum illum partibus illis legationis causâ direximus; ideò jubemus, ut locis convenientibus, eisdem à vobis evectio simul et humanitas ministretur, hoc est, veredos seu paraveredos tantos, panis nitidi modios tantos, vini modios tantos, cerevisiæ modios tantos, lardi libras tantas, carnis libras tantas.* Je supprime tout ce détail qui peut être curieux, mais il faut être court. *Hæc omnia diebus tam ad ambulandum, quam ad nos, in Dei nomine, revertendum, unusquisque vestrûm locis consuetudinariis, eisdem ministrare et adimplere procuretis.* (Mars. for. 11. liv. 1.)

La grande source de toutes les erreurs de l'abbé du Bos, c'est d'avoir cru que les mots *Census* et *tributum* signifient dans nos lois, et dans nos historiens, la même chose qu'ils signifièrent chez les Romains, ou qu'ils signifient aujourd'hui parmi nous. Il auroit dû soupçonner avec le président Montesquieu, que quand les Français voulurent rédiger par écrit leurs coutumes, et leur donner l'autorité de lois, ils trouvèrent des difficultés à rendre leurs idées par les expressions d'un peuple qui avoit des usages tout différens. Ils se servirent des mots latins qui avoient le plus de rapport aux coutumes germaniques, et de nouvelles idées furent attachées à ces mots. Voyez l'esprit des lois, (*L. 30, C. 14,*) intitulé: de ce qu'on appeloit *Census*.

Si quis romanum hominem convivam regis occiderit, fol. 300, *culpabilis judicetur. Si Romanus homo possessor, id est, qui res in pago ubi commanet, proprias possidet, occisus fuerit, is qui eum occidisse convincitur*, fol. 100, *culpabilis judicetur. Si quis Romanum tributarium occiderit*, fol. 45, *culpabilis judicetur*. (L. S. tit. 43.) Cette loi, que l'abbé du Bos ne pouvoit ignorer, fait connoître ce que les premiers Français entendoient par les mots *census* et *tributum*. Si par *Romanum tributarium*, il faut entendre un Gaulois assujetti à payer un cens, une capitation, un tribut public, tout le système de l'abbé du Bos est renversé; car il seroit certain que les Gaulois qui avoient l'honneur d'être admis à la table du roi, et ceux qui avoient des possessions, ne payoient pas ce cens ou ce tribut, puisque la loi se sert de cette qualité distinctive de *tributarium*, pour désigner un troisième ordre de Gaulois. En réfléchissant sur ce texte, l'abbé du Bos auroit vu que la loi parle ici des Gaulois, qui, étant libres par leur naissance, faisoient valoir à ferme les biens des propriétaires. Il en auroit conclu que les mots *census* et *tributum* ne signifient pas toujours un tribut public. Cette première découverte l'auroit rendu plus circonspect, et il n'auroit vu que des charges privées, économiques et domestiques dans la plupart des passages qu'il emploie pour prouver le paradoxe qu'il avance. Me permettra-t-on de le dire? Il me semble qu'on ne peut lire l'ouvrage de l'abbé du Bos, sans être convaincu qu'il avoit d'abord imaginé une histoire de France, et qu'ensuite il n'avoit lu nos anciens monumens que pour y prendre ce qui pouvoit favoriser ses opinions. Il cite rarement les lois, et ne consulte que des historiens à qui il est aisé, à la faveur d'un commentaire, de faire dire tout ce qu'on veut.

Le président de Montesquieu, L. 30, C. 15, dit que «ce qu'on appeloit *census*, ne se levoit que sur les serfs, et non pas sur les hommes libres.» Ce n'est pas s'exprimer avec exactitude. On appeloit aussi du nom de *census* ou de *tributum*, toutes les charges ou redevances qu'un homme libre devoit acquitter. Montesquieu cite lui-même dans son ouvrage plusieurs capitulaires dans lesquels on nomme *census*, les voitures que les hommes libres devoient fournir aux envoyés du roi. Il y avoit aussi dans les Gaules des terres, dont le possesseur étoit soumis à de certaines charges, ou payoit une rente; et c'est de ces charges ou de ces rentes, qu'il faut entendre ce que dit Grégoire de Tours, en parlant de Théodebert et de Childebert. *Omne tributum quod fisco suo ab ecclesiis in Arverno sitis reddebatur, clementer indulsit.* (L. 3, C. 25.) *In supradictâ verò urbe Childebertus rex omne tributum tam ecclesiis quàm monasteriis, vel reliquis Clericis, qui ad ecclesiam pertinere videbantur, aut quicumque ecclesiæ officium excolebant, largâ pietate concessit.* (L. 10. C. 7.) Une ordonnance de Clotaire II nous apprend en quoi consistoient ces charges, ou rentes, qui commencèrent à être en usage à la naissance des seigneuries: «*Agraria, pascuaria, vel decimas porcorum, ecclesiæ pro fidei nostræ devotione concedimus.* (Cap. de Baluze. T. 1. page 8.)

Quand les seigneuries furent devenues la coutume générale du royaume, on nomma des noms de Cens ou de Tribut les redevances auxquelles les seigneurs assujettirent les hommes libres de leurs terres. «*Ut de rebus undè census ad partem regis exire solebat, si ad aliquam ecclesiam traditæ sunt, aut traduntur propriis hæredibus, aut qui eas retinuerit, vel censum illum persolvat,* Cap. 3, an. 812, art. 12. *Quicumque terram tributariam, undè tributum ad partem nostram exire solebat, vel ad ecclesiam vel cuilibet alteri tradiderit, is qui eam susceperit, tributum quod indè solvebatur, omnimodò ad partem nostram persolvat, nisi forte talem firmitatem de parte dominicâ habeat per quam ipsum tributum sibi perdonatum possit ostendere.*» (Cap. 4. an. 819. article 2.)

La plupart des lecteurs peu familiarisés avec le jargon barbare de nos anciens monumens, et peu instruits des différentes formes qu'a prises successivement le gouvernement des Français, ont adopté d'autant plus aisément le sens dans lequel l'abbé du Bos entend les passages qu'il cite, que quelques-uns désignent en effet une imposition publique et fiscale, pareille à celles qui étoient en usage dans les Gaules sous le gouvernement des empereurs. *Chlothacharius rex indixerat, ut omnes ecclesiæ regni sui tertiam partem fructuum fisco dissolverent.* (Greg. Tur. L. 4. C. 2.) Qui doute en effet que les fils de Clovis, qui avoient autour d'eux plusieurs leudes gaulois d'origine, et instruits de l'administration romaine, n'aient essayé d'établir des impôts? Ils y étoient invités par l'exemple des Français, qui travailloient à se faire les uns sur les autres des droits nouveaux; et le champ de Mars ne se tenant plus régulièrement, la porte étoit ouverte à toutes sortes d'abus. Il est sûr que Chilperic voulut lever une cruche de vin sur chaque arpent de vigne. *Chilpericus verò rex descriptiones novas et graves in omni regno suo fieri jussit.... Statutum enim fuerat ut possessor de propriâ terrâ unam amphoram vini per aripennem redderet; sed et aliæ functiones infligebantur multæ tam de reliquis terris quàm de mancipiis quod impleri non poterat.* Mais ces entreprises ne furent-elles pas regardées comme des nouveautés contraires au droit de la nation, et que le prince fut obligé d'abandonner?

Le roi Chilperic, dit l'abbé du Bos, en traduisant ce passage de Grégoire de Tours, «ordonna que dans tous ses états il fût dressé une nouvelle description, et que les taxes y fussent ensuite imposées, sur un pied plus haut que celui sur lequel on s'étoit réglé dans les descriptions précédentes.» Cela ne s'appelle pas traduire, mais commenter un texte et en changer le sens. *Descriptiones novas* ne doit pas se traduire par une nouvelle description, mais par une description qui étoit une nouveauté. *Amphora* a-t-il jamais signifié un tonneau? L'abbé du Bos n'a pas voulu traduire ce mot par ceux de cruche ou de bouteille, parce que la modicité de cette imposition auroit fait juger que ce devoit être une nouveauté, et non pas l'augmentation d'une ancienne taxe. En effet, ajoute l'abbé du Bos, en continuant de traduire à sa façon, «suivant le pied sur lequel on s'étoit réglé en assayant les taxes, en conséquence de la nouvelle description, celui qui possédoit une vigne en toute propriété, se trouvoit taxé à un tonneau de vin par arpent.»

En 815, Louis-le-Débonnaire accorda une charte aux Espagnols qui s'étoient réfugiés sur les terres de la domination Française, pour éviter le joug des Sarrasins. *Sicut cæteri liberi homines, cum comite suo in exercitum pergant, et in marchâ nostrâ juxtà rationabilem ejusdem comitis ordinationem atque admonitionem, explorationes et excubias, quod usitato vocabulo wactas dicunt, facere non negligant, et missis nostris aut filiis nostris, quos pro rerum opportunitate, illas in partes miserimus, aut legatis, qui de partibus Hispaniæ ad nos transmissi fuerint, paratas faciant, et ad subventionem eorum veredos donent. Alius verò census ab eis neque à comite, neque à junioribus et ministerialibus ejus exigatur.*

Voilà qui est décisif; on voit par cette charte à quelles charges les hommes libres, soit français, soit étrangers, étoient assujettis. Il est donc évident que sous le règne de Louis-le-Débonnaire, on ne levoit aucune imposition publique ou fiscale, quoique les comtes et les officiers subalternes de leurs gouvernemens cherchassent à établir de nouveaux droits. Si les rois Mérovingiens avoient eu les revenus que leur donne M. l'abbé du Bos, par quelle avanture leurs successeurs les auroient-ils perdus? Seroit-il aisé, en parcourant notre histoire, de trouver l'époque de la suppression des impôts? Seroit-ce quand la maison de Pepin monta sur le trône? Non, sans doute; car les lois de ce prince et celle de Charlemagne nous avertissent qu'ils ne renoncèrent qu'aux droits nouveaux et équivoques, qui avoient été établis sous la régence des derniers Mérovingiens.

Ut illi Franci qui censum de suo capite vel de suis rebus ad partem regiam debent, sine nostrâ licentiâ ad casam Dei vel ad alterius cujuscumque servitium se non tradant. (Edict. Pist. art. 28.) Par *censum de suo capite*, M. l'abbé du Bos entend la capitation, et par *illi Franci*, les Français qui n'avoient pas obtenu une exemption particulière du prince. M. le président de Montesquieu entend au contraire les hommes serfs de naissance, qui avoient été affranchis par des lettres du roi, et qui, n'acquérant pas ordinairement une entière et pleine liberté, payoient encore une certaine redevance au prince; et c'est ce que Marculfe (*L. 2. Form. 32.*) appelle *libertinitatis obsequium*. L'un n'établit son explication sur aucun titre; il devine et arrange les faits à son gré, ou suppose éternellement ce qui est en question. L'autre apporte des autorités, cite les formules de Marculfe, les capitulaires de Charlemagne, et l'édit même de Pistes, qui favorise, ou plutôt qui démontre la vérité de son sentiment.

Pour prouver l'existence des douanes, M. l'abbé du Bos cite d'abord une charte de Charle-le-Chauve en faveur de l'abbaye de St-Maur; et l'on voit en effet par cette pièce qu'on exigeoit dans des bureaux différens droits. Chacun avoit son nom particulier, «droit de rivage, de charrois, de pont, d'heureux abord, &c. Il n'y a point d'apparence», dit notre critique, après cette énumération, «que tous ces droits eussent été établis sous la seconde ni même sous la première race. Tant d'impositions différentes sur les mêmes choses ne paroissent pas l'ouvrage d'une nation barbare»; et de-là il conclud qu'il faut qu'elles aient été imaginées et créées dans le temps des empereurs.

Je l'avoue, on ne s'attend point à un pareil raisonnement. Il est assez singulier que M. l'abbé du Bos prétende que les Français comprirent, en entrant dans les Gaules, tout le détail embarassé et compliqué des douanes romaines, et furent assez habiles pour conserver cet établissement précieux qu'il regarde comme la preuve de la politesse et des lumières des Romains; et qu'il soutienne en même temps que ces Français établis depuis trois siècles et demi dans leurs conquêtes, et qui avoient eu mille occasions et mille moyens de s'instruire des finances romaines, ne devoient pas être assez éclairés pour établir des bureaux de douanes et y percevoir cinq ou six sortes de droits, ou un même impôt sous cinq ou six noms différens. En vérité, de pareils paradoxes ne méritent pas une réfutation sérieuse. Pour faire ce que M. l'abbé du Bos juge impossible, il suffisoit que les Français fussent avares; et l'avarice a sans doute produit en peu d'années des choses bien plus extraordinaires que l'invention de cinq ou six noms pour faire une maltote misérable.

Je pourrois prouver qu'il est très-vraisemblable que Clovis ne trouva aucun bureau de douanes dans les provinces qu'il conquit. Mais il faut finir cette remarque; et je me borne à dire que cette imposition ne fut point connue des premiers Français, et que M. l'abbé du Bos n'a pas mieux entendu le mot de *Teloneum* que ceux de *Census* et de *Tributum*. *Teloneum* ne signifie pas dans nos anciens monumens une douane, mais un péage. Les droits qu'on y payoit, n'étoient point une imposition publique et fiscale; des seigneurs les avoient établis dans l'étendue de leurs terres, sous prétexte des dépenses nécessaires pour entretenir les chemins, et réparer les ponts et les chaussées. On n'en doutera pas après avoir lu les deux autorités suivantes, auxquelles j'en pourrois joindre mille autres. *De teloneis placet nobis ut antiqua et justa telonea à negociatoribus exigantur, tam de pontibus, quàmquæ et de navigiis seu mercatis; nova verò sive injusta, vel ubi funes tenduntur, vel cum navibus sub pontibus transitur, seu his similia, in quibus nullum* adjutorium *iterantibus præstatur, ut non exigantur.* (Capit. 2, an. 805, art. 13.) *Ut nullus cogatur ad pontem ire ad fluvium transeundum propter Telonei causas, quandò ille in alio loco compendiosiùs illud flumen transire potest. Similiter et in pleno campo, ubi nec pons nec trajectus est, ibi omni modo præcipimus ut non Teloneum exigatur.* (L. Capit. 3, art. 54.)

Le roi avoit quelques-uns de ces péages dans ses domaines; mais les seigneurs particuliers en possédoient aussi, et c'étoient des biens propres et domestiques: je le prouve par deux autorités auxquelles on ne peut rien opposer. *Si fortè quilibet voluerit ex propriis facultatibus eumdem pontem emendare vel reficere, quamvis de suis propriis rebus eumdem pontem emendet vel reficiat, non tamen de eodem ponte majorem censum exigere præsumat, nisi sicut consuetudo fuit et justum esse dignoscitur.* (Capit. an. 821. art. 3.) *De pontibus restaurandis, videlicet ut secundùm capitularia avi et patris sui, ubi antiquitùs fuerunt, reficiantur ab his qui illos honores tenent, de quibus antè pontes facti vel restaurati fuerunt.* (Capit. an. 854. art. 4.)

[10] Il est visible, dit M. le président de Montesquieu, (L. 30, C. 13.) «que les revenus des rois consistoient alors dans leurs domaines;» et il ajoute dans une note: «ils levoient encore quelques droits sur les rivières, lorsqu'il y avoit un pont ou un passage.» Cela n'est pas exact: 1°. tous les péages, comme on l'a vu dans la remarque précédente, n'appartenoient pas au roi, et il est très-vraisemblable qu'on n'en connut l'usage qu'après l'établissement des seigneuries; 2°. les Merovingiens avoient plusieurs autres branches de revenu; je vais les faire connoître, en rapportant les textes qui les établissent.

Si quis legibus in utilitatem regis, sive in hoste, seu in reliquam utilitatem bannitus fuerit, et minimè adimpleverit, si ægritudo eum non detinuerit sexaginta solidis mulctetur. (Leg. Rip. Tit. 65.) Un homme ajourné devant la justice du roi, perdoit tous ses biens, s'il n'obéissoit pas: *Omnes res suæ erunt in fisco, aut cui fiscus dare voluerit.* (Leg. Sal. Tit. 59.) *Si quis homo regi infidelis extiterit, de vitâ componat, et omnes res ejus fisco censeantur.* (Leg. Rip. Tit. 69.) *Si quis autem proximus sanguinis interfecerit, vel incestum commiserit, exilium sustineat, et omnes res ejus fisco censeantur.* (Ibid.) *Si alicujus pater occisus fuerit, medietatem compositionis filii colligent, aliam medietatem parentes qui proximiores fuerint tam de paternâ, quàm de maternâ generatione, dividant.*

Quòd si de unâ parte vel paternâ vel maternâ nullus proximus fuerit, portio illa ad fiscum perveniat, vel cui fiscus concesserit. (Leg. Sal. Tit. 65.) *Si quis de parentillâ tollere se voluerit, si autem ille occiditur vel moritur, compositio aut hæreditas ejus non ad hæredes ejus, sed ad fiscum pertineat, aut cui fiscus dare voluerit.* (Ibid. Tit. 63.) *Si autem homo denariatus* (homme affranchi en présence du roi) *absque liberis discesserit, non alium nisi fiscum nostrum hæredem relinquat.* (Leg. Rip. Tit. 57.) *Si quis servum suum libertum fecerit et civem romanum, portasque apertas conscripserit, si sine liberis discesserit, non alium nisi fiscum nostrum habeat hæredem.* (Ibid. Tit. 61.)

La branche la plus considérable des revenus du prince consistoit en ce qu'on appeloit *fredus* ou *fredum*. Ce *frede* étoit une espèce de taxe que tout homme condamné à payer une composition donnoit au juge; cette taxe étoit la troisième partie de la composition même; par exemple, un Français qui payoit une composition de 30 sous à une personne qu'il avoit offensée, devoit un frede de 10 sous au juge, qui de son côté en rendoit la troisième partie au roi; *tertiam partem coram testibus fisco tribuat.* (Leg. Rip. Tit. 89.) Il faut encore ajouter à tous ces droits, les dons que les grands faisoient au prince, en se rendant à l'assemblée du champ de mars. C'est une coutume que les Français apportèrent de Germanie; ces dons libres dans leur origine et présentés comme une marque de respect, devinrent dans la suite des tributs forcés. *Bona verò tua*, écrivoit Charlemagne à Fulrad, *quæ ad placitum nostrum nobis præsentare debes, nobis mense maio transmitte ad locum ubicumque tunc fuerimus.* (Recueil des hist. de France, par D. Bouquet. T. 5, p. 633.)

[11] Je ne fais ici une remarque que pour réfuter M. l'abbé du Bos, qui prétend, (L. 6, C. 12,) que les cités des Gaules avoient droit de guerre les unes contre les autres, sous les rois mérovingiens.

Grégoire de Tours rapporte qu'après la mort de Chilpéric, les habitans de la cité d'Orléans et du Blésois entrèrent à main armée dans le Dunois, ravagèrent le plat pays, et rapportèrent chez eux beaucoup de butin; mais que ceux du Dunois, avec le secours de quelques-uns de leurs voisins, se vengèrent de cette violence, en entrant à leur tour sur le territoire d'Orléans et de Blois. Les comtes d'Orléans et de Chartres réussirent à calmer les esprits irrités. On convint que le parti qui seroit jugé avoir tort, donneroit satisfaction à l'autre, et la tranquillité fut rétablie. *Cum adhuc inter se jurgia commoventes desævirent, et Aurelianenses contrà hos arma concuterent, intercedentibus comitibus pax usque in audientiam data est, scilicet ut in die quo judicium erat futurum, pars quæ contrà partem injustè exarserat, justitiâ mediante, componeret; et sic à bello cessatum est.* (L. 7, C. 22.)

Voilà le texte de Grégoire de Tours; voyez la traduction de l'abbé du Bos. «Cette guerre auroit eu de longues suites, si le comte de la cité de Chartres et le comte de la cité d'Orléans ne se fussent pas entremis, et s'ils n'eussent fait convenir les deux partis, premièrement d'une cessation d'armes durable jusqu'à ce qu'on eût prononcé sur les prétentions réciproques, et secondement d'un compromis qui obligeroit celui des deux partis qui seroit jugé avoir eu tort, à indemniser l'autre du ravage fait sur son territoire. C'est ainsi que finit la guerre.»

Avec cette liberté de rendre un auteur, est-il surprenant qu'on lui fasse dire tout ce qu'on veut? Grégoire de Tours introduit sur la scène les comtes d'Orléans et de Chartres, comme des juges: *pax usque in audientiam, judicium erat futurum, justitiâ mediante, componeret.* Toutes ces expressions n'annoncent-elles pas clairement un procédé judiciaire? Cependant l'abbé du Bos, qui jugeoit à propos d'accorder aux Gaulois le droit de guerre, représente ces deux comtes comme deux médiateurs qui interposent leurs bons offices, ainsi que feroit un prince entre deux puissances indépendantes.

On observera, dit l'abbé du Bos, «qu'il faut que ces voies de fait ne fussent point réputées alors ce qu'elles seroient réputées aujourd'hui, je veux dire, une infraction de la paix publique et un crime d'état; puisque le compromis ne portoit pas que ce seroit celui qui avoit commis les premières hostilités, qui donneroit satisfaction au lésé, mais bien celui qui se seroit trouvé avoir une mauvaise cause. Il pouvoit arriver que par la sentence du roi, ou par le jugement arbitral des comtes, il fût statué qu'au fond c'étoit la cité d'Orléans et le canton de Blois qui avoient raison, et qu'ainsi ils reçussent une satisfaction de ceux qui avoient souffert les premières violences.»

Conclure de-là que les cités des Gaules avoient droit de se faire la guerre, c'est, je crois, se décider un peu légèrement. J'inviterais l'abbé du Bos à se mettre à la place des comtes d'Orléans et de Chartres. N'auroit-il pas été le plus imprudent des négociateurs, si, pour calmer les esprits, il se fût avancé entre les deux partis ennemis, en promettant de punir ceux qui avoient commis les premières hostilités, et de les obliger à donner aux autres une composition? On n'auroit pas écouté l'abbé du Bos. Les Orléanois et ceux du Blésois auroient refusé de poser les armes; car il n'étoit pas douteux qu'en qualité d'agresseurs, le châtiment ne dût tomber sur eux. Il eût fallu les accabler par la force, et c'eût été attiser le feu qu'on vouloit éteindre. Il me semble que les comtes d'Orléans et de Chartres n'ayant point de troupes réglées à leurs ordres, pour se faire obéir des mutins, s'y prirent en personnes de bon sens. Il étoit sage de paroître ne pas faire attention aux premières hostilités, et de remonter aux principes mêmes de la querelle, chaque parti se flattant de n'avoir fait que ce qu'il avoit eu raison de faire.

Il faut encore entendre l'abbé du Bos. «Il paroît, *ajoute-t-il*, en lisant avec réflexion l'histoire de ce qui s'est passé dans les Gaules, sous les empereurs romains et sous les rois mérovingiens, que chaque cité y croyoit avoir le droit des armes contre les autres cités, en cas de déni de justice. Cette opinion pouvoit être fondée sur ce que Rome ne leur avoit point imposé le joug à titre de maître, mais à titre d'allié. Les termes d'*amicitia* et de *fœdus* dont Rome se servoit en parlant de la sujétion de plusieurs cités des Gaules, auront fait croire à ces cités qu'elles conservoient encore quelques-uns des droits de la souveraineté, et qu'elles en pouvoient user du moins contre leurs égaux, c'est-à-dire, contre les cités voisines. Rome, qui n'avoit pas trop d'intérêt à les tenir unies, leur aura laissé croire ce qu'elles vouloient et aura même toléré qu'elles agissent quelquefois conformément à leur idée. Cette idée flatteuse pour des peuples aussi légers que belliqueux, se sera conservée dans les cités des Gaules, sous les rois mérovingiens, comme elle s'étoit conservée sous les Césars leurs prédécesseurs.»

La plus légère connoissance de la politique des Romains suffit pour juger des raisonnemens de l'abbé du Bos, toujours prêt à défendre une erreur par une autre erreur. Qui ignore que la république romaine regardoit ses amis comme ses sujets, et que plus jalouse du droit de guerre que de tout le reste, elle ne permettoit pas à ses alliés d'en jouir? Sa conduite fut constante à cet égard. C'est avec les mots d'*amicitia* et de *fœdus*, que les Romains apprivoisèrent les vaincus, et les façonnèrent à l'obéissance la plus entière. Quand ils voulurent enfin régner despotiquement sur les nations, et que leurs conquêtes, gouvernées par des préteurs, furent changées en provinces romaines, par quelle monstrueuse inconséquence auroient-ils rendu le droit de guerre à des sujets à qui ils ôtoient leurs lois et leurs magistrats? On ménagea d'abord les Gaules, mais ces ménagemens firent bientôt place à la tyrannie. Je ne devine point les raisons qui ont porté l'abbé du Bos à dire que les Gaules se croyoient libres sous les empereurs. Quelles heureuses anecdotes avoit-il entre les mains? Les faits les plus connus, et qu'il est impossible de révoquer en doute, nous prouvent que les Gaules devoient se regarder comme esclaves, sous le gouvernement des successeurs d'Auguste.

Voici encore un raisonnement de l'abbé du Bos. «La nation des Francs, qui n'étoit pas bien nombreuse, et qui cependant avoit à tenir en sujétion un pays fort étendu, et dont les habitans sont naturellement belliqueux, ne voyoit peut-être pas avec beaucoup de peine les Gaulois prendre les armes contre les Gaulois; leurs dissentions et leurs querelles faisoient sa sureté.» Voilà, je crois, la première fois qu'on ait regardé le droit de guerre dans les sujets, comme un moyen de les rendre dociles et obéissans. Des jalousies entre différentes provinces d'un état, des haines entre les différens ordres des citoyens, peuvent être utiles à l'autorité d'un prince; mais qui ne comprend pas que si ces jalousies et ces haines dégénèrent en guerres ouvertes, le pouvoir du prince s'évanouit?

[12] *Hoc autem constituimus ut infrà pagum tam Franci, Burgundiones, Alamanni, seu de quacumque natione commoratus fuerit, in judicio interpellatus, sicut lex loci continet, ubi natus fuerit, sic respondeat.* (Leg. Rip. tit. 31.) Cette expression, *sicut lex loci continet*, pourroit faire croire que chaque nation habitoit des cantons à part, et

qu'il y avoit des lois locales; on se tromperoit: par le mot *loci*, il faut entendre la maison, la famille, et non pas le pays; car il est prouvé que les différentes nations dont l'empire français étoit composé, habitèrent pêle-mêle les mêmes contrées, les mêmes villes, les mêmes bourgs. Dans la formule 8 du liv. 2 de Marculfe, qui est intitulée, *charta de ducatu, patritiatu vel comitatu*, il est dit: *omnes populi ubi commanentes tam franci, romani, burgundiones, vel reliquæ nationes, sub tuo regimine et gubernatione degant et moderantur, et eos recto tramite secundum legem et consuetudinem eorum regas.* J'ajouterai ici une autorité décisive pour prouver que les Gaulois conservèrent les lois romaines. *Inter Romanos negotia causarum romanis legibus præcipimus terminari.* (Ord. Chlot. II. Art. 4.)

Les ducs, les comtes et leurs vicaires étoient assistés dans leurs tribunaux de sept assesseurs. *Tunc grafio congreget secum septem raginburgios idoneos.* (Leg. Sal. tit 52. Voyez encore tout le titre 60 de la même loi, et le titre 32 de la loi ripuaire.) Les autorités que je vais rapporter, prouveront clairement que ces rachinbourgs, scabins ou assesseurs, étoient juges et choisis par le peuple. *Si quis ad mallum venire contempserit, et quod ei à raginburgiis judicatum fuerit, implere distulerit, &c.* (Leg. Sal. tit. 59,) *Quindecim solidis mulctetur, similiter et ille qui Raginburgiis non adquieverit.* (Leg. Rip. tit. 55.) *Postquàm Scabini eum judicaverint, non est licentia comitis vel vicarii ei vitam concedere.* (Cap. 2, an. 813. art. 13.) *Ut missi nostri ubicumque malos Scabineos inveniunt, ejiciant, et totius populi consensu in loco eorum bonos eligant.* (Cap. an. 829.) *Nullus causas audire præsumat, nisi qui à duce per conventionem populi judex constitutus est ut causas judicet.* (Leg. Alam, tit. 14.)

Malgré les passages qu'on vient de lire, et qui sans doute n'étoient pas inconnus à l'abbé du Bos, comment a-t-il pu soutenir que les Gaulois avoient un sénat pour les juger, et n'étoient point soumis à la juridiction des magistrats français? Pour détruire ces sénats de l'abbé du Bos, je devrois peut-être me contenter de renvoyer mes lecteurs au Glossaire de du Gange, au mot *senatus*. Ce savant homme y prouve, d'une manière à ne laisser aucun doute, que les sénats des Gaulois ne subsistoient plus depuis long-temps, lorsque les Français firent la conquête des Gaules. «Dans chaque cité, *dit l'abbé du Bos*, (*L. 6, C. 11,*) le sénat étoit du moins consulté par les officiers du prince, sur les matières importantes, comme étoit l'imposition des subsides extraordinaires. C'étoit encore lui qui, sous la direction des officiers du prince, rendoit ou faisoit rendre la justice aux citoyens, et qui prêtoit la main à ceux qui faisoient le recouvrement des deniers publics.» Quelle pièce secrète a appris à cet écrivain ce que tout le monde ignore? Comment peut-il ajuster le pouvoir qu'il accorde à ses sénats de délibérer sur les affaires importantes, avec la puissance despotique qu'il attribue aux rois mérovingiens, dont la volonté décide sans règle de la fortune et de la vie des sujets?

J'ai prouvé dans une remarque précédente, qu'il n'y avoit chez les Français, ni imposition ordinaire sur les biens et sur les personnes, ni subside extraordinaire; on n'avoit donc pas besoin que des sénats gaulois prêtassent main-forte aux collecteurs des impôts. Nous avons quelques ordonnances des Mérovingiens, et les capitulaires de Charlemagne et de Louis le débonnaire, qui règlent les devoirs, les fonctions et les droits de tous les magistrats, depuis les envoyés royaux jusqu'aux Rachinbourgs; pourquoi ne prescrivent-ils aucune règle aux sénats des Gaulois? Pourquoi gardent-ils un profond silence à cet égard? Ces compagnies incorruptibles, au milieu de la corruption la plus complète, n'auroient-elles eu besoin d'aucune réforme? N'auroient-elles point voulu étendre leur juridiction? Les comtes et les ducs n'auroient-ils jamais été tentés de la diminuer?

Tout écrivain moins intrépide que M. l'abbé du Bos, se sentiroit confondu par ce silence. Mais Grégoire de Tours, dit-il «donne la qualité de sénateurs de la cité d'Auvergne, à des hommes qu'il a pu voir, et dont quelques-uns pouvoient être nés depuis la mort de Clovis.» J'ouvre Grégoire de Tours, et je lis, (liv. 3, ch. 9.) *Arcadius, unus ex senatoribus Arvernis, Childebertum invitat ut regionem illam deberet accipere.* Doit-on traduire *unus ex senatoribus Arvernis*, par un sénateur du sénat d'Auvergne? Ce n'est pas le sentiment de M. de Valois, qui dit, (liv. 7, de son histoire,) *Theodoricus et Childebertus, Francorum reges, fœdus inierunt, et pace jurejurando firmatâ, multos senatorum, hoc est procerum Gallorum, filios obsides inter sese dederunt.* Ce n'étoit pas le sentiment de M. Ducange; *nobiles ipsi*, dit-il, *senatores appellantur apud eumdem Gregorium Turonensem.* (Gloss. au mot *senator.*) Grégoire de Tours avertit lui-même (*liv. 10, ch. 31,*) dans quel sens il faut entendre le mot *senator*; et ce qu'il y a de plus extraordinaire, M. l'abbé du Bos cite ce passage, (*liv. 6, ch. 10,*) sans profiter de l'avis. Grégoire de Tours donnant le catalogue chronologique des évêques de son église, dit: *Duodecimus Ommatius de senatoribus civibusque Arvernis valdé dives in prædiis.... Quartus decimus Francilio de senatoribus ordinatur Episcopus.... Octavus decimus Eufronius ex genere illo quod superiùs senatorium nuncupavimus.* Donc, par le mot *senator*, on doit entendre, avec M. de Valois et M. Ducange, la naissance, et non pas une dignité personnelle, ou une magistrature.

[13] Le P. Daniel, en copiant plusieurs de nos écrivains modernes, veut que Pepin ait ouvert le premier aux évêques l'entrée des assemblées de la nation. «Je doute fort, dit-il dans la vie de Thiéri II, qu'avant ce temps-là, le règne de Pepin, les évêques eussent ce privilége, au moins de la manière et dans l'étendue qu'ils l'eurent depuis; il est certain qu'ils ne l'avoient point, suivant le premier plan du gouvernement de la monarchie dans les Gaules. Les évêques n'étoient pas alors Français, mais tous Gaulois ou d'autre nation que la Française. Ce fut, ajoute-t-il, une nouvelle adresse de Pepin pour s'attacher le corps ecclésiastique, qui avoit beaucoup de crédit sur les peuples.»

Je suis surpris que le P. Daniel n'ait pas vu dans nos lois, et sur-tout dans nos historiens, qu'il connoissoit davantage, le contraire de ce qu'il avance ici. Ces autorités ne sont pas équivoques; il suffit de les présenter simplement au lecteur, pour le mettre à portée de juger: en voici quelques-unes.

On a vu dans la première remarque de ce chapitre, que la composition pour le meurtre d'un Français libre, étoit de 200 sols, et de 600 pour celui d'un Leude ou fidelle. Pour le meurtre d'un évêque, elle étoit de 900 sols: *Si quis Diaconum interfecerit, sol. 300 culpabilis judicetur. Si quis presbyterum interfecerit, sol. 600 culpabilis judicetur. Si quis Episcopum interfecerit sol. 900 culpabilis judicetur.* (Leg. Sal. Tit. 58.) *Si quis subdiaconum interfecerit, 400 sol. componat. Si quis diaconum interfecerit, 500 sol. componat. Si quis presbyterum ingenuum interfecerit, 600 sol. componat. Si quis Episcopum interfecerit, 900 sol. componat.* (Leg. Rip. Tit. 36.) Voilà la prééminence du clergé bien établie; car il faut remarquer, avec M. le président de Montesquieu, que la différence des compositions est la règle du rang différent que chaque citoyen tenoit dans l'état. Il faut conclure de ces dispositions des lois saliques et ripuaires, que les évêques avoient dans les Gaules soumises aux Français, un rang supérieur à celui des Leudes mêmes, et que s'ils entroient dans les assemblées de la nation, ils y occupoient la première place.

Dans le préambule de la loi salique, corrigée sous le règne de Clotaire II, il est dit: *Temporibus Clotarii regis unà cum principibus suis, id est, 33 Episcopis, et 34 ducibus et 79 comitibus, vel cætero populo constituta est.* Voilà certainement une assemblée de la nation ou du champ de Mars; non-seulement les évêques y sont nommés comme présens, mais ils y sont nommés avant les ducs et les comtes. Si le P. Daniel y avoit fait attention, il auroit jugé que l'épiscopat étoit une sorte de naturalisation qui rendoit les évêques susceptibles de toutes les fonctions politiques du gouvernement. Dès la naissance de la monarchie dans les Gaules, on les voit constamment participer aux plus grandes affaires. Voyez les canons du concile tenu à Orléans, en 511; et dans le recueil des historiens de France, par dom Bouquet, (*T. 4, p. 54,*) une lettre circulaire de Clovis aux évêques. Ces deux pièces sont très-propres à faire connoître le crédit que les évêques avoient dès lors dans le gouvernement, et avec combien d'attention on les ménageoit pour se les rendre favorables.

Mediantibus sacerdotibus atque proceribus, est-il dit dans le traité passé entre Gontran, Childebert II et la reine Brunehaud; voyez Grégoire de Tours, (*L. 9, C. 20.*) L'édit ou constitution, en date de l'an 615, et porté par Clotaire II dans l'assemblée qui se tint à Paris pour la réformation du gouvernement, me fournit encore une preuve, s'il est possible, plus forte. *Quicumque verò hanc deliberationem, quam cum pontificibus, vel cum magnis viris optimatibus, aut fidelibus nostris, in synodali concilio instituimus, temerare præsumpserit in ipsum, capitali sententiâ judicetur.* (Art. 24.)

Il y a grande apparence que le P. Daniel, qui vouloit faire peu d'usage des lois, les a peu lues; mais il auroit dû voir dans Grégoire de Tours les passages suivans. *Mané autem concurrentibus legatis (Gunthramni et Chilperici) pacem fecerunt pollicentes alterutro, ut quidquid sacerdotes vel seniores populi judicarent, pars parti componeret.* (L. 6, C. 31.) *Cum autem intentio inter regem Gunthramnum et Chilpericum verteretur, Gunthramnus rex apud Parisios omnes episcopos regni sui congregavit, ut inter utrosque quod haberet edicerent.* (L. 4, C. 48.) *Posteà verò convocatis episcopis et majoribus natu laicorum, duces discutere cœpit.* (L. 8, C. 30.)

Pourquoi le P. Daniel prétend-il que, suivant le premier plan de notre gouvernement, les évêques ne devoient pas entrer dans les assemblées de la nation, et n'avoient aucune part à l'administration publique, puisqu'il est prouvé que dans l'absence du roi, ils faisoient les fonctions de cette cour supérieure de justice, où le prince présidoit, et à laquelle on portoit, par appel, les sentences des ducs et des comtes, pour les confirmer ou les casser? *Si judex aliquem contrà legem injustè damnaverit, in nostrî absentiâ ab episcopis castigetur, ut quid perperè judicavit, versatim meliùs discussione habitâ emendare procuret.* (Const. Chot. Reg.) A ces autorités j'en pourrois facilement joindre mille autres. Mais parce que le P. Daniel s'est trompé, il ne seroit pas juste d'en punir mon lecteur, en l'ennuyant par des preuves superflues.

[14] Dans les différens manuscrits de la loi salique qui sont parvenus jusqu'à nous, on trouve deux leçons différentes d'un passage important du titre 45. L'une dit: *Si quis ingenuus francum aut hominem barbarum occiderit qui lege salicâ vivit, sol. 200 culpabilis judicetur.* L'autre leçon dit: *Si quis ingenuus francum aut barbarum, aut hominem occiderit qui lege salicâ vivit, sol. 200 culpabilis judicetur.* Le premier texte, n'associant au privilége des Français que les barbares ou peuples Germaniques, semble indiquer qu'eux seuls avoient le droit de vivre sous la loi salique, c'est-à-dire, de se naturaliser Français. Le second paroît étendre cette prérogative jusqu'aux Gaulois mêmes; car par le mot *hominem*, il faut nécessairement entendre un Gaulois, parce que tout homme qui habitoit les terres de la domination française, devoit être nécessairement Français, Barbare ou Gaulois.

J'ai conjecturé que la première leçon nous offre la loi telle qu'on la publia d'abord; et que nous la lisons dans la seconde leçon, telle qu'elle fut corrigée sous un des fils de Clovis. J'ai conclu de cette conjecture que les Gaulois n'avoient pas d'abord partagé avec les Barbares le privilége de se naturaliser Français. Cette opinion m'a paru d'autant plus vraisemblable, qu'il n'est pas permis de douter que les peuples germaniques, croyant avoir une origine commune, n'eussent les uns pour les autres plus de considération qu'ils n'en montroient aux habitans naturels des provinces romaines; nos lois mêmes nous en fournissent la preuve la plus complète. *Si quis Ripuarius, advenam Francum interfecerit, 200 sol. culpabilis judicetur. Si advenam Burgundionem interfecerit, 160 sol. culpabilis judicetur. Si interfecerit advenam Romanum, 100 sol. culpabilis judicetur. Si interfecerit advenam Alamannum seu Fresionem, vel Bajuvarium aut Saxonem, 160 sol. culpabilis judicetur.* (Lex. Rip. Tit. 35.)

Si on m'objecte que cette différence que j'ai remarquée dans les deux textes de la loi salique n'est qu'une erreur de copiste, je répondrai que les lois de la critique ne permettent qu'à la dernière extrémité d'avoir recours à un pareil soupçon. On ne doit supposer une erreur de copiste que quand un texte est inintelligible, qu'il se contredit lui-même, ou qu'il est combattu par des autorités graves. Je ne m'arrêterai pas davantage sur cette matière; il est dans le fond assez indifférent que les Gaulois aient eu, quelques années plutôt ou quelques années plus tard, le privilége de se naturaliser Français; il suffit de savoir qu'ils en jouirent. Pour le remarquer en passant, que devient tout le système de Loyseau et du comte de Boulainvilliers, dès qu'il est prouvé que les Gaulois purent vivre sous la loi salique?

CHAPITRE III.

[15] Il n'est pas nécessaire que je m'étende à donner les preuves de cette première révolution, tous nos historiens convenant que le champ de Mars ne fut plus convoqué régulièrement sous les petits-fils de Clovis. Établir l'époque fixe où il fut assemblé pour la dernière fois, c'est, je crois, une chose impossible. Je me contenterai de remarquer qu'il falloit que l'idée même des assemblées générales de la nation fut déjà bien oubliée sous le règne de Clotaire II; puisqu'après le supplice de Brunehaud, étant question de réformer le gouvernement, l'assemblée qui se tint à Paris, en 615, n'étoit composée que d'évêques et de Leudes. L'article 24, de l'ordonnance qu'elle publia, en est la preuve; je ne le rapporterai point ici, l'ayant déjà placé dans la remarque 13 du chapitre précédent.

[16] *Chlothacharius rex indixerat, ut omnes ecclesiæ regni sui tertiam partem fructuum fisco dissolverent, quod licet inviti, cum omnes episcopi consensissent atque subscripsissent, viriliter hoc beatus Injuriosus respuens subscribere dedignatus est, dicens: si volueris res Dei tollere, Dominus regnum tuum velociter auferet; quia iniquum est ut pauperes quos tuo debes alere horreo, ab eorum stipe tua horrea repleantur.* (Greg. Tur. L. 4 C. 2.)

Voyez dans la remarque 7 du chapitre premier, le discours ridicule que Grégoire de Tours fait tenir à l'armée de Clovis, quand ce prince demande qu'on lui accorde, outre sa part du butin, le vase enlevé sur le territoire de l'église de Reims.

Si quis de nobis, ô Rex, justitiæ tramitem transcendere voluerit, à te corrigi potest; si verò tu excesseris, quis te corripiet? Loquimur enim tibi, sed si volueris, audis: si autem nolueris, quis te condemnabit, nisi is qui se pronuntiavit esse justitiam? (Greg. Tur. L. 5, C. 19.)

[17] Il faudroit vouloir chicaner, pour ne pas convenir, avec le président de Montesquieu, que par les noms différens de Fidelles, de Leudes, d'Antrustions, on ne désignoit qu'un même ordre de citoyens. J'attribue ici plusieurs prérogatives aux Leudes; et le lecteur, un peu attentif, trouvera répandues en mille endroits de mes remarques, les preuves de ce que j'avance.

Ces Leudes étoient ce que Tacite appele les suivans ou les compagnons du prince, et dont cet historien nous fait un bel éloge. *Insignis nobilitas aut magna patrûm merita, principis dignationem etiam adolescentulis assignant. Cæteri robustioribus ac jam pridem probatis aggregantur: nec rubor inter comites aspici: gradus quinetiam et ipse comitatus habet, judicio ejus quem sectantur magnaque et comitum æmulatio, quibus primus apud principem suum locus; et principum, cui plurimi et acerrimi comites. Hæc dignitas, hæ vires magno semper electorum juvenum globo circumdari, in pace decus, in bello præsidium.* (De Mor. Germ. C. 13.) *Cum ventum in aciem turpe principi virtute vinci, turpe et comitatui virtutem principis non adæquare.* (Ibid. C. 13.)

Marculfe nous apprend par sa formule 18, du L. 1, comment on étoit admis au nombre des Leudes. *Quia ille fidelis, Deo propitio, noster veniens ibi, in palatio nostro, unà cum arimania sua, in manu nostra trustem et fidelitatem nobis visus est conjurasse. Propterea, per præsens præceptum decernimus ac jubemus ut deinceps memoratus ille in numero Antrustionum computetur.* Il est fâcheux que Marculfe ne nous ait donné dans aucune de ses formules, le serment qu'on prêtoit dans cette occasion entre les mains du roi.

[18] *Exigunt enim à principis sui liberalitate illum bellatorem equum, illam cruentam victricemque frameam. Nam epulæ et quamquàm incomti, largi tamen apparatus, pro stipendio cedunt. (Tac. de mor. Germ. C. 14.)* Les bénéfices que les rois Mérovingiens donnèrent à leurs Leudes, furent incontestablement des terres qu'ils détachèrent des domaines considérables qu'ils avoient acquis par leurs conquêtes, et dont ils se dépouillèrent par pure libéralité pour récompenser les services de leurs officiers, ou les complaisances de leurs courtisans. La preuve de cette proposition, c'est que vers le commencement du septième siècle, les rois de France n'avoient presque plus aucun domaine, tandis qu'il est évident que leurs prédécesseurs avoient eu de très-grandes possessions.

Si les bénéfices des Mérovingiens n'avoient pas été des portions démembrées de leur domaine, pourquoi seroient-ils appelés dans le traité d'Andely, «des dons de la magnificence des rois»? Si les bénéfices avoient été des récompenses politiques de l'état, dont le prince n'auroit été que le dispensateur, pourquoi les filles et les femmes des rois, à qui on donnoit de grandes terres en dot ou en douaire, auroient-elles imaginé de conférer des bénéfices? C'est que le prince donnoit son propre patrimoine, qu'elles crurent qu'il étoit digne de leur grandeur de répandre les mêmes bienfaits. *Ut quidquid domnus Gunthramnus rex filiæ suæ Clotildi contulit, aut adhuc, Deo propitiante, contulerit in omnibus rebus, atque corporibus, tam in civitatibus, quàm agris vel reditibus, in jure ac dominatione ipsius debeat permanere; et si quid de agris fiscalibus vel speciebus, atque præsidio pro arbitrii sui voluntate facere, aut cuiquam conferre voluerit, in perpetuo, auxiliante Domino, conservetur, neque à quoquam ullo unquam tempore convellatur.* Ce traité d'Andely est rapporté dans Grégoire de Tours, (*L. 9, C. 20.*)

Penser avec quelques écrivains que les Français, dans le temps de leur conquête, formèrent des bénéfices d'une certaine quantité de terre pour servir de récompense aux soldats, c'est chercher la politique des Français dans les usages romains, et non pas dans les leurs: source intarissable d'erreurs. Quel motif auroit porté les Français à former des bénéfices, dans un moment où chaque soldat pouvoit se faire à son gré un patrimoine, et étoit trop satisfait du présent pour songer à l'avenir? N'est-il pas prouvé que ce ne fut qu'après leur établissement dans les Gaules, que les Français commencèrent à adopter quelques usages des romains? Tandis qu'ils conquéroient, ils ne connoissoient que les leurs.

Mais, dira-t-on, les bénéfices militaires des empereurs romains étoient un établissement très-sage; et si la nation Française <u>étoit</u> incapable par elle-même d'en être frappée et de l'adopter, elle pouvoit être éclairée par les lumières de Clovis, qui étoit l'ame de ses résolutions. Je réponds que cela s'appelle conjecturer, et faire un roman et non pas une histoire. En second lieu, je prie de remarquer que les bénéfices militaires étoient nécessaires aux romains, parce que leurs armées étoient composées de mercenaires entretenus aux dépens de l'état, que les finances et les provinces de l'empire étoient épuisées; et que, pour pourvoir à la subsistance des gens de guerre, il falloit leur assigner des terres.

Mais la condition des Français étoit toute différente. Pourquoi auroient-ils imaginé l'établissement des bénéfices militaires, puisque chez eux l'état ne donnoit aucune solde au soldat? Tout domaine que possédoit un Français, n'étoit-il pas un vrai bénéfice militaire, puisque tout propriétaire étoit obligé de porter les armes et de faire la guerre à ses dépens? L'établissement des bénéfices militaires auroit donc été superflu; Clovis, loin de l'adopter, ne devoit le regarder que comme la ressource d'une nation qui n'est pas militaire et qui est pauvre. Je le remarquerai en passant: quand on parle d'un peuple aussi barbare et aussi ignorant que les premiers Français, il faut craindre de lui prêter des vues trop réfléchies et trop compliquées; le propre d'une pareille nation, c'est d'aller comme les événemens la poussent, et d'obéir grossièrement à ses mœurs.

Je ne m'arrêterai point à prouver ici que les bénéfices des Mérovingiens étoient amovibles; c'est une vérité que le président de Montesquieu a très-bien prouvée. (*Voyez l'esprit des lois, L. 30, C. 16.*)

[19] Il me semble que ce que nous appelons du nom de seigneurie, c'est-à-dire, la supériorité d'une possession sur d'autres, avec le droit de juridiction sur leurs habitans, étoit entièrement inconnu des Français qui conquirent les Gaules. L'idée qu'ils avoient de la liberté n'auroit pas permis à un homme libre, de leur nation, de reconnoître un seigneur; et le pouvoir d'un maître sur son serf, ne peut point être appelé un droit seigneurial. D'ailleurs, un peuple

presque toujours errant, qui avoit abandonné et possédé différentes provinces en Germanie, comment auroit-il pu adopter les principes constitutifs de nos seigneuries? Nos lois saliques et ripuaires, qui règlent la forme des tribunaux des ducs, des comtes et de leurs vicaires, et en prescrivent les devoirs, ne disent rien des justices seigneuriales; elles n'existoient donc pas quand ces codes furent rédigés.

Si on trouve dans nos monumens les plus anciens le mot *senior*, dont nous avons fait celui de seigneur, il est évident que les premiers Français n'y attachoient point les mêmes idées que ce mot réveilla depuis dans leurs descendans. Il ne signifia d'abord qu'un Leude, qui, par son âge, étoit parvenu à la tête des conseils de la nation. Grégoire de Tours, au lieu de *senior*, dit quelquefois *major natu*. *Convocatis episcopis et majoribus natu laïcorum*. (Voyez le glossaire de Ducange, au mot *senior*.)

Rien ne peut nous faire conjecturer que les seigneuries fussent connues en Germanie, et je prie de remarquer que si elles avoient formé une branche du droit politique des Français, et qu'ils en eussent apporté l'usage dans les Gaules, elles n'auroient pas encore conservé tout le caractère d'une nouveauté sous les premiers Carlovingiens. Auroit-il encore été douteux dans le temps de Charlemagne, si les justices seigneuriales des ecclésiastiques devoient avoir ou non le droit de juger à mort? *Imprimis omnium jubendum est ut habeant ecclesiæ justitias, tam in vita illorum qui habitant in ipsis ecclesiis, quàmque in pecuniis et substantiis eorum.* (Cap. 4, an. 806, Art. 1.) Comment auroit-on attendu si tard à régler cette compétence, si les justices seigneuriales, au lieu de se former peu à peu et lentement, avoient été connues de tout temps dans la monarchie française?

Le droit des seigneurs étoit si peu constaté, si peu affermi, qu'on pouvoit encore changer de seigneur et en secouer l'autorité. *Quod nullus Seniorem suum dimittat, postquàm ab eo acceperit valente solidum unum: excepto si eum vult occidere, aut cum baculo cædere, vel uxorem aut filiam maculare, seu hæreditatem ei tollere.* (Cap. an. 813, Art. 16.) *Mandamus etiam ut nullus homo Seniorem suum sine justa ratione dimittat; nec aliquis eum recipiat, nisi sicut tempore antecessorum nostrorum consuetudo fuit.* (Cap. an. 847, Art. 3.)

Je prie de faire attention à ce capitulaire de Charles-le-Chauve; *Volumus etiam ut unusquisque liber homo in nostro regno, Seniorem qualem voluerit, in nobis aut in nostris fidelibus accipiat.* (Cap. an. 847, art. 2.) Si la coutume des seigneuries eût été apportée de Germanie, et eût formé la constitution primitive des Français, comment plusieurs hommes libres seroient-ils parvenus à ne point reconnoître le seigneur, avant le règne de Charles-le-Chauve? Si les Français avoient connu l'usage des seigneuries, en entrant dans les Gaules, tout possesseur de terre eût été dès l'instant de la conquête, ou possesseur d'une seigneurie, ou possesseur d'un domaine sujet à une seigneurie, et par conséquent, on n'auroit point eu lieu, sous le règne de Charles-le-Chauve, de faire la loi qu'on vient de lire. On me dira, sans doute, qu'elle a rapport aux fiefs; mais qu'on fasse attention que c'est une chose impossible. 1°. Le possesseur d'un fief n'est pas appelé, *liber homo.* 2°. Si cette loi regardoit les fiefs, il faudroit en conclure que toute possession devint un fief, ce qui est évidemment faux, puisqu'on prouve que sur la fin de la seconde race, et sous les premiers Capétiens, une grande partie des terres du royaume, étoit possédée en roture: on le verra à la suite de cet ouvrage.

Les expressions dont on se servit dans les capitulaires, en parlant des justices seigneuriales, supposent qu'elles avoient été démembrées de la juridiction ou du ressort des ducs et des comtes, et prouvent même que ces magistrats conservoient une sorte d'inspection sur les seigneuries, dont le territoire avoit fait autrefois partie de leur gouvernement. *Volumus, propter justitias quæ usquemodò de parte comitum remanserunt, quatuor tantum mensibus in anno missi nostri legationes nostras exerceant.* (Capit. 3, an. 812. Art. 8.) *De vassis Dominicis qui adhuc intrà casam serviunt, et tamen beneficia habere noscuntur, statutum est ut quicumque ex eis cum domno imperatore domi remanserint, vassallos suos casatos secum non retineant, sed cum comite cujus Pagenses sunt, ire permittant.* (Cap. 2. an. 812. Art. 7.) *Si vassus noster justitias non fecerit, tunc et comes et missus ad ipsius casam sedeant et de suo vivant quòusque justitiam faciat.* (Cap. an. 779. Art. 21.) *De nostris quoque dominicis vassallis jubemus ut si aliquis prædas egerit, comes in cujus potestate fuerit, ad emendationem eum vocet. Qui si comitem aut missum illius audire noluerit, per forciam illud emendare cogatur.* (Capit. Carlom. an. 882.)

Je supprime mille raisonnemens favorables à mon opinion; et je me borne à remarquer qu'après la conquête des Français, leur royaume fut partagé en plusieurs duchés ou provinces. Chaque duché comprit plusieurs comtés, et chaque comté fut divisé en plusieurs cantons, nommés Centènes, dans chacun desquels on établit un centenier pour y rendre la justice. Ces Centeniers, distribués dans tout le plat pays, ne sont-ils pas une preuve que la nation ne connoissoit pas les justices seigneuriales? Quel auroit été leur emploi, si des seigneurs particuliers avoient administré la justice dans leur territoire? Est-il vraisemblable que ces seigneurs eussent voulu reconnoître la juridiction des officiers subalternes des comtes?

Puisque les seigneuries n'étoient point une coutume apportée de Germanie, qu'il est certain, d'un autre côté, que ni les lois ni les coutumes des Gaulois n'en ont pu donner l'idée aux Français; elles ne sont donc point aussi anciennes, que leur établissement en deçà du Rhin; elle doivent donc leur origine à quelque événement, à quelque révolution particulière. Je crois qu'elles ont dû commencer à se former dans les temps mêmes où les rois Mérovingiens commencèrent eux-mêmes à étendre leur autorité. Voici mes preuves. Premièrement, nous avons une ordonnance de 595, qui suppose que quelques Leudes avoient déjà une juridiction chez eux. *Pari conditione convenit ut si una centena in aliâ centenâ vestigium secuta fuerit et invenerit, vel in quibuscumque fidelium nostrorum terminis vestigium miserit.* (Cap. de Baluze. T. 1, p. 19.) Secondement, l'ordonnance de l'assemblée de Paris, tenue en 615, prescrit aux évêques et aux Leudes qui possédoient des seigneuries éloignées de leur domicile ordinaire, de choisir des hommes du lieu même, et non des étrangers, pour y rendre la justice. *Episcopi vel Potentes qui in aliis possident regionibus, Judices vel missos discussores de aliis Provinciis non instituant, nisi de loco qui Justitiam percipiunt et aliis reddent.* (Art. 19.)

Je puis m'être trompé en parlant des causes qui ont contribué à l'établissement des seigneuries, parmi nous; mais je crois en avoir fixé certainement l'époque. Si on m'oppose un diplome de Clovis, donné l'an 496, en faveur de l'abbaye de Réomaux, et qui suppose qu'il y avoit déjà des seigneuries dans ce temps-là, je répondrai que dom Bouquet, qui nous a donné cette pièce dans son recueil, (*T. 4, p. 615,*) la croit supposée. La raison de ce critique, c'est que Clovis ne pouvoit point en 496, donner le privilége à l'abbaye de Réomaux qui étoit située sur les terres des rois de Bourgogne. Ce prince gratifia simplement ce monastère de lettres de sauve-garde et de protection; et l'acte par lequel Clotaire I, les renouvela en 516, ne contient rien qui ait le moindre rapport direct ou indirect au droit de justice. (*Voyez cette pièce dans Bouquet, T. 4, p. 616.*)

L'esprit des lois a acquis avec raison une si grande autorité dans le public, qu'il est nécessaire d'examiner ici le sentiment du président de Montesquieu, sur l'origine des seigneuries. Il ne veut point qu'elles soient l'ouvrage de l'usurpation. «N'y a-t-il eu sur la terre, *dit-il,* (*L. 30, C. 20,*) que les peuples descendus de la Germanie, qui aient usurpé les droits des princes? L'histoire nous apprend assez que d'autres peuples ont fait des entreprises sur leurs souverains, mais on n'en voit pas naître ce que l'on a appelé les justices des seigneurs; c'étoit donc dans le fond des usages et des coutumes des Germains, qu'il falloit en chercher l'origine.» Qu'importe ce que l'histoire nous apprend des autres nations; comme si tous les peuples devoient se copier dans les entreprises qu'ils font sur leurs souverains ou sur la puissance publique? La manière dont Loyseau imagine que les grands usurpèrent la justice, est ridicule; mais est-ce une chose si inconcevable, si absurde, que dans une nation aussi mal gouvernée que les Français, et sous des princes tels que les fils de Clovis, quelques Leudes puissants dans leurs cantons, aient pris de l'autorité sur leurs voisins, et voulu leur tenir lieu de magistrats, en commençant par être leurs arbitres, qu'il faille chercher l'origine des justices des seigneurs dans les coutumes des Germains? Pourquoi le succès de quelques Leudes n'auroit-il pas accrédité leur ambition, et jeté les premiers fondemens d'une coutume qui, flattant la vanité et l'avarice, devint enfin, générale dans tout le royaume?

«La justice, continue le président de Montesquieu, fut donc dans les fiefs anciens, (il appelle ainsi, ce que j'appelle bénéfice,) et dans les fiefs nouveaux, un droit inhérent au fief même, un droit lucratif qui en faisoit partie.» Mais je prendrai la liberté de demander à Montesquieu, comment il peut trouver dans les usages des Germains, que la justice fût attachée au fief; lui qui a dit, (C. 3:) «chez les Germains, il y avoit des vassaux et non pas des fiefs. Il n'y avoit point de fiefs, parce que les princes n'avoient point de terres à donner; ou plutôt les fiefs étoient des chevaux de bataille, des armes, des repas.» S'il n'y avoit point de fiefs chez les Germains, et en effet, il n'y en avoit point, comment, par leurs coutumes, la justice pouvoit-elle être un droit inhérent au fief? Si des chevaux de bataille, des armes, des repas, étoient des fiefs, seroit-il raisonnable de penser que le droit de justice fût attaché à de pareilles choses? où auroit été le territoire de ces justices?

Écoutons le président de Montesquieu. «Les fiefs, *dit-il*, comprenoient de grands territoires. J'ai déjà prouvé que les rois ne levoient rien sur les terres qui étoient le partage des Francs; encore moins pouvoient-ils se réserver des droits sur les fiefs. Ceux qui obtinrent des fiefs, eurent à cet égard, la jouissance la plus étendue, ils en tirèrent tous les fruits et tous les émolumens; et comme un des plus considérables, étoient les profits judiciaires, *Freda*, que l'on recevoit par les usages des Francs, il suivoit que celui qui avoit le fief, avoit aussi la justice, qui ne s'exerçoit que par des compositions aux parens, et des profits au seigneur; elle n'étoit autre chose que de faire payer les compositions de la loi, et celui d'exiger les amendes de la loi.»

De ce que les rois Mérovingiens ne levoient rien sur les terres de leurs sujets, il me semble qu'il ne s'ensuit pas qu'ils ne pussent se réserver aucun droit sur les fiefs ou bénéfices. C'étoient des dons faits par générosité; et comme le prince, ainsi qu'en convient Montesquieu lui-même avoit conservé la faculté de les reprendre à son gré, pourquoi n'auroit-il pas pu les soumettre à quelque charge? Cette supposition n'a rien d'extraordinaire. Je conclurois, au contraire, des longs détails de concessions, dont sont chargées toutes les chartes par lesquelles on conféroit un bénéfice, que les Mérovingiens avoient coutume de se faire des réserves. Peut-être même falloit-il que par leur nature, les bénéfices fussent soumis à quelque redevance, puisque dans plusieurs chartes, on n'oublie point de les en exempter, par une clause expresse. *Omnia per nostrum donitum habeant ille et filii sui, et posteritas illorum, absque ullo censu vel alicujus inquietudine.* (Char. an. 815, Hist. de D. Bouquet, T. 6, p. 472.) Je trouve encore dans une charte de Charles-le-Chauve, de l'an 844, les paroles suivantes: *Ostendit etiam nobis epistolam domni et genitoris nostri Huldowici piissimi Augusti ad Sturmionem comitem directam ut prædictam villam, id est, fontes, memorato Johanni absque ullo censu et inquietudine habere dimitteret.* (Ibid. T. 8, p. 459.)

Mais quand il seroit vrai que les premiers fils de Clovis ne se fussent jamais réservé aucun droit sur leurs bénéfices, il ne s'ensuivroit pas que les bénéficiers y eussent eu la justice: car, si je ne me trompe, on peut prouver que ces princes n'avoient point de justice particulière dans leurs domaines. Premièrement, je prie de remarquer qu'il n'importoit, ni à leur dignité, ni à l'accroissement de leurs finances, d'avoir de ces juges particuliers; puisqu'ils nommoient les ducs et les comtes, et qu'ils percevoient la troisième partie de tous les frèdes ou amendes judiciaires qui étoient payés dans tout le royaume. En second lieu, les lois saliques et ripuaires, ni aucune ordonnance des rois Mérovingiens, ne parlent des justices domaniales du prince; comment donc en prouver l'existence?

Dom Bouquet a publié dans son recueil, 14 diplomes ou chartes de concession de bénéfices, depuis Clovis jusqu'à Clotaire II, et dans aucune, on ne trouve rien qui ait rapport au droit de justice. Ce silence forme un argument bien fort contre le président de Montesquieu. Ne prouve-t-il pas, ou que les Mérovingiens n'avoient pas une justice particulière dans leurs domaines, ou qu'ils ne la cédoient pas à leurs bénéficiers? La charte la plus ancienne où l'on trouve une concession de justice, est de Dagobert, en 630. (*Voyez Dom Bouquet, T. 4, p. 628.*) N'est-il pas vraisemblable que les rois voyant à cette époque, que plusieurs prélats et plusieurs leudes s'étoient fait des seigneuries particulières, attribuèrent à leurs bénéfices le droit de justice pour les rendre plus considérables et en relever la dignité? Depuis, toutes les chartes ont renfermé la concession de la justice; et cette coutume, accréditée en peu de temps, étoit, pour ainsi dire, de droit commun en 660, que Marculfe écrivoit ses formules.

Encore un mot pour prouver que les premiers rois Mérovingiens n'avoient point de justice particulière dans leurs domaines. Grégoire de Tours parle d'un certain Pélagius, qui avoit tous les vices, et bravoit tous les juges, parce qu'il avoit une sorte d'intendance sur les haras d'un domaine du roi. *Fuit autem in urbe Turonicâ Pelagius quidam in omni malitiâ exercitatus, nullum judicem metuens eo quòd jumentorum fiscalium custodes sub ejus potestate consisterent.* (L. 8. C. 40.) Il n'est pas surprenant que les juges publics n'osassent réprimer ce Pélagius: ils craignoient le ressentiment d'un homme qui pouvoit leur faire des ennemis à la cour. Mais Pélagius n'auroit pas abusé du crédit que lui donnoit son emploi, si le principal officier d'un domaine royal, qu'on nommoit *major villæ*, eût été dès-lors le juge de tous les domestiques employés dans le domaine; ce juge, officier, comme lui, du prince, et accrédité, comme lui, à la cour, auroit pu, sans crainte, le punir de ses injustices.

Ce ne fut que dans la suite que le *major villæ* fut juge, et ce n'est que dans les capitulaires de Charlemagne, qu'on lui attribue, pour la première fois, cette qualité. *Ut unusquisque judex in suo ministerio bonos habeat artifices, id est, fabros ferrarios, et aurifices, et argentarios, sutores, tornatores, carpentarios, &c.* (Cap. de villis, art. 45.) *Volumus ut de fiscalibus, vel servis nostris sive ingenuis qui per fiscos aut villas nostras commanent, diversis hominibus plenam et integram, qualem habuerint, reddere faciant justitiam.* (Ibid. art. 52.) Ut *unusquisque judex in eorum ministerio frequentiùs audientias teneat et justitiam faciat, et provideat qualiter rectè familiæ nostræ vivant.* (Ibid. art. 56.)

Je m'arrête long-temps sur l'article de l'établissement des seigneuries; mais il est important; et d'ailleurs, on doit ce respect au président de Montesquieu, lorsqu'on n'est pas de son avis, d'examiner en détail toutes ses raisons.

«Je trouve, dit-il, dans la vie des saints, que Clovis donna à un saint personnage, la puissance, sur un territoire de six lieues de pays, et qu'il voulut qu'il fût libre de toute juridiction quelconque. Je crois bien que c'est une fausseté, mais c'est une fausseté très-ancienne. Le fond de la vie et les mensonges se rapportent aux mœurs et aux lois du temps, et ce sont ces mœurs et ces lois que l'on cherche.»

Montesquieu me fournit lui-même la réponse que je lui dois faire. «Je pourrois croire, dit-il, (*L. 31, C. 32*) que les hommages commencèrent à s'établir du temps du roi Pepin, qui est le temps où j'ai dit que plusieurs bénéfices furent donnés à perpétuité. Mais je le croirois avec précaution, et dans la supposition seule, que les auteurs des annales des Francs n'aient pas été des ignorans, qui, décrivant les cérémonies de l'acte de fidélité, que Tassillon, duc de Bavière, fit à Pepin, aient parlé suivant les usages qu'ils voyoient pratiqués de leur temps.» Je croirois aussi l'argument du président de Montesquieu, très-bon, si l'historien qui raconte la générosité de Clovis, envers un saint personnage, eût été son contemporain. Mais malheureusement cela n'est pas; et qui me répondra qu'il n'ait pas parlé d'une donation faite avant l'établissement des seigneuries, suivant les usages et les formes qu'il voyoit pratiquer de son temps?

«La loi des Ripuaires, dit encore Montesquieu, défend aux affranchis des églises, de tenir l'assemblée où la justice se rend, ailleurs que dans l'église où ils ont été affranchis. Les églises avoient donc des justices sur les hommes libres, et tenoient leurs plaids, dès les premiers temps de la monarchie.» Sans doute, que les églises avoient une justice, dès le commencement de la monarchie, je l'ai trouvé dans la remarque VI du chapitre précédent. Ce que règle la loi ripuaire, citée par le président de Montesquieu, n'a rapport qu'à la juridiction ecclésiastique, qu'il n'a confondue que par distraction, avec les justices seigneuriales. Lorsqu'un français de la tribu des Ripuaires vouloit affranchir son serf, suivant la loi romaine, ce qui lui étoit permis, la cérémonie s'en faisoit dans l'église. Le serf étoit remis entre les mains de l'évêque, qui lui donnoit des tables, ou des lettres d'affranchissement. Cet affranchi, appelé *tabulaire, tabularius,* restoit sous la protection spéciale de l'église; il lui payoit un cens modique; et jouissant du privilége clérical, étoit justiciable de son évêque.

Voici le dernier argument du président de Montesquieu. «Si la justice, dit-il, n'étoit point une dépendance des fiefs, pourquoi verroit-on par-tout que le service du fief étoit de servir le roi ou le seigneur, et dans leurs cours et dans leurs guerres?» Je réponds en premier lieu, que je ne vois pas de quelle nécessité il est qu'un bénéficier ait une justice dans son bénéfice, pour servir le roi dans ses cours ou dans ses guerres. Secondement, il est démontré qu'avant la régence de Charles-Martel, les bénéfices n'étoient point conférés, sous la condition de servir le donateur. On verra les preuves de cette vérité, dans la remarque 37 du chapitre sixième.

[20] *Claudius Turonis accessit; et cum iter ageret, ut consuetudo est barbarorum, auspicia intendere cœpit, ac dicere sibi esse contraria: simulque interrogare multos, si virtus beati Martini de præsenti manifestaretur in perfidis. Aut certè si aliquis injuriam in eum sperantibus intulisset, si protinùs ultio sequeretur.* (Greg. Tur. L. 7, C. 29.)

[21] Dès que les rois, en conférant des bénéfices, leur attribuèrent le droit de justice, il fut défendu aux juges publics d'y faire aucun acte de juridiction. (*Voyez le recueil de Dom Bouquet, t. 4, p. 628, 630, 633, et les formules 3 et 4 de Marculfe.*)

CHAPITRE IV.

[22] *AIEBAT enim (Chilpericus) plerumque: ecce pauper remansit fiscus noster; ecce divitiæ nostræ ad ecclesias sunt translatæ: nulli pœnitùs, nisi soli episcopi regnant: periit honor noster et translatus est ad episcopos civitatum.* (Greg. Tur. L. 6, C. 46.)

[23] *Tunc indicavit ei quos in consilio haberet, aut sperneret à conloquio; quibus se crederet, quos vitaret, quos honoraret muneribus, quos ab honore, depelleret.* (Greg. Tur. L. 7, C. 33.) *Persæpe homines pro facultatibus eorum punivit.* (Ibid. L. 6, C. 46.) *Illi post prædicationem sacerdotum, de Fanis ad ecclesias sunt conversi: isti quotidie de ecclesiis prædas detrahunt, illi sacerdotes Domini ex toto corde venerati sunt et audierunt; isti non solum non audiunt, sed etiam persequuntur; illi monasteria et ecclesias ditaverunt; isti eas diruunt ac subvertunt.* (Ibid. L. 4, C. 49.) On va voir dans la note suivante que les Mérovingiens redemandoient aux églises les bénéfices qu'ils leur avoient donnés; puisque dans le traité d'Andely en 587, on fit un article exprès pour remédier à cet abus.

[24] *Quidquid ante fati reges ecclesiis aut fidelibus suis contulerunt, aut adhuc conferre cum justitiâ, Deo propitiante, voluerint, stabiliter conservetur; et quidquid unicuique fidelium in utriusque regno per legem et justitiam redhibeatur, nullum et præjudicium patiatur, sed liceat res debitas possidere atque recipere; et si aliquid cuicumque per interregna sine culpâ sublatum est, audientiâ habitâ restauretur. Et de eo quod per munificentias præcedentium regum unusquisque usque ad transitum gloriosæ memoriæ domini Chlotocharii regis possedit, cum securitate possideat: et quod exinde fidelibus personis ablatum est, de præsenti recipiat.* (Greg. Tur. L. 9, C. 20.)

Il est question de savoir si cette expression, *stabiliter conservetur*, doit s'entendre de l'hérédité établie dans les bénéfices; ou si elle signifie seulement que le bénéficier qui en est pourvu en jouira pendant toute sa vie. Ce qui rend la première explication plus vraisemblable, c'est que le même traité d'Andely permet aux femmes, aux veuves et aux filles des Mérovingiens, d'aliéner pour toujours les terres qu'elles conféroient en bénéfices. *Ut si quid de agris fiscalibus vel speciebus, atque præsidio pro arbitrii sui voluntate facere, aut cuiquam conferre voluerit; in perpetuo, auxiliante Domino, conservetur, neque à quoquam ullo unquàm tempore convellatur.* La manière dont cet article est dressé; les expressions *in perpetuo et ullo unquam tempore*, ne laissent aucun lieu de douter que les bénéfices conférés par les princesses, n'aient été rendus héréditaires dans l'assemblée d'Andely. Or, je demande pourquoi on auroit permis aux princes de reprendre leurs bénéfices à la mort du bénéficier, tandis qu'on ôtoit ce droit aux princesses.

En second lieu, les ecclésiastiques ont toujours prétendu que c'est un sacrilége, que de reprendre les biens qui avoient été consacrés à Dieu et au culte de la religion. L'esprit du traité d'Andely est donc, que les gratifications faites par les rois à l'église, soient perpétuelles, irrévocables, et deviennent des propres. Mais remarquez que l'expression *stabiliter conservetur*, se rapportant également aux Leudes et aux églises, suppose leur condition égale à l'égard des bénéfices; d'où il faut conclure que les bénéfices conférés aux Leudes, ne pouvoient jamais être repris par le prince. Le traité ne fut pas observé religieusement, mais il semble qu'on n'en peut rien conclure contre le droit des bénéficiers.

[25] *Cum jam Protadius, genere Romanus, vehementer ab omnibus in palatio veneraretur, et Brunechildis stupri gratiâ eum vellet honoribus exaltare.* (Fredeg. Chron. C. 24.) *Protadius, instigante Brunechilde, Theudorico jubente, majordomus substituitur. Qui cum esset nimiùm argutissimus et strenuus in cunctis, sed sæva illi fuit contrà personas iniquitas, fisco nimium tribuens, de rebus personarum ingeniosè fiscum vellens impellere et se ipsum ditare. Quoscumque genere nobiles reperiret, totos humiliare conabatur, ut nullus reperiretur qui gradum quem adripuerat, potuisset adsumere.* (Ibid. C. 27.)

[26] *Quidquid parentes nostri anteriores principes, vel nos per justitiam visi sumus concessisse et confirmasse, in omnibus debeat confirmari.* (Ord. an. 615, art. 16.) Il est évident que cet article a rapport aux conventions du traité d'Andely, et qu'il en rappelle et en confirme les dispositions. On verroit, sans doute, que l'expression *quidquid*, doit s'entendre des bénéfices, si les deux articles précédens de cette ordonnance n'avoient été perdus. On ne peut douter que ce ne soit à cette époque, que les bénéfices devinrent incontestablement héréditaires; et l'ordonnance de Paris fut aussi respectée, que le traité d'Andely l'avoit été peu. Tout préparoit les esprits à cette révolution, et l'assemblée que Clotaire II tint à Paris, étoit l'occasion la plus favorable aux intérêts des Leudes; ce prince étoit-il en état de pouvoir leur refuser quelque chose? La décadence où l'autorité royale tomba dès ce moment, est une

preuve que le prince ne fut plus le maître de disposer de ses bénéfices. Enfin, l'hérédité des bénéfices étoit tellement établie, et reconnue pour être la coutume générale, quarante-cinq ans après l'assemblée de Paris, que Marculfe qui écrivoit dans ce temps-là, en fait une clause particulière dans l'acte de donation des bénéfices. *Ità ut eam villam jure proprietario ullius expectatâ judicum traditione habeat, teneat atque possideat, et suis posteris, Domino adjuvante, ex nostrâ largitate, aut cui voluerit ad possidendum relinquat.* (Form. 14, L. 1.)

Quæ unus de fidelibus ac Leodibus, suam fidem servando Domino legitimo, interregno faciente, visus est perdidisse, generaliter absque incommodo de rebus sibi justè debitis præcipimus revestiri. (Ord. an. 615. Art. 17.)

Episcopi verò vel potentes qui in aliis possident regionibus, judices vel missos discussores de aliis provinciis non instituant nisi de loco, qui justitiam percipiant et aliis reddant. (Ibid. art 19.) J'ai déjà rapporté cet article dans une note précédente; il suppose le droit des seigneuries établi, et le confirme. Peut-être que ce droit avoit été formellement reconnu dans quelque ordonnance qui n'est pas venue jusqu'à nous.

[27] Tant que les Français furent en Germanie, il est vraisemblable que l'assemblée du champ de Mars nommoit aux magistratures. *Eliguntur*, dit Tacite, (C. 12,) *in iisdem Conciliis et principes qui jura per pagos vicosque reddant*. Lorsque les principes du gouvernement français commencèrent à s'altérer, les rois s'attribuèrent le pouvoir de conférer les duchés et les comtés. Grégoire de Tours, (*L. 4, C. 43,*) rapporte que Péonius, comte d'Auxerre, envoya de l'argent au roi Gontran, par son fils Mummolus, pour être continué dans son emploi; et que le fils infidelle donna l'argent en son nom, et obtint la place de son père. Il n'est pas besoin de multiplier ici les autorités, pour prouver une vérité dont on ne peut douter, pour peu qu'on ait lu nos anciens historiens, et quand on se rappelle que l'assemblée du champ de Mars ne se tenoit plus. Le président de Montesquieu a cependant dit quelque part, que les assemblées de la nation disposoient même des bénéfices.

Frédégaire nous apprend que Varnachaire, qui venoit d'être fait maire du palais, dans le royaume de Bourgogne, après la mort de Brunehaut, exigea de Clotaire II, qu'il lui promît, par serment, de ne lui jamais ôter sa dignité. *Varnacharius in regno Burgundiæ substituitur major-domus, sacramento à Chlotario accepto ne unquàm vitæ suæ temporibus degradaretur.* (Chr. C. 42.) Si Varnachaire eût été fait maire du palais, par les grands, Clotaire n'eût pas eu la liberté de le déposer; et par conséquent, il eût été absurde que Varnachaire eût exigé le serment inutile, dont parle l'historien. Il n'est pas moins aisé de prouver que le maire du palais, et par conséquent, le roi, dont il n'étoit encore que le ministre, nommoit aux duchés et aux comtés; puisque Flaochatus, qui succéda à Varnachaire, écrivit à tous les ducs du royaume de Bourgogne, pour leur promettre, par serment, de les conserver dans la possession de leur dignité. *Flaochatus cunctis ducibus Burgundiæ seu et pontificibus per epistolam, etiam et sacramentis firmavit unicuique gradum honoris et dignitatem seu amicitiam perpetuo conservare.* (Ibid Chron. C. 89.) Il n'est pas nécessaire de remarquer que *gradum honoris* se rapporte aux ducs, et *amicitiam* aux évêques.

[28] On doit sur-tout regretter l'ordonnance de l'assemblée, que Clotaire II convoqua à Clichy, près de Paris, la quarante-quatrième année de son règne. Cette pièce, sans doute, seroit de la plus grande importance, pour connoître notre ancien droit public, les progrès de l'autorité des maires du palais et des seigneurs, et les causes particulières de la révolution subite que souffrit la dignité des princes Mérovingiens.

[29] *Chlotarius cum proceribus et Leudibus Burgundiæ Træsassis conjungitur, cum eos sollicitasset, si vellent mortuo jam Varnachario, alium in ejusdem honoris gradum sublimare, etc.* (Fredeg. Chr. C. 43.) Il falloit que pendant la régence, ou la mairie de Varnachaire, les grands eussent exigé du roi, qu'ils nommeroient désormais son maire du palais. *Flaochatus, genere Francus, majordomus in regnum Burgundiæ, electione Ponticum et cunctorum ducum, à Nantechilde reginâ in hunc gradum honoris nobiliter stabilitur.* (Ibid. C. 89.)

CHAPITRE V.

[30] JE ne m'arrêterai pas long-temps à réfuter ici l'opinion du comte de Boulainvilliers, sur l'origine de la noblesse, dans la monarchie française. Il a cru que tous les Français, avant la conquête, étoient libres et égaux, par le droit de leur naissance, et il avoit raison. Mais après qu'ils se furent emparés des Gaules, les vainqueurs et les vaincus, ne formant plus qu'un corps de société, on commença, selon cet écrivain, à connoître dans la monarchie des Français, des familles nobles et des familles roturières. Tout Français fut gentilhomme, tout Gaulois fut roturier. Si on a lu avec quelqu'attention les remarques précédentes, on jugera, sans peine, que cette idée ne peut être appuyée sur aucun fondement solide. Je me borne à demander aux personnes qui ont adopté le système du comte de Boulainvilliers, comment on peut l'accorder avec la loi salique, qui n'exige qu'une composition de 200 sous, pour le meurtre d'un français libre, tandis qu'elle en ordonne un de 300 pour le meurtre d'un gaulois, convive du roi. Pourquoi le sang d'un gentilhomme est-il moins précieux que celui d'un roturier?

Enfin, l'abbé du Bos a une fois raison. Il prétend, (*L. 6, C. 4*), que les Français, sous leurs premiers rois, n'étoient point partagés en deux ordres de citoyens, comme nous le sommes aujourd'hui, en nobles et en roturiers. Il pense qu'il n'y avoit point chez eux de familles qui jouissent par l'avantage de la naissance, de ces droits et de ces priviléges particuliers et distinctifs, qui constituent dans une nation une noblesse d'origine. Toutes les prérogatives étoient personnelles, elles n'étoient point héréditaires. Mais à peine a-t-il exposé son sentiment, qu'il ne manque pas d'avoir tort, c'est-à-dire, qu'il gâte une bonne cause, en la prouvant mal.

Le président de Montesquieu, qui croit l'honneur de nos grandes maisons intéressé à proscrire l'opinion de l'abbé du Bos, veut au contraire, que dès le temps de la conquête, et même au-delà du Rhin, les Français aient connu une noblesse proprement dite, et que des familles privilégiées possédassent des droits qui les distinguoient et les séparoient des familles communes.

Il est vrai qu'il y a toujours eu chez les Français une classe de citoyens appelés *Fidelles*, *Leudes* ou *Antrustions*, et qu'ils jouissoient, ainsi que l'a établi le président de Montesquieu, et que je l'ai dit dans le corps de mon ouvrage, de plusieurs prérogatives qui n'appartenoient point aux simples hommes libres. Je ne conçois pas pourquoi l'abbé du Bos déguise cette vérité; il pouvoit en convenir sans nuire à son système; il le devoit, en ajoutant que ces distinctions personnelles étoient accordées à la dignité et non pas à la naissance des Leudes. Il pouvoit soutenir qu'on ne naissoit pas Leude, Fidelle, Antrustion, mais qu'on le devenoit par la prestation du serment de fidélité; ainsi que nous l'apprend Marculfe, par une formule que j'ai déjà citée dans la remarque 65 du chapitre troisième.

Je dois d'abord prouver que cette espèce d'ennoblissement personnel que donnoit la prestation du serment de fidélité, ne communiquoit aux enfans du Leude ou Antrustion, aucune prérogative particulière; et qu'ainsi, il n'y avoit chez les Français, qu'une noblesse personnelle. Si les droits des gentilshommes étoient les mêmes que ceux des Leudes, c'est-à-dire, s'ils approchoient également de la personne du prince; si, par le seul droit de leur naissance, ils pouvoient être élevés aux premiers emplois de l'État; je prierai de m'expliquer par quel motif les Français nés gentilshommes, prêtoient le serment de fidélité, qui leur étoit inutile pour obtenir ces honneurs. Si les priviléges de ces gentilshommes sont différens de ceux des Leudes qui étoient sous la truste ou la foi du roi, je demanderai qu'on me dise pourquoi nos lois saliques et ripuaires, si attentives à distinguer parmi les Gaulois mêmes, différens ordres de citoyens, Gaulois convives du roi, Gaulois possesseurs de terres, Gaulois tributaires, n'établissent aucun ordre mitoyen entre le français libre et le Leude. Pourquoi cette noblesse qui tient le milieu entre les simples hommes libres et les Leudes, est-elle oubliée? pourquoi aucun de nos anciens monumens n'aide-t-il à faire connoître, ni même à faire soupçonner son existence?

Le président de Montesquieu répond à mes demandes, (*L. 30, C. 25*), en disant que la prérogative distinctive des familles nobles, étoit de prêter le serment de fidélité, ou de se recommander pour un fief ou un bénéfice. Je cherche la preuve de cette proposition, et l'auteur me renvoie au chapitre 23 du livre suivant. J'y cours, et je lis: «d'abord, les hommes libres ne purent pas se recommander pour un fief, mais ils le purent dans la suite, et je trouve que ce changement se fit dans le temps qui s'écoula depuis le règne de Gontran, jusqu'à celui de Charlemagne. Je le prouve par la comparaison qu'on peut faire du traité d'Andely, passé entre Gontran, Childebert et la reine Brunehaud, et le partage fait par Charlemagne à ses enfans, et un partage pareil, fait par Louis-le-Débonnaire. Ces trois actes contiennent des dispositions à peu près pareilles à l'égard des vassaux; et comme on y règle les mêmes points, et à peu près dans les mêmes circonstances, l'esprit et la lettre de ces trois traités se trouvent à peu près les mêmes à cet égard. Mais pour ce qui regarde les hommes libres, il s'y trouve une différence capitale. Ce traité d'Andely ne dit point qu'ils pussent se recommander pour un fief, au lieu qu'on trouve, dans les partages de Charlemagne et de Louis-le-Débonnaire, des clauses expresses, pour qu'ils puissent se recommander: ce qui fait voir que depuis le traité d'Andely, un nouvel usage s'introduisoit, par lequel les hommes libres étoient devenus capables de cette grande prérogative. Cela dut arriver, lorsque Charles-Martel ayant distribué les biens de l'église à ses soldats, et les ayant donné partie en fief, partie en alleu, il se fit une espèce de révolution dans les lois féodales.»

Ceci demanderoit un volume entier de discussions; mais je m'arrêterai au point essentiel et capital; et je vais prouver d'abord, qu'avant le traité d'Andely, les hommes libres pouvoient prêter le serment de fidélité, ou se recommander pour un bénéfice. En effet, on remarque qu'après la conquête, le nombre des Leudes augmenta considérablement. Il est certain que des Gaulois qui se naturalisèrent Français, furent élevés aux dignités les plus importantes de l'état; donc que ce n'étoit point le privilége particulier de certaines familles, de prêter le serment de fidélité. Si avant le règne de Gontran, les hommes libres avoient été exclus de ces honneurs, un Leudaste, né dans l'esclavage, nourri dans les fonctions les plus viles de son état, et à qui on avoit coupé une oreille, parce qu'il avoit voulu s'échapper de la maison de son maître, se seroit-il élevé jusqu'à devenir comte des écuries, sous le règne de Caribert, et ensuite comte de Tours? Ces dignités étoient la récompense des Leudes, et donnoient à ceux qui en étoient revêtus, le premier rang dans leur ordre; au lieu que je ne vois point que la possession d'un bénéfice valût quelque prééminence à un Leude bénéficier.

Cette fortune de Leudaste n'est point de ces événemens rares qui ne tirent pas à conséquence, et qui ne prouvent rien. La loi des ripuaires ne les regarde point comme un scandale contraire à l'ordre ordinaire du gouvernement, ils y étoient même tellement analogues, qu'elle fait à cet égard, une disposition particulière. *Si quis ejusdem fiscalem quem comitem vocant, interfecerit, 600 solidis mulctetur. Quod si puer regis vel ex tabulario ad eum gradum ascenderit, 300 solidis.* (Leg. Rip. Tit. 53.) On a déjà vu que par le mot Tabulaire, on entendoit un serf affranchi dans l'église. Or, puisqu'un affranchi pouvoit être leude et comte, et en étoit quitte pour avoir une composition moins forte qu'un autre leude ou un comte, peut-on présumer, avec quelque vraisemblance, qu'un homme né libre, ne fût pas admis à prêter le serment de fidélité?

Il me semble que l'argument que le président de Montesquieu veut tirer du silence du traité d'Andely, à l'égard des hommes libres, ne doit pas avoir beaucoup de force. Pourquoi auroit-on dit dans ce traité, que les hommes libres pouvoient être admis à la prestation du serment de fidélité? Ce n'étoit point un droit contesté, personne n'en doutoit. Sans entrer dans une discussion inutile sur les partages de Charlemagne, et de Louis-le-Débonnaire, je répondrai que tous les argumens que le président de Montesquieu pourroit en inférer, ne prouvent rien contre moi; car, je conviens que du temps de Charlemagne, il y avoit des familles nobles, et je nie seulement qu'il y en eut avant le traité d'Andely. Il n'étoit pas question à Andely, de décider de ceux à qui le prince donneroit des bénéfices, mais de statuer qu'il ne pourroit pas les reprendre, après les avoir donnés.

Est-il bien vrai que les circonstances où Charlemagne et Louis-le-Débonnaire firent leurs partages, furent à peu près les mêmes que celles où fut passé le traité d'Andely? Il s'agissoit sous Gontran et Childebert de contenter les leudes avides, accoutumés à regarder les bénéfices comme des dettes du prince, qui s'étoient fait un droit de sa libéralité, et qui ne vouloient plus souffrir qu'il retirât arbitrairement ses bienfaits. Quand Charlemagne et Louis-le-Débonnaire firent le partage de leurs États, leurs vassaux ne leur faisoient point la loi, et les bénéfices avoient pris une nouvelle forme sous la régence de Charles-Martel, ainsi qu'on va le voir dans la suite de mes observations.

L'abbé du Bos rapporte un passage de la vie de Louis-le-Débonnaire, où Tégan, s'élevant contre l'ingratitude d'Hébon, que ce prince avoit fait archevêque de Rheims, quoiqu'il ne fût qu'affranchi, lui dit: *Fecit te liberum non nobilem, quod impossibile est post libertatem. Vestivit te purpurâ et pallio, et tu induisti eum cilicio.* J'abandonne de bon cœur tous les raisonnemens de l'abbé du Bos, sur ce passage; mais j'avoue que je ne conçois point comment le président de Montesquieu peut prétendre que ces paroles de Tégan, *fecit te liberum non nobilem*, prouvent formellement deux ordres de citoyens. Je voudrois, pour former une preuve, un mot moins équivoque que celui de *nobilis*, dont on peut se servir dans un pays même où la loi n'établiroit aucune distinction entre les familles. Quoiqu'il en soit, le passage de Tégan signifiera tout ce qu'on voudra, il ne forme point une objection contre moi; puisque je ne doute pas que sous Louis-le-Débonnaire, il n'y eût, en effet, des familles nobles.

Je ne crois pas que mon opinion sur l'origine de la noblesse en France, soit injurieuse au sang de nos premières familles, ni aux trois grandes maisons qui ont successivement régné sur nous. «L'origine de leur grandeur, *s'écrie le président de Montesquieu*, n'iroit donc point se perdre dans l'oubli, la nuit et le temps. L'histoire éclaireroit des siècles où elles auroient été des familles communes; et pour que Childéric, Pepin et Hugues-Capet fussent gentilshommes, il faudroit aller chercher leur origine parmi les Romains et les Saxons, c'est-à-dire, parmi les nations subjuguées.»

A ce raisonnement, je craindrois presque que la lecture de l'abbé du Bos n'eût été contagieuse pour le président de Montesquieu. L'orgueil de nos grandes maisons pourroit être blessé, si on leur disoit qu'il y a eu un temps en France, où elles n'étoient qu'au rang des familles communes, tandis que l'ordre de la noblesse étoit déjà formé; mais qu'elles soient offensées de n'avoir pas été nobles dans le temps qu'il n'y avoit point encore de noblesse, ce seroit une espèce de vertige. Si c'est une mortification pour elles, je leur en demande pardon, il faut qu'elles l'essuient; car, je n'imagine pas que le président de Montesquieu croie que les nations aient commencé par avoir des gentilshommes. L'égalité a d'abord dû unir les citoyens de toute société, et la distinction des nobles et des roturiers ne peut être que la suite de plusieurs événemens et de plusieurs révolutions, dont la vanité de quelques citoyens profita, pour s'attribuer des prérogatives particulières, et former une classe séparée. Il faudroit que nos grandes maisons fussent bien difficiles à contenter, s'il ne leur suffisoit pas d'être nobles, depuis le règne de Clotaire II.

[31] Cet usage commença dans le temps que Marculfe écrivoit des formules. *Jubemus ut omnes pagenses vestros, tam Francos, Romanos vel reliquas nationes de gentes bannire et locis congruis per civitates, vicos et castella, congregare faciatis, quatenùs præsente misso nostro illustri viro illo, quem ex nostro latere illuc pro hoc direximus, fidelitatem præcelso filio nostro vel nobis debeant promittere et conjurare.* (L. 1. Form. 40.) *Ut missi nostri populum nostrum iterùm nobis fidelitatem promittere faciant secundùm consuetudinem jamdudum ordinatam, et ipsi aperiant et interpretentur illis hominibus qualiter ipsum sacramentum et fidelitatem ergà nos servare debeant.* (Cap. 5, an 822, Art. 12.) *Volumus ut missi nostri per totam legationem suam primo omnium inquirant qui sint de liberis hominibus, qui fidelitatem nobis nondum promissam habent, et faciant illos eam promittere, sicut consuetudo semper fuit.* (Capit. an. 829, art. 4. Capitis 4.)

[32] *Ideò veniens ille fidelis noster, ibi in palatio nostro, in nostrâ vel procerum nostrorum præsentiâ, villas nuncupatas illas, sitas in pago illo, suâ spontaneâ voluntate nobis per fistucam visus est Werpisse, vel condonasse, in eâ ratione, si itâ convenit, ut dum vixerit, sub nostro beneficio debeat possidere; et post suum discessum, ejus adfuit petitio, nos ipsas villas fideli nostro illi plenâ gratiâ visi fuimus concessisse. Quapropter per præsens discernimus præceptum, quod perpetualiter mansurum esse jubemus, ut dummodo taliter ipsius illius decrevit voluntas, quod ipsas villas in suprà scriptis locis nobis voluntario ordine visus est lesouverpisse vel condonasse, et nos prædicto viro illi ex nostro munere largitatis, sicut ipsius illius decrevit voluntas, concessimus, hoc est, tam in terris, domibus, accolabus,*

mancipiis, vineis, silvis, campis, pratis, pascuis, aquis, aquarum discursibus, ad integrum quidquid ibidem ipsius illius portio fuit, dum advixerit, absque aliqua diminutione de qualibet re usufructuario ordine debeat possidere, et post ejus discessum memoratus ille hoc habeat, teneat et possideat, et suis posteris aut cui voluerit ad possidendum, relinquat. (Form. 13. L. 1.)

L'usage qui constate la formule qu'on vient de lire, est une des choses les plus surprenantes de notre histoire. Le président de Montesquieu en parle, (*L. 30, C. 8,*) et pour expliquer comment on fut intéressé à dénaturer ainsi ses propres, il avance que ceux qui possédoient des bénéfices, avoient de très-grands avantages. Il en fait l'énumération, et ces priviléges ne sont autre chose que ceux que possédoient tous les Leudes, en vertu de la prestation du serment de fidélité. Je défie de pouvoir me citer un texte qui prouve, qu'avant l'hérédité des bénéfices, les bénéficiers jouissent de quelque prérogative qui ne leur fût pas commune avec tous les Leudes. Je sais bien que Montesquieu dit, (*L. 30, C. 25,*) que tout Leude avoit un bénéfice, et que quand on lui enlevoit celui qu'il possédoit, on lui en rendoit un autre; mais il ne suffit pas d'avancer des faits, il faut les prouver. Est-il permis de croire que les premiers Mérovingiens eussent des domaines assez étendus pour donner un bénéfice à chaque Leude? Si la possession d'un bénéfice donnoit des priviléges particuliers, et si tout Leude avoit un bénéfice, quel avantage auroit-il trouvé à convertir son propre en bénéfice? Si chaque Leude avoit en effet un bénéfice, pourquoi Gontran auroit-il appris à son neveu ceux à qui il devoit en donner, et ceux qu'il en devoit priver? *Quos honoraret muneribus, quos ab honore depelleret.* Comment interprêtoit-on différens articles du traité d'Andely et de l'ordonnance portée par l'assemblée de 615, que j'ai rapportés dans les remarques précédentes?

Montesquieu croit que cette coutume de changer son propre ou son alleu en bénéfice, continua et eut sur-tout lieu dans les désordres de la seconde race. Quoique personne ne respecte plus que moi cet illustre écrivain, je ne puis me soumettre à son autorité, puisque je vois, au contraire, que sous les premiers Carlovingiens, on préféroit les alleux aux bénéfices, et que les bénéficiers tâchoient de faire passer leurs bénéfices pour des propres. *Auditum habemus comites et alii homines qui nostra beneficia habere videntur, comparant sibi proprietates de ipso nostro beneficio.* (Cap. 5, an. 805, art. 7.) *Audivimus quod alibi reddant beneficium nostrum ad alios homines in proprietatem, et in ipso placito dato pretio comparant ipsas res iterùm sibi in allodem.* (Ibid. art. 8.) *Ut missi nostri diligenter inquirant...... quis de beneficio suo allodem comparavit vel struerit.* (Cap. 3. an. 812.)

Dans les désordres de la seconde race, et qui suivirent le règne de Louis-le-Débonnaire, il ne se donna pas un alleu pour le convertir en fief, ou du moins, on ne pourra en citer aucun exemple. Il s'établit alors un ordre tout nouveau dans le gouvernement de l'état, et comme on le verra à la fin du second livre de cet ouvrage, il se forma une relation nouvelle entre les seigneuries, et dont on ne peut tirer aucune lumière pour éclaircir les coutumes de la première race. Si des seigneurs, qui possédoient des terres en alleu, consentirent à les tenir en fief, et à reconnoître un suzerain, ils ne donnèrent point leurs domaines; ils se contentèrent de les soumettre aux devoirs du vasselage, soit pour se faire un protecteur dans un temps où tous les seigneurs se faisoient la guerre, soit par ce qu'ils y étoient forcés par un voisin puissant et ambitieux.

Il est évident que dans le temps que Marculfe écrivoit, les propres devoient être regardés comme des biens plus sûrs, plus solides, plus précieux que les bénéfices, qui avoient éprouvé mille révolutions différentes. Si on voulut cependant changer son propre en bénéfices, il falloit donc que le bénéfice conférât quelque privilége fort estimé; et quel autre privilége pouvoit-ce être que de conférer, ainsi que je l'ai conjecturé, une distinction particulière aux familles bénéficiaires?

[33] *Consecratio episcopos et reliquos Domini sacerdotes, tam à servili quàm à cæteris adscriptis conditionibus semper liberos facit, idcirco præcipimus ut nullus ab eis nisi divina requirat servitia.* (L. 6, Capit. art. 118.) *De his qui sæculum relinquunt propter servitium impediendum, et tunc neutrum faciunt, ut unum è duobus eligant, aut planiter secundùm canonicam aut secundùm regulæ institutionem vivant, aut servitium dominicum faciant.* (Ibid. L. 5, art. 245.) *De liberis hominibus qui ad servitium Dei se tradere volunt, ut priùs hoc uno faciant quàm à nobis licentiam postulent. Hoc ideò quia audivimus aliquos ex illis non tam causâ devotionis hoc fecisse, quàm pro exercitu seu aliâ fonctione regali fugiendâ.* (Ibid. L. 1. art. 114.)

[34] *Hortatu omnium fidelium nostrorum et maximè episcoporum ac reliquorum sacerdotum, servis Dei per omnia omnibus armaturam portare, vel pugnare, aut in exercitum et in hostem pergere omninò prohibuimus.* (Cap. 1, an. 769, art. 1.) *Volumus ut nullus sacerdos in hostem pergat, nisi duo vel tres tantùm episcopi electione cæterorum, propter benedictionem et prædicationem, populique reconciliationem...... Hi verò nec arma ferant nec ad pugnam pergant...... Reliqui verò qui ad ecclesias suas remanent, suos homines benè armatos nobiscum, aut cum quibus jusserimus, dirigant.* (Cap. 8, an. 803.)

[35] *Qui instante antiquo hoste audivimus quosdam nos suspectos habere, proptereà quod concessimus episcopis et sacerdotibus ac reliquis Dei servis ut in hostes, nisi duo aut très à cæteris electi, et sacerdotes similiter perpauci ab eis electi, non irent, sicut in prioribus nostris continetur capitularibus, nec ad pugnam properarent, nec arma ferrent, nec homines tam christianos quàm paganos necarent, nec agitatores sanguinum fierent, vel quicquam contra canones facerent, quod honores sacerdotum et res ecclesiarum auferre vel minuere eis voluissemus; quod nullatenùs facere velle, vel facere volentibus consentire omnes scire cupimus. Sed quantò quis eorum ampliùs suam normam servaverit, et Deo servierit, tanto eum plus honorare et cariorem habere volumus.* (Cap. de Baluze, T. I, p. 410.)

CHAPITRE VI.

[36] ON voit en effet que le fameux maire Ébroin s'autorisa d'un faux Clovis qu'il disoit fils de Clotaire II.

[37] C'est ici le lieu de rendre compte, en peu de mots, du systême du président de Montesquieu sur les fiefs. Il est bien surprenant qu'avec tant de lumières, cet écrivain soit allé chercher l'origine des fiefs dans les coutumes des Germains. Chez les Germains, dit-il, (*L. 30, C. 3,*) il y avoit des vassaux et non pas des fiefs. Étrange proposition! N'est-ce pas le fief qui constitue seul le vassal? «Il n'y avoit point de fiefs, parce que les princes n'avoient point de terres à donner, ou plutôt les fiefs étoient des chevaux de bataille, des armes, des repas.» En se voyant forcé de regarder comme des fiefs, des chevaux de bataille, des armes et des repas, comment Montesquieu ne s'est-il pas aperçu qu'il étoit dans l'erreur? qu'il est dangereux de faire un systême! «Il y avoit des vassaux, parce qu'il y avoit des hommes fidelles qui étoient liés par leur parole.» Mais il y a eu dans toutes les nations des hommes fidelles qui étoient liés par leur parole; et jamais cependant personne n'a prétendu que le gouvernement des fiefs ait été le gouvernement de toutes les nations. «Ils étoient engagés pour la guerre, et faisoient à peu près le même service que l'on fit depuis pour les fiefs.» Nos soldats sont donc aujourd'hui des vassaux de la couronne; leur engagement et leur paye sont donc des fiefs.

Après avoir pris des chevaux de bataille, des armes et des repas pour des fiefs, il n'est pas surprenant que le président de Montesquieu ait donné la même qualification aux dons que les rois Mérovingiens faisoient de quelques parties de leurs domaines, et que j'ai appelés simplement des bénéfices. Vouloir que tout don soit un fief, c'est certainement confondre toutes les idées. Si ces mots sont synonymes, il est inutile de rechercher l'origine des fiefs dans l'histoire des barbares qui ont détruit l'Empire Romain; qui ne voit pas que les fiefs seroient aussi anciens que le monde, qu'ils dureroient autant que les sociétés, et appartiendroient également à toutes les espèces de gouvernement?

Le fief a toujours été défini, *quod pro beneficio Dominus dat eâ lege, ut qui accipit, militiæ munus aliudve servitium exhibeat.* C'est cette idée qu'on doit avoir d'un fief pour le distinguer d'un simple don, qui fait que je n'ai donné que le nom de bénéfices aux terres que les rois de la première race donnoient aux Leudes. En effet, ces dons n'imposoient aucune obligation particulière au Leude qui les recevoit, et le bénéficier n'étoit tenu qu'à ne point trahir le serment de fidélité qu'il avoit prêté pour être admis dans la classe des Leudes, c'est-à-dire, à ne rien faire qui fût contraire aux intérêts du prince. *Quæ unus de fidelibus ac leodibus*, est-il dit dans l'ordonnance publiée en 615, par l'assemblée de Paris, *suam fidem servando Domino legitimo, interregno faciente, visus est perdidisse, generaliter absque aliquo incommodo de rebus sibi justè debitis præcipimus revestiri.* (Art. 17.) Si les bénéficiers du prince avoient eu à remplir quelque devoir qui ne fût pas commun à tous les Leudes, l'ordonnance en auroit sans doute parlé. Il n'est question que de garder sa foi, et on ne trouve rien dans les monumens de la première race, qui invite à croire qu'un Leude prêtât un nouveau serment lorsqu'il étoit gratifié d'un bénéfice, ou qu'il contractât quelque nouvelle obligation, soit à l'égard du service militaire, soit à l'égard du service domestique dans le palais.

Quelle autorité pourroit-on apporter pour prouver que les officiers de la personne du prince, ou ceux qui composoient son conseil ou sa cour de justice, n'exerçassent leurs fonctions qu'en vertu de quelque bénéfice ou de quelque domaine qui leur auroit été donné?

Montesquieu prétend que les bénéficiers étoient tenus au service militaire en conséquence de leur bénéfice; mais il est prouvé, par tous les monumens de notre histoire, que servir à la guerre n'étoit point un devoir particulier aux bénéficiers, puisque tout citoyen étoit soldat, et obligé d'aller à la guerre quand il étoit commandé. Si on servoit à la guerre parce qu'on étoit bénéficier, les simples Leudes, qui n'avoient point de bénéfice, étoient donc exempts du service militaire; mais qui pourra jamais penser qu'une telle exemption fût le privilége des grands d'une nation qui n'aimoit et n'estimoit que la guerre? Comment le président de Montesquieu prouve-t-il son sentiment? Est-ce en citant Grégoire de Tours, quelque charte, quelque loi, quelque ordonnance des rois Mérovingiens? Non, je trouve des capitulaires de Charlemagne, de Louis-le-Débonnaire, de Charles-le-Chauve, &c. Je trouve jusqu'aux établissemens de S. Louis, quoiqu'il convienne lui-même, (*L. 30, C. 7,*) que «Charles Martel fonda de nouveaux fiefs qu'il faut bien distinguer des premiers, et (*L. 31, C. 23,*) qu'il se fit alors une espèce de révolution dans les lois féodales.» Pourquoi donc veut-il appliquer aux bénéfices antérieurs à Charles Martel, ce qui ne convient qu'à ceux que ce maire créa?

Pour satisfaire un lecteur un peu au fait de notre histoire, il ne faut lui présenter que des autorités presque contemporaines, ou du moins qui ne tiennent pas à des temps séparés par des révolutions considérables. Les Français, toujours inconsidérés, inconstans et peu attachés à leurs principes, se sont vus dans des circonstances trop différentes sous la première, la seconde et la troisième race, et ils ont obéi trop servilement à la bizarrerie de la fortune et des événemens, pour qu'on puisse expliquer avec quelque sureté les usages d'un siècle, par les lois et les coutumes du temps postérieur. Faute de cette règle de critique, sans laquelle on s'égarera toujours en écrivant sur l'histoire de France, le président de Montesquieu a confondu les seigneuries, les bénéfices et les fiefs, ou a séparé des choses qui étoient unies; de-là vient encore une obscurité dont on ne s'aperçoit pas, quand on lit superficiellement, comme la plupart des lecteurs, mais fatigante pour des personnes qui, lisant pour s'instruire, veulent acquérir des vérités, et les avoir en ordre.

Il ne faut regarder les bénéfices des Mérovingiens que comme un établissement qui donna lieu à Charles Martel de créer des fiefs, qui d'abord ne furent eux-mêmes qu'un établissement économique et domestique, et qui ayant fait, ainsi que je le dirai dans le livre suivant, des progrès très-considérables à la faveur des troubles qui ruinèrent les successeurs de Charlemagne, devint le droit public, général et politique de la nation.

[38] Nous n'avons aucune des chartes par lesquelles Charles Martel conféra des bénéfices, et c'est une grande perte pour les personnes qui aiment l'histoire de France; car on verroit sans doute dans ces chartes à quelles conditions il donna des bénéfices. On y trouveroit les preuves les plus complètes de la révolution arrivée sous sa régence, dans une partie de l'administration qui avoit déjà excité tant de troubles et éprouvé plusieurs changemens.

On a vu, dans le corps même de mon ouvrage, les raisons qui purent déterminer Charles Martel à imposer des devoirs particuliers à ses bénéficiers: à ces motifs, j'en ajouterai ici un nouveau, c'est que ce seigneur se trouvoit dans une situation toute différente de celle des rois Mérovingiens. Ceux-ci, par une suite naturelle des anciens principes du gouvernement, avoient des Leudes accoutumés à leur être attachés. On ne leur contestoit point d'être le centre de la puissance publique: leurs intérêts étoient dans le fond les mêmes que ceux de la nation. Charles Martel, au contraire, comme duc d'Austrasie, et maire de Bourgogne et de Neustrie, ne possédoit qu'une dignité nouvelle et suspecte à une grande partie des Français. Ne voulant point voir de roi au-dessus de lui, et gouvernant sa nation avec un sceptre de fer, il eut besoin, pour affermir sa fortune, de se faire des soldats qui n'appartinssent qu'à lui, qui fussent obligés de défendre ses intérêts personnels, et trouvassent dans son armée et dans son palais ce qui pouvoit satisfaire à la fois leur avarice et leur ambition.

Les motifs raisonnables de faire une chose ne sont qu'une foible preuve qu'elle ait été faite, quand on parle des hommes en général; mais il n'en est pas de même lorsqu'il est question d'un homme aussi habile que Charles Martel.

La première preuve que les bénéfices de Charles Martel furent conférés sous la condition de le servir dans son palais et dans ses guerres, c'est que ses bénéficiers commencèrent à être appelés vassaux, mot qui jusques-là n'avoit signifié qu'un domestique. Voyez le glossaire de du Cange, au mot *vassas*. Pourquoi ces bénéficiers auroient-ils été appelés vassaux, s'il n'y avoit eu une certaine ressemblance entre les devoirs auxquels Charles Martel les soumit, et ceux de la domesticité?

Avant la régence de ce maire, rien n'indique, ainsi que je l'ai déjà dit, que les bénéficiers contractassent de nouvelles obligations, et fussent spécialement engagés à remplir de certains devoirs; après cette époque, mille et mille monumens, au contraire, le disent, et pour ne pas ennuyer le lecteur, je n'en citerai ici que quelques-uns. *Quicumque ex eis qui beneficium principis habent, parem suum contrà hostes communes in exercitum pergentem dimiserit, et cum eo ire aut stare noluerit, honorem suum et beneficium perdat.* (Cap. 2, an. 812, art. 5.) *De vassis dominicis qui adhuc intrà casam serviunt, et tamen beneficia habere noscuntur, statutum est ut quicumque ex eis cum domno imperatore domi remanserint, Vassallos suos casatos secum non retineant, sed cum comite cujus Pagenses sunt, ire permittant.* (Ibid. art. 7.) *Concedimus,* dit Charles-le-Chauve dans une charte, *cuidam fideli nostro, nomine Rivelongo, sub devotione servitii sui, quasdam res juris nostri sitas, &c.* (Voyez dom Bouquet, T. 8, p. 835.) Mes remarques sur le second livre seront remplies de passages qui prouvent la même vérité.

Frumoldus..... magis infirmitate quàm senectute confectus.... habet beneficium non grande in Burgundiâ, in pago Genawense ubi pater ejus comes fuit, et timet illud perdere, nisi vestra benignitas illi opituletur, eo quòd præ infirmitate quâ premitur, ad palatium venire non potest. (Epist. Eginh. Dom Bouquet, Tom. 6, p. 374.)

Vassus dominicus..... morbo pedum et senectute gravis volebat venire ad dominum imperatorem, sed non potuit propter infirmitatem suam. Cum primùm potuerit, veniet ad servitium ejus. Interim postulat ut sibi liceat beneficium suum habere, quod ei dominus Karolus dedit in Burgundia in pago Genawense usquedum ille ad præsentiam ejus venerit, ac se in manus ejus commandaverit. (Epist. Eginh. Dom. Bouquet, T. 6, p. 375.)

Voici en quels termes Éginhard demande un bénéfice pour un de ses amis. *Est enim homo nobilis et bonæ fidei, bene quoque doctus ad serviendum utilius in qualicumque negotio quod ei injunctum fuerit. Servivit enim avo et patri vestro fideliter et strenuè.* (Ibid.) Enfin, les bénéfices, à cause des services domestiques, avoient tellement changé de nature, qu'Éthicon, frère de l'impératrice Judith, vit avec indignation que son fils eut reçu en bénéfice quatre mille manoirs de terre dans la Haute Bavière; il crut sa maison dégradée.

[39] *Igitur memoratus Princeps (Carolus Martellus) consilio optimatum suorum, filiis suis regna dividit.* (Cont. Fred. Part. 3.)

CHAPITRE VII.

[40] *NAM pulsis Romanis quid aliud quam bella omnium inter se gentium existent.* (Hist. L. 4.)

[41] Voyez le code des Bourguignons et celui des Visigoths.

[42] *Ecce pactiones quæ inter nos (Gunthramnum et Chilpericum) factæ sunt, ut quisquis sine fratris voluntate Parisius urbem ingrederetur, amitteret partem suam, essetque*

Polyoctus martyr, cum Hilario atque Martino confessoribus, judex ac retributor ejus. (Greg. Tur. L. 7, C. 6.) La ville de Marseille appartenoit de même en commun à Gontran et à Childebert. (*Voyez Greg. de T. L. 6, C. 11.*)

Fin des Remarques du Livre premier.

REMARQUES ET PREUVES
DES
Observations sur l'histoire de France.

LIVRE SECOND.

CHAPITRE PREMIER.

[43] L'EXEMPLE d'un grand a toujours été plus contagieux chez les Français que par-tout ailleurs; et quand Charles Martel n'auroit tiré aucun avantage des bénéfices qu'il conféra en son nom, la vanité toute seule auroit porté d'autres seigneurs à faire des vassaux. Je ne me rappele aucun monument de notre histoire, antérieur à la régence de Charles Martel, où il soit parlé des vassaux qu'avoient les évêques, les abbés, les comtes et les autres seigneurs; après cette époque, tout, au contraire, en est plein.

Un capitulaire de Pepin, de l'an 757, art. 6, dit: *Homo Francus accepit beneficium de seniore suo, et duxit secum suum vassallum, etc. Ut vassi nostri et vassi episcoporum, abbatum, abbatissarum et comitum qui anno præsente in hostes non fuerunt, Heribannum rewadient.* (Cap. L. 4. Art. 20.) *Volumus atque jubemus ut vassalli episcoporum, abbatum, abbatissarum atque comitum et vassorum nostrorum talem legem et justitiam apud seniores suos habeant, etc.* (Cap. Car. Cal. Baluze. T. 2. p. 215.)

Je pourrois citer ici plusieurs autres autorités; mais pour abréger, je me contenterai de renvoyer à une charte de l'an 869, intitulée: *Præceptum Caroli-Calvi pro Dodone Vasso Otgerii. Libuit celsitudini nostræ, cuidam fideli nostro Dodone, Vasso Otgerii fidelis nostri, de quibusdam rebus nostræ proprietatis honorare atque in ipsius jure ac potestate conferre.* (Capit. Baluze. T. 2, p. 1488.)

Je continue à me servir du mot de bénéfice dans l'histoire des premiers rois de la seconde race, parce que celui de fief ne commença à être en usage que vers le temps de Charles-le-Simple. Voyez le Glossaire de Ducange, au mot *Feudum*. Ce savant auteur remarque que les pièces d'une date antérieure au règne de Charles-le-Simple, dans lesquelles on trouve cette expression, sont suspectes aux yeux des critiques. Les devoirs de ces vassaux des seigneurs étoient de les accompagner à la guerre, de soutenir leurs querelles particulières et en les servant dans leurs maisons, de leur former une cour brillante.

[44] *Tria tantum Francorum regna esse cœperunt; Burgundia Gunthramni, Neustria Chilperici, Austria Sigiberti. Nec pleura deindè Merovei posteris dominantibus fuerunt. Posteà Chlotharius junior totius Franciæ potens, retentâ sibi Neustriâ atque Burgundiâ, Dagobertum filium suum regem Austrasiorum* <u>*constituendum*</u> *curavit: Atque ex eo Neustria ac Burgundia semper, dum Merovingi apud Francos regnârunt, uni princìpi paruêre. Quare Theodoricum quidem Chlodovei minoris filium minimum, regnantibus fratribus suis, Chlotario in Neustria atque Burgundia, Childerico in Austria, privatum egisse, haudquaquàm mirum fuit. Nec enim regnum ullum supererat quod ipsi daretur.* (Had. Vales Req. Franc. L. 22.)

[45] *Omnes optimates suos, duces et comites Francorum, episcopos quoque ac sacerdotes ad se venire præcipit (Pipinus). Ibique unà cum consensu procerum suorum æquali sorte inter duos filios Karolum et Karlomannum, regnum Francorum paterno jure divisit.* (Annal. Metens. Cap. de an. 768.)

Le nouvel ordre de succession dont j'ai parlé dans mon ouvrage, est évidemment prouvé par les lois de Charlemagne et de Louis-le-Débonnaire. *Quod si talis filius cuilibet istorum trium fratrum natus fuerit, quem populus eligere velit ut patri suo succedat in regni hereditate, volumus ut hoc consentiant patri ipsius pueri, ut regnare permittant filium fratris sui in portione regni quam pater ejus et frater eorum obtinuit.* (Chart. Divis. Imp. Car. Mag. An. 806. Art. 5.) *Si verò aliquis illorum decedens, legitimos filios reliquerit, non inter eos potestas ipsa dividatur; sed potiùs populus pariter conveniens, unum ex eis, quem dominus voluerit, eligat.* (Chart. Divis. Imp. Lud. Pii. Art. 14.) *Monemus etiam totius populi nostri devotionem et sincerissimæ fidei pene apud omnes populos famosissimam firmitatem, ut si is filius noster, qui nobis divino nutu successerit, absque liberis legitimis rebus humanis excesserit, propter omnium salutem et ecclesiæ tranquillitatem et imperii unitatem, in eligendo uno ex liberis nostris, si superstites fratri suo fuerint, eam quam in illius electione fecimus conditionem imitentur.* (Ibid. Art. 18.)

Voyez dans le recueil de Baluze, le troisième article du capitulaire que Charles-le-Chauve publia l'an 859, et le serment que Louis-le-Bègue fit à son couronnement: *Ego Hludowicus misericordiâ Domini Dei nostri et electione populi, rex constitutus, promitto, etc.*

Le P. Daniel prétend, dans sa préface historique, que la couronne devint purement élective sous les rois de la seconde race; et que les Français, en élevant Pepin sur le trône, ne s'étoient point engagés à choisir toujours leurs rois dans sa famille. Comment accorder une pareille opinion avec les passages qu'on vient de lire? Le grand argument de cet historien infidelle, c'est que le pape Etienne ne fait pas mention de ce pacte dans le discours qu'il prononça au sacre de Pepin et de ses fils. Le pape eut sans doute ses raisons pour se taire sur cet article; et il n'est pas difficile de les deviner. Convenoit-il de faire valoir ce serment au milieu d'une cérémonie qui rappeloit à tous les esprits que les Français avoient violé celui qu'ils avoient fait aux princes Mérovingiens? Mais je veux que le pape Etienne n'ait eu aucun motif de passer sous silence le serment des Français au couronnement de Pepin; de quelle force peut être une preuve négative qui est démentie par les autorités les plus graves?

Le silence du pape ne peut donc rien prouver contre les droits de la famille de Pepin, sur-tout quand on voit que ce même pape les reconnoît et les établit lui-même de la manière la plus forte. Une pièce imprimée dans le recueil de Dom Bouquet, (T. 5, p. 9,) ne permet pas d'en douter. *Francorum principes benedictione et spiritûs sancti gratiâ confirmavit; et tali omnes interdictu et excommunicationis lege constrinxit, ut numquàm de alterius lumbis regem in ævo præsumant eligere, sed ex ipsorum.* Le quatrième et le cinquième argumens du P. Daniel prouvent que la couronne étoit élective, mais ne détruisent point ce que j'ai avancé, que l'élection devoit regarder un prince de la maison de Pepin. Ce qu'il ajoute au sujet de Boson, de Rodolphe, d'Eude, etc. qui se firent couronner rois, démontre seulement qu'il y avoit des usurpateurs, ce que personne n'ignore; et que les princes de la seconde race, tombés enfin dans le même avilissement que ceux de la première, et aussi incapables qu'eux de faire respecter les lois anciennes, et de conserver leur dignité, alloient subir le même sort et perdre le trône. Je n'en dis pas davantage; il est fâcheux d'avoir à réfuter un historien qui se trompe de propos délibéré.

CHAPITRE II.

[46] *MAXIMA ex parte civitates et episcopales sedes traditæ sunt laicis cupidis ad possidendum, vel clericis scortatoribus et publicanis seculariter ad perfruendum... inveniuntur etiam quidam inter eos episcopi, qui licèt se fornicarios et adulteros dicant non esse, sont tamen ebriosi vel venatores, pugnant in exercitu armati, et effundunt propriâ manu sanguinem hominum, sive paganorum, sive Christianorum.* C'est ainsi que S. Boniface écrivoit au pape Zacharie en 742. Voyez Dom Bouquet, T. 4, pag. 34.

[47] *Consuetudo autem nunc temporis talis erat, ut non sæpiùs, sed bis in anno placita duo tenerentur.* (Hincm. de Ord. Pal. C. 29.) *Ut ad mallum venire nemo tardet, primùm circa æstatem, secundo circa autumnum.* (Capit. 1, an. 769, art. 12.) On voit par cette loi que les Français conservoient toujours leur ancienne indifférence pour leurs assemblées. Par les mots *placita* et *mallum*, dont on se servoit ordinairement pour désigner les plaids ou assises de justice, dans lesquels les rois, les ducs, les comtes et leurs officiers jugeoient les affaires des particuliers, il faut entendre ici les assemblées de la nation, qu'Eginhard appelle dans ses annales, *conventus generalis*. On n'en doutera pas, si on jette les yeux sur l'ouvrage d'Hincmar, que je viens de citer. *Placita* et *mallum* sont employés ici par extension, parce que dans ces assemblées générales, on jugeoit quelquefois les affaires majeures qui intéressoient la tranquillité publique, comme l'infidélité de Tassillon, duc des Bavarrois, et la révolte de Bernard, roi d'Italie.

Tout le monde sait que c'est dans une assemblée de la nation, tenue à Nimègue en 831, que la femme de Louis-le-Débonnaire se purgea des accusations intentées contre elle par ses beaux-fils. Il est évident que les deux passages que je viens de citer, ne peuvent point s'entendre de la cour de justice du roi, qui se tenoit bien plus souvent, ainsi que nous l'apprennent plusieurs pièces anciennes, et principalement une lettre des empereurs Louis-le-Débonnaire et Lothaire. *Sciatis ob hanc causam nos velle per singulas hebdomadas uno die in palatio nostro ad causas audiendas sedere.* (Dom Bouquet T. 6, p. 343.) J'ai cru cette remarque nécessaire, parce que j'ai vu que plusieurs écrivains confondent les assemblées de la nation avec la cour de justice du roi; et que cette erreur, toute grossière qu'elle est, est adoptée par bien des personnes, et jette une confusion extrême dans notre histoire.

[48] Quelques écrivains croient que le peuple n'entra point dans les assemblées du champ de Mai, sous la seconde race; il suffira de rapporter ici quelques autorités pour détromper de cette erreur. *Si tempus serenum erat, sin autem, intrà diversa loca distincta erant, ubi et hi abundanter segregati semotim; et cætera multitudo separatim residere potuissent, priùs tamen cæteræ inferiores personæ interesse minimè potuissent. Quæ utraque tamen seniorum susceptacula sic in duobus divisa erant, ut primò omnes episcopi; abbates vel hujusmodi honorificentiores clerici, absque ullâ laicorum commixtione congregarentur. Similiter comites vel hujusmodi principes sibimet honorificabiliter à cætera multitudine primo mane segregarentur.* (Hinc. de Ord. Pal. C. 35.) Par l'expression, *cætera multitudo*, on ne peut entendre que le peuple, ou ce que nous avons depuis appelé le tiers-état. *Vult dominus imperator ut in tale placitum quale ille nunc jusserit, veniat unusquisque comes, et adducat secum duodecim scabinos, si tanti fuerint, sin autem, de melioribus hominibus illius comitatûs suppleat numerum duodenarium, et advocati, tam episcoporum, abbatum et abbatissarum ut eis veniant.* (Cap. 2, an. 819, art. 2.) Voilà les personnes comprises par le *cætera multitudo* d'Hincmar. Il ne peut y avoir de difficulté sur la condition de ces scabins ou rachinbourgs. J'en ai parlé dans le livre précédent; c'étoient les assesseurs des juges, et le peuple les nommoit. Pour les avoués des églises, ils n'étoient encore dans ce temps-là que des hommes du peuple, des espèces d'intendans d'un évêque ou d'un monastère. Ce n'est que vers la fin de la seconde race, ou au commencement de la troisième, que les seigneurs ne dédaignèrent pas ce titre, qui les constituoit capitaines des milices de l'église dont ils étoient avoués. Les advoueries devinrent des fiefs considérables, et pareils aux Vidamies. Voyez le Glossaire de Ducange au mot *advocatus*.

Ut populus interrogetur de capitulis quæ in lege noviter addita sunt, et postquàm omnes consenserint, subscriptiones et manufirmationes suas in ipsis capitulis faciant. (Cap. 3, an 803.) *Hæc Capitula Domnus Hludowicus imperator, anno imperii quinto cum universo cœtu populi in Aquigrani Palatio promulgavit.* (Prol. Cap. 1, an 816.) Il faut remarquer que dans les ordonnances publiées par les assemblées précédentes, où il n'y avoit que des prélats et des seigneurs, on ne s'exprimoit point ainsi; on n'y trouve jamais le mot *Populus*. Les annales de S. Bertin disent que le peuple assista à l'assemblée tenue à Nimègue en 831.

Ego Agobardus, Lugdunensis ecclesiæ indignus episcopus, interfui venerabili conventui apud palatium quod nuncupatur compendium. Qui ubique conventus extitit ex reverendissimis episcopis et magnificentissimis viris illustribus, collegio quoque abbatum et comitum, promiscuæque ætatis et dignitatis populo. C'est l'assemblée de 833. (*Voyez Dom Bouquet, T. 6, p. 246.*) Je ne finirois point, si je voulois rapporter ici tous les passages de nos anciens monumens qui prouvent que le peuple entroit au champ de Mai; on en trouvera plusieurs répandus çà et là dans les remarques du présent livre; je prie le lecteur d'y faire attention.

[49] *Aliud placitum cum senioribus tantùm et præcipuis consiliariis habebatur.* (Hincm. de Ord. Pal. C. 30.) C'est toujours ce traité précieux d'Hincmar, que je cite dans ce chapitre.

[50] Les lois saliques et ripuaires, et les ordonnances des premiers rois Mérovingiens qui sont venues jusqu'à nous, ne sont point intitulées au nom du prince. (*Voyez les capitulaires de Baluze et le recueil des historiens de France, par Dom Bouquet.*) Childebert, en 595, mit le premier son nom à la tête d'une ordonnance; *Childebertus, rex Francorum vir inluster.* Cette nouveauté étoit une suite des progrès que l'autorité royale avoit faits depuis Clovis. Elle fut vraisemblablement inspirée à Childebert par les Leudes Gaulois d'origine, qui étoient accoutumés à voir le nom des empereurs à la tête des ordonnances.

[51] *Capitula quæ præterito anno legi Salicæ cum omnium consensu addenda esse censuimus.* (Cap. an. 801.) *Generaliter omnes admonemus ut capitula quæ præterito anno legi Salicæ per omnium consensum addenda esse censuimus, jam non ulteriùs capitula, sed tantùm Lex dicantur, immò pro lege teneantur.* (Capit. an. 821, art. 5.) *Capitularia patris nostri quæ Franci pro lege tenenda judicaverunt.* (Capit. an. 837.) *Lex consensu populi fit et constitutione Regis.* (Capit. an. 864. art. 6.)

[52] Hincmar, en parlant des malversations des comtes, établit très-bien cette différence entre les lois et les capitulaires simplement provisionnels, et qui n'étoient pas revêtus de l'autorité législative. *Quandò enim sperant aliquid lucrari, ad legem se convertunt; quandò verò per legem non æstimant acquirere, ad capitula confugiunt; sicque interdum fit, ut nec capitula pleniter conserventur, sed pro nihilo habeantur, nec Lex.* J'ajouterai encore ici une autorité, qui ne laissera aucun doute sur cette matière. *Ut si missi nostri talem causam in illâ terrâ invenerint quam ad debitum finem, neque per ista capitula, nec per capitula progenitorum nostrorum, neque per legalia capitula perducere possint, nobis rationabiliter et veraciter remandare procurent, ut nos illis remandemus qualiter indè agere debeant.* (Edict. apud. Tusiacum. an. 865. art. 15.)

Les règlemens particuliers et provisionnels avoient une très-grande autorité, ainsi que nous l'apprend un capitulaire de Charles-le-Chauve. *Ut nemo despiciat Litteras nostrâ auctoritate aut filii nostri nomine signatas, vel eorum quos in hoc Regno cum illo dimittimus: neque inobediens sit quæ sibi mandata fuerunt. Quod si præsumpserit, ità mulctetur, sicut in capitulari avi et domni genitoris nostri continetur.* (Cap. an. 877. art. 21.) J'avertis les lecteurs qui veulent faire une étude sérieuse de notre ancienne histoire, d'avoir une attention particulière à distinguer les capitulaires législatifs, de ceux qui n'ont été que des règlemens provisionnels. On peut les connoître à différentes marques. Leur date, la matière qu'ils traitent, leur forme, peuvent aider à faire cette différence. Quelquefois un capitulaire en indique un qui n'est que provisionnel, et un autre qui a titre de loi. Sous Charlemagne, on trouve peu des premiers; ils sont plus fréquens sous Louis-le-Débonnaire, et très-communs sous Charles-le-Chauve; c'est que Charlemagne étoit un très-grand prince, Louis-le-Débonnaire un homme médiocre, et Charles-le-Chauve un prince absolument incapable de régner. Sous Charlemagne le gouvernement se formoit; sous Louis-le-Débonnaire il se déformoit; sous Charles-le-Chauve il n'existoit plus.

[53] *Cum omnes capitalem sententiam proclamarent, rex, misericordiâ motus, eo quòd consanguineus esset, obtinuit ab ipsis Dei et suis fidelibus ut non moriretur.* (Ann. Meten. an. 788.) *Dixit enim Dominus rex in eâdem synodo ut à sede apostolicâ, id est, ab Adriano pontifice licentiam habuisset, ut Angilramnum Archiepiscopum in suo palatio assiduè haberet propter utilitates ecclesiasticas; deprecatus est eamdem synodum ut eodem modo sicut Angilramnum habuerat, ità etiam Hildeboldum episcopum habere debuisset; quia et de eodem, sicut et de Angilramno apostolicam licentiam habebat. Omnis synodus consensit, et placuit eis eum in palatio esse debere propter utilitates ecclesiasticas.* (Cap. Francofordiensis, an. 794, art. 53.) L'apocrisiaire avoit l'intendance générale des affaires de la religion dans le palais. Il étoit encore chef ou président, sous le roi, de la cour supérieure de justice, quand on y jugeoit quelque procès dans lequel un ecclésiastique étoit partie. Le comte du palais en étoit chef ou président, sous le roi, quand on y jugeoit les différends des laïcs. (*Voyez* Hincmar, *de Ord. Pal. C. 13 et suivans.*)

Quapropter et nostros ad vos direximus missos, qui ex nostri nominis auctoritate unà vobiscum corrigerent quæ corrigenda essent, sed et aliqua capitula ex canonicis institutionibus, quæ magis nobis necessaria videbuntur, subjunximus. Ne aliquis, quæso, Prælatis admonitionem esse præsumptiosam judicet, quâ nos errata corrigere, superflua abscidere, recta coactare studeamus. Sed magis benevolo caritatis animo suscipiat: nam legimus in regnorum libris quomodo sanctus Josias rex, etc. (Voyez les Capit. de Baluze, T. 1, pag. 703.)

[54] *Volumus propter justitias quæ usquemodò de parte comitum remanserunt, quatuor tantum mensibus ii anno missi nostri legationes nostras exerceant, in hieme januario, in verno Aprili, in æstate Julio, in autumno Octobrio, cæteris verò mensibus unusquisque comitum placitum suum habeat et justitias faciat.* (Capit. 3, an. 812, art. 4.)

Itaque volumus ut medio menso Maio conveniant iidem missi, unusquisque in sua legatione cum omnibus episcopis, abbatibus, comitibus ac vassis nostris, advocatis, ac vice-dominis abbatissarum, nec non et eorum qui propter aliquam inevitabilem necessitatem ipsi venire ad locum unum. Et si necesse fuerit, propter opportunitatem conveniendi in duobus vel tribus locis, vel maximè propter pauperes populi, idem conventus habeatur qui omnibus congruat. Et habeat unusquisque comes vicarios et centenarios suos necnon et de primis scabineis suis tres aut quatuor. Et in eo conventu primùm christianæ religionis et ecclesiastici ordinis collatio fiat. Deinde inquirant missi nostri ab universis qualiter unusquisque illorum qui ad hoc à nobis constituti sunt, officium sibi commissum, secundùm dei voluntatem ac jussionem nostram, administret in populo, et quàm concordes atque unanimes ad hoc sint, vel qualiter vicissim sibi auxilium ferant ad ministeria sua peragenda. (Cap. an. 823, art 28.)

Ce capitulaire est de Louis-le-Débonnaire; mais on peut et on doit même, sans crainte de se tromper, attribuer à Charlemagne l'établissement des états provinciaux dont je parle. Je prie de faire attention qu'on ne peut rien inférer contre mon sentiment, du silence des capitulaires de Charlemagne au sujet de ces états, puisqu'il s'en est perdu un assez grand nombre, et qu'il s'en faut beaucoup que nous ayons un corps complet de sa législation ou de son administration. En second lieu, il seroit difficile de croire que les états provinciaux fussent l'ouvrage de Louis-le-Débonnaire. Cet établissement, on le verra dans le quatrième chapitre de ce livre, n'a aucune analogie avec le reste de la conduite de ce prince, ou du moins avec la politique des personnes qui le gouvernoient. Charlemagne vouloit être instruit de tout, parce qu'il vouloit remédier à tout, et qu'il se sentoit les talens nécessaires pour réussir. Il favorisoit en toute occasion la liberté de la nation. Louis-le-Débonnaire craignoit au contraire d'être instruit des abus auxquels il n'avoit pas l'art d'apporter un remède efficace; et les ministres de son autorité ne songeoient qu'à l'étendre et en abuser.

En troisième lieu, ma conjecture paroît d'autant mieux fondée, que Louis-le-Débonnaire avertit quelquefois dans ses capitulaires, qu'il ne fait que copier ceux de son père; et on s'en appercevroit bien sans qu'il le dît, sur-tout dans les occasions où il paroît s'élever au dessus de lui-même et avoir de grandes vues. *Ut omnis episcopus, abbas et comes, exceptâ infirmitate vel nostrâ jussione, nullam excusationem habeat quin ad Placitum Missorum nostrorum veniat, aut talem Vicarium suum mittat qui in omni causâ pro illo reddere rationem possit.* (Cap. 5. an. 819, art. 28.)

[55] *Statuimus quoque cum consilio servorum Dei et populi christiani, propter imminentia bella et persecutiones cæterarum gentium quæ in circuitu nostro sunt, ut sub precario et censu aliquam partem ecclesialis pecuniæ in adjutorium exercitûs nostri, cum indulgentia Dei, aliquanto tempore retineamus, eâ conditione, ut annis singulis de unaquaque casata solidus, id est, duodecim denarii ad ecclesiam vel monasterium reddantur; eo modo ut si moriatur ille cui pecunia commodata fuit, ecclesia cum propriâ pecuniâ revestita sit. Et iterum, si necessitas cogat, aut princeps jubeat, precarium renovetur et rescribatur novum. Et omninò observetur ut ecclesiæ vel monasteria penuriam non patiantur quorum pecunia in precario posita est; sed si paupertas cogat, ecclesiæ vel domui Dei reddatur integra possessio.* (C. 2. an. 743.)

Cet usage des précaires n'étoit pas nouveau sous Pepin. Dom Bouquet nous a donné dans son recueil, (*T. 4, p. 687,*) un diplome de Dagobert III, qui renouvelle les précaires établis par les rois ses prédécesseurs. (Voyez la pièce intitulée: *Præceptum Dagoberti III regis quod facit super precarium de monasterio Anisolæ, Ibboleno abbati.*)

[56] *Ita ut episcopo decedente, in loco ipsius, qui à metropolitano ordinari debet cum provincialibus, à clero et populo eligatur; et si persona condigna fuerit, per ordinationem principis ordinetur; vel certè si de palatio eligitur, per meritum personæ et doctrinæ ordinetur.* (Ord. an. 615, art. 1.) Marculfe nous a donné la formule par laquelle les rois Mérovingiens nommoient à un évêché, ou plutôt ordonnoient au métropolitain de sacrer le candidat qu'ils lui adressoient.

Domino sancto, sedis apostolicæ dignitate colendo, in Christo patri illi episcopo, ille rex Credimus jam ad vestram reverentiam pervenisse sanctæ recordationis illius urbis antistitem evocatione divinâ de præsentis sæculi luce migrasse. De cujus successore sollicitudine integrâ, cum pontificibus, vel primatibus populi nostri pertractantes, decrevimus illustri viro illi, aut venerabili viro illi, ad præfatam urbem pontificalem regulariter Christo auspice committere dignitatem; et ideò salutationum jura digno debita honore solventes, petimus ut cum ad vos pervenerit, ipsum ut ordo postulat, benedici vestra sanctitas non moretur, et junctis vobis cum vestris comprovincialibus, ipsum in suprà scripta urbe consecrare, Christo auspice, debeatis. Agat ergo almitas vestra, ut et nostræ voluntatem devotionis incunctanter debeatis implere, et tam vos quàm ipse, pro stabilitate regni nostri jugi invigilatione pleniùs exoretis. (Form. 6. Liv. 1.)

Sacrorum canonum non ignari, ut in Dei nomine sancta ecclesia suo liberiùs potiretur honore, adsensum ordini ecclesiastico præbuimus, ut scilicet episcopi per electionem cleri et populi, secundùm statuta canonum, de propriâ diœcesi, remotâ personarum et numerum acceptione, ob vitæ meritum et sapientiæ donum eligantur. (Cap. 1, an. 803, art. 2.)

Ut nullus judicum de quolibet ordine clericos de civilibus causis, præter criminalia negotia, per se distringere aut damnare præsumat, nisi convincitur manifestus, excepto presbytero, aut diacono. Qui vero convicti fuerint de crimine capitali, juxtà canones distringantur et cum pontificibus examinentur. (Ord. an. 615, art. 4,) *quod si causa inter personam publicam et homines ecclesiæ steterit, pariter ab utrâque parte præpositi ecclesiarum et judex publicus in audientia publica positi, ea debeant judicare.* (Ibid. art. 5,) *libertos cujuscumque ingenuorum à sacerdotibus juxtà textus chartarum ingenuitatis suæ defensandos, nec absque præsentiâ episcopi aut præpositi ecclesiæ esse judicandos vel ad publicum revocandos.* (Ibid. art. 7.)

Ut nullus judex neque presbyterum, neque diaconum aut clericum aut juniorem ecclesiæ, extrà conscientiam pontificis per se distringat aut condemnare præsumat. Quod si quis hoc fecerit, ab ecclesiâ cui injuriam inrogare dignoscitur, tamdiù sit sequestratus, quamdiù reatum suum cognoscat et emendet. (Cap. an. 769, art. 17.)

Ut comites et judices seu reliquus populus obedientes sint episcopo. (Cap 1. an. 813, art. 10,) *et in vestris ministeriis pontifices nostros talem potestatem non permittatis, qualem rectitudo ecclesiastica docet: insuper nonas et decimas vel census improbâ cupiditate de ecclesiis, undè ipsa beneficia sunt, abstrahere nitamini, et precarias de ipsis rebus, sicut à nobis dudùm in nostro capitulare institutum est accipere negligatis.* (Præcep. C. magn. de honore præstando episcopis à comitibus et aliis judicibus. D. B. T. 5. p. 766.)

Præcipimus omnibus ditioni nostræ subjectis ut nullus privilegia ecclesiarum vel monasteriorum infringere, resque ecclesiarum invadere, vel vastare, vel alienare, vel facultates earum diripere præsumat, nec sine precaria possidere pertentet. (C. 1, an. 813, art. 3.) *Sicut et per scripturas et per auctoritatem, et per rationem, manifestum est, duo sunt quibus principaliter mundus hic regitur, regia potestas et pontificalis autoritas; et in libro capitulorum avi et patris nostri conjunctè ponitur, ut res et mancipia ecclesiarum eo modo contineantur, sicut res ad fiscum dominicum pertinentes contineri solent justè et rationabiliter de rebus et mancipiis quæ in regiâ et in ecclesiasticâ restiturâ fuerunt, uniformiter et uno modo tenendum est.* (Capit. an. 873, art. 8.)

[57] *Ut quisque beneficium ecclesiasticum habet, ad tecta ecclesiæ restauranda, vel ipsas ecclesias omninò adjuvent.* (C. 1, an. 813, art. 24.) *Ut qui ecclesiarum beneficia habent, nonam et decimam ex iis ecclesiæ cujus res sunt, donent... Ut de omni conlaborato, et de vino, et de fœno pleniter et fideliter ab omnibus nona et decima persolvatur. De nutrimine verò quod in decima dandum est, sicut hactenùs consuetudo fuit, de omnibus observetur. Si quis tandem episcoporum fuerint qui argentum pro hoc accipere velit, in sua maneat potestate, juxtà quod ei ut illi qui hoc persolvere debet, convenerit.* (Capit. Baluz. T. 1, p. 1229.)

Ut hi qui per beneficium domni imperatoris ecclesiasticas res habent, decimam et nonam dare, et ecclesiarum restaurationem facere studeant. (C. an. incerti, art. 56. Baluz. T. 1. p. 515.)

Considerandum est ut de frugibus terræ et animalium nutrimine nonæ et decimæ persolvantur. De opere verò vel restauratione ecclesiarum comes et episcopus sive abbas, unà cum misso nostro quem ipsi sibi ad hoc elegerint, considerationem faciant, ut unusquisque tantum indè accipiat ad operandum et restaurandum quantùm ipse de rebus ecclesiarum habere cognoscitur. Similiter et vassi nostri aut in commune tantùm operis accipiant, quantùm rerum ecclesiasticarum habent, ut unusquisque per se juxtà quantitatem quam ipse tenet. (Cap. 4, an. 819, art. 5.)

De his qui nonas et decimas jam per multos annos aut ex parte aut ex toto dare neglexerunt volumus ut per missos nostros constringantur ut secundùm capitularem, priorem solvant unius anni nonam et decimam cum sua lege, et insuper bannum nostrum; et hoc eis denuncietur quod quicumque hanc negligentiam iteraverit, beneficium undè hæc nona, hæc decima persolvi debuit, amissurum se sciat. Ità enim continetur in capitulare bonæ memoriæ genitoris nostri in (libro 1, C. 158,) *item in capitulare nostro in* (libro 2, C. 21,) *de eadem re.* (C. an. 829, art. 5. capitis 1.)

Ces différentes autorités que je viens de rapporter au sujet de la dîme, ne peuvent certainement regarder que les seigneurs qui possédoient des précaires. Il est bien singulier que plusieurs écrivains en aient inféré que sous le règne de Charlemagne on établit une dîme générale en faveur des ecclésiastiques. Si cette charge avoit été imposée sur tous les biens, seroit-il possible qu'il n'en fût point parlé, à l'occasion de la dîme que devoient les précaires? Celle-ci donna vraisemblablement naissance à l'autre.

Ut presbyteri parrochiani suis senioribus debitam reverentiam et competentem honorem atque obsequium suum ministerium impendant, sicut in legibus sacris et in præsentis capitulis continetur, et sicut temporibus avi et patris nostri justa et rationabilis consuetudo fuit. (C. an. 869, art. 8.)

Statutum est unicuique ecclesiæ unus mansus integer absque ullo servitio attribuatur, et presbyteri in eis constituti non de decimis neque de oblationibus fidelium, non de domibus, neque de atriis, vel hortis juxtà ecclesiam positis, neque de præscripto manso aliquod servitium præter ecclesiasticum faciant, et si aliquid ampliùs habuerint, indè senioribus servitium impendant. (Capit. an. 816, art. 10.)

Ut de rebus undè census ad partem regis exire solebat, si ad aliquam ecclesiam traditæ sunt, aut tradentur propriis hæredibus, aut qui eas retinuerit, vel censum illum persolvat. (C. 3, an. 812.) *Quicumque terram tributariam undè tributum ad partem nostram exire solebat, vel ad ecclesiam vel cuilibet alteri tradiderit, is qui eam susceperit, tributum quod indè solvebatur, omninò ad partem nostram persolvat, nisi forté talem firmitatem de parte dominica habeat per quam ipsum tributum sibi perdonatum possit ostendere.* (Capit. 4, an. 819, art. 1.)

[58] *Census regalis undecumque legitimè exiebat, volumus ut indè solvatur sive de propria persona sive de rebus.* (Capit. 2, an. 805, art. 20.) *Ut missi nostri census nostros diligenter perquirant, undecumque antiquitùs venire ad partem regis solebant, similiter et freda.* (Capit. 3, an. 812, art. 10.) Voyez le livre 5 des capitulaires, (*Capit. 303*), au sujet des corvées et des autres droits que les seigneurs levoient sur les gens de leurs terres.

Placuit inserere ut ubi lex erit, præcellat consuetudini, et ut nulla consuetudo superponatur legi. (Cap. an. 793, art. 10.) *De teloneis placet nobis ut antiqua et justa telonea à negociatoribus exigantur, tam de pontibus quàmque de navigiis et mercatis; nova verò sive injusta, ubi vel funes tenduntur, vel cum navibus sub pontibus transitur; seu his similia, in quibus nullum adjutorium iterantibus præstatur, ut non exigantur; similiter etiam nec de his qui sine negotiandi causâ substantiam suam de unâ domo suâ ad aliam aut ad palatium seu in exercitum ducunt.* (Capit. 2, an. 805, art. 13) *Ut nullus cogatur ad pontem ire ad flumen transeundum propter telonei causam; quandò ille in alio loco compendiosiùs illud flumen transire potest, similiter et in plano campo, ubi nec pons nec trajectus est, ubi omnimodis præcipimus ut non teloneum exigatur.* (Capit. 1, an. 809, art. 19.)

[59] *Cum calcearetur et amiciretur, non tantùm amicos admittebat, verùm etiam si comes palatii litem aliquam esse diceret, quæ sine ejus jussu definiri non poterat, statim litigantes introducere jubebat, et velut pro tribunali sederet, lite cognitâ sententiam dicebat.* (Eginh. in vit. Car. Mag. C. 24.) *Neque ullus comes palatii nostri potentiorum causas sine nostrâ*

jussione finire præsumat, sed tantùm ad pauperum et minùs potentium justitias faciendas sibi sciat esse vacandum. (Capit. L. 3, C. 77.)

[60] *Quicumque liber homo in hostem bannitus fuerit, et venire contempserit, plenum heribannum, id est, solidos sexaginta persolvat.* (Cap. L. 3, C. 57.) *Ita verò præparatus cum hominibus tuis ad prædictum locum venies, ut indè in quacumque partem nostra fuerit jussio, exercitabiliter ire possis, id est, cum armis atque utensilibus necnon et cætero instrumento bellico, in victualibus et vestimentis, ita ut unusquisque caballarius habeat scutum, et lanceam, et spatham, et semispatham, arcum et pharetras cum sagittis, et in carris vestris utensilia diversi generis, id est, cuniadas et dulaturias, taratros, ascias, fossorios, palas fereas, et cætera utensilia quæ in hostem sunt necessaria; utensilia verò ciborum in carris de illo placito in futurum ad tres menses, arma et vestimenta ad dimidium annum.* (Epist. Car. Mag. *ad Fulradum Abbatem* Dom. Fouquet, T. 5, p. 633.) Cette lettre est sans date, et fut sans doute écrite avant qu'on eût porté la loi qui défendoit aux ecclésiastiques de faire la guerre.

[61] Le Manoir, *Mansus*, selon M. Ducange, contient douze de nos arpens. *Quicumque liber homo mansos quinque de proprietate habere videtur, in hostem veniat: et qui quatuor mansos, similiter faciat, qui tres habere videtur, similiter agat. Ubicumque autem inventi fuerint duo quorum unusquisque duos mansos habere videtur, unum alium præparare faciat: et qui meliùs ex ipsis potuerit, in hostem veniat. Et ubi inventi fuerint duo, quorum unus habeat duos mansos, et alter habeat unum mansum, similiter, se sociare faciant, et unus alterum præparet, et qui meliùs potuerit, in hostem veniat. Ubicumque autem tres fuerint inventi, quorum unusquisque mansum unum habeat, duo tertium preparare faciant, ex quibus qui meliùs potest in hostem veniat. Illi verò qui dimidios mansos habent, quinque sextum præparare faciant, &c.* (Capit. an. 807, art. 2.)

[62] *Quicumque liber homo inventus fuerit anno præsente cum Seniore suo in hoste non fuisse plenum Heribannum persolvere cogatur. Et si Senior vel comes eum domi dimiserit, ipse pro eo eumdem Heribannum persolvat; et tot Heribanni ab eo exigantur quot homines domi dimiserit. Et quia nos anno præsente unicuique seniori duos homines, quos domi dimitteret, concessimus, illos volumus ut missis nostris ostendat, quia his tantummodò Heribannum concessimus.* (Cap. 2, an. 812, art. 9.) On vient de voir dans la note 60 que cette amende, appelée *Heriban*, étoit de 60 sols.

Ut vassi nostri, et vassi episcoporum, abbatum, abbatissarum et comitum qui anno presente in hoste non fuerunt, Herribannum rewadient, exceptis his qui propter necessarias causas et à domno ac genitore nostro Karolo constitutas, domi dimissi fuerunt, id est, qui à comite propter pacem conservandam, et propter conjugem, (les nouveaux mariés n'alloient point à la guerre la première année de leur mariage) *ac domum ejus custodiendam, et ab episcopo, vel abbate, vel abbattissâ similiter propter pacem conservandam, et propter fruges colligendas, et familiam constringendam et missos recipiendos dimissi fuerunt.* (Cap. L. 4, art. 70.)

CHAPITRE III.

[63] JE ne voulois mettre ici que des remarques critiques, pareilles à celles qu'on a lues jusqu'à présent; mais ayant eu la témérité de dire que les grands ne sont grands que pour être les artisans du bonheur du peuple, il est juste de justifier une pensée qui doit paroître un paradoxe à quelques lecteurs qui me feront peut-être l'honneur de jeter les yeux sur cet ouvrage.

Parmi des citoyens qui furent nécessairement égaux en formant leur société, les distinctions n'ont pu être que la récompense du mérite, ou du moins des services rendus à tous, et reconnus par une reconnoissance générale. Si les sociétés avoient bien compris leurs intérêts, toute distinction n'auroit été que personnelle; et par-là l'amour de la gloire et l'émulation auroient sans cesse produit d'excellens citoyens. Mais il arriva que, par une espèce de reconnoissance enthousiaste, on fit ou laissa passer jusques sur les fils de l'homme qui avoit bien mérité de la patrie, les distinctions qui n'appartenoient qu'à lui seul, et qu'on permit à l'orgueil de ses héritiers d'affecter de certaines prérogatives. Dès-lors il se fit un bouleversement entier dans l'ordre naturel des choses. Au lieu que la société ne devoit accorder des distinctions que pour être mieux servie, ceux qui obtinrent ou usurpèrent ces distinctions, se regardèrent comme la société même, et se firent servir par ceux dont ils sont naturellement les serviteurs. L'orgueil des grands en imposa à l'imbécillité du peuple, qui se laissa persuader qu'il ne devoit être compté pour rien.

L'abus que les grands font de leur grandeur est ancien, mais leur devoir n'est pas moins réel. L'état est prodigue à l'égard des grands; que lui rend leur reconnoissance? J'ajouterai qu'une société n'est sage et heureuse qu'autant que sa constitution la rapproche de ces idées primitives. Charlemagne avoit compris cette grande vérité, et c'est en empêchant qu'aucun ordre ne dominât impérieusement dans l'état, qu'il vouloit y établir l'autorité des lois et les rendre impartiales. Je dirai encore un mot, les grands ne peuvent trouver un bonheur véritable ou durable que dans le bonheur du peuple.

[64] *Auditum habemus qualiter et comites et alii homines qui nostra beneficia habere videntur, comparant sibi proprietates de ipso nostro beneficio, et faciant servire ad ipsas proprietates servientes nostros de eorum beneficio, et curtes nostræ remanent desertæ.* (Cap. 5, an. 806, art. 7.) *Audivimus quod alibi reddant beneficium nostrum ad alios homines in proprietatem, et in ipso Placito dato pretio comparant ipsas res iterum sibi in Alodum.* (Ibid. art. 8.) Cette adresse des bénéficiers pour dénaturer leurs bénéfices et en faire des propres ou des alleux, démontre que les bénéfices de Charlemagne n'étoient pas héréditaires.

Les autorités que je vais rapporter, désignent les cas pour lesquels on perdoit les bénéfices dont on étoit investi; et de là il est aisé de conclure que le prince n'ayant pas la faculté de les reprendre arbitrairement, les conféroit à vie. *Quicumque ex eis qui beneficium principis habent, parem suum contra hostes communes in exercitum pergentem dimiserit, et cum eo ire aut stare noluerit, honorem suum et beneficium perdat.* (Cap. 2, an. 812, art. 5.) *Quicumque suum beneficium occasione proprii desertum habuerit, et intrà annum postquàm ei à comite vel à misso nostro notum factum fuerit, illud emendatum non habuerit, ipsum beneficium amittat.* (Cap. 4 an. 819, art. 3.) On voit par ce dernier passage, qu'il y avoit même des formalités et des délais de justice à observer, pour dépouiller un vassal de son bénéfice. Après le traité d'Andely, et l'ordonnance de 615, qui avoient établi l'hérédité des bénéfices Mérovingiens, il étoit tout simple que Charles-Martel et les princes de sa maison, qui donnèrent des bénéfices, ne se réservassent pas le droit odieux de les reprendre arbitrairement.

[65] Les rois Mérovingiens accordèrent des lettres de protection ou de sauve garde; Marculfe nous en a conservé le modèle dans quelques-unes de ses formules. Je ne sais si ces princes apportèrent de Germanie cette pernicieuse coutume, ou si elle n'est qu'une suite de l'abus qu'ils firent de leur autorité après la conquête. Quoi qu'il en soit, les rois de la seconde race conservèrent cette prérogative, qui n'étoit propre qu'à ruiner les principes du gouvernement. *Ut hi qui in mundeburde domini imperatoris sunt, pacem et deffensionem ab ommibus habeant.* (Capit. an. Incerti, art 54. Baluz. Tit. 1, p. 515.) *Notum fieri volumus omnibus fidelibus nostris... quod quidam homines, quorum nomina sunt illa et illa, ad nostram venientes præsentiam, petierunt et deprecati sunt nos ut eos propter malignorum hominum infestationes, sub securitate tuitionis nostræ susciperemus, quod libenter fecimus... Et si aliquæ causæ adversùs illos surrexerint, quæ intrà patriam sine gravi et iniquo dispendio definiri non possunt, volumus ut usque ad præsentiam nostram sint suspensæ et reservatæ, quatenùs ibi justam et legalem finitivam accipiant sententiam, et nemo eis ad nos veniendi facultatem contradicere presumat.* (Charta 36, Lud. Pii. D. Bouquet, T. 6, p. 652.) *Constituimus ut omnes qui sub speciali defensione domini apostolici seu nostrâ fuerint suscepti; impetratâ inviolabiliter utantur defensione. Quod si quis in quocumque violare præsumpserit, sciat se periculum vitæ incursurum.* (Const. Lotharii Im. an. 824. Dom Bouquet, T. 6, p. 410.)

CHAPITRE IV.

[66] PLUSIEURS historiens ont dit que Bernard prit les armes, parce qu'il prétendoit, en qualité de fils de Pepin, frère aîné de Louis-le-Débonnaire, que l'empire lui appartenoit. La conjecture n'est pas heureuse. Ces historiens, sans connoissance de notre gouvernement sous la seconde race, n'ont pas fait attention que la couronne étoit alors élective, et que la dignité impériale n'étoit encore attachée à la possession d'aucun royaume particulier. Il n'est pas vraisemblable que Bernard ait formé une prétention contraire à toutes les lois, et qui n'auroit été propre qu'à soulever les Français contre lui.

[67] *Volumus etiam ut capitula quæ nunc et alio tempore consultu nostrorum fidelium à nobis constituta sunt, à cancellario nostro archiepiscopi et comites de propriis civitatibus*

modo, aut per se, aut per suos missos accipiant, et unusquisque per suam diœcessim cæteris episcopis, abbatibus, comitibus, et aliis fidelibus nostris ea transcribi faciant, et in suis comitatibus coràm omnibus relegant, ut cunctis nostra ordinatio et voluntas nota fieri possit. Cancellarius tamen noster nomina episcoporum et comitum qui ea accipere curaverint, notet, et ea ad nostram notitiam preferat, ut nullus hoc prætermittere præsumat. (Cap. an. 823, art. 24.) *Quicumque illud (beneficium) scienter per malum ingenium adquirere tentaverit, pro infideli teneantur, quia sacramentum fidelitatis quod nobis promisit irritum fecit; et ideò secundum nostram voluntatem et potestatem dijudicandus est.* (Capit. L. C. 34.)

[68] *Hæc autem omnia ità disposuimus atque ex ordine firmare decrevimus, ut quamdiù divinæ majestati placuerit nos hanc corporalem agere vitam, potestas nostra sit super à Deo conservatum regnum atque imperium istud, sicut hactenùs fuit in regimine atque ordinatione et omni dominatu regali atque imperiali, et ut obedientes habeamus prædictos dilectos filios nostros atque Deo amabilem populum nostrum cum omne subjectione quæ patri à filiis, et imperatori ac regi à suis populis exhibetur.* (Chart. divis. Imp. Car. Mag. art. 20.) Veut-on avoir une idée juste de l'autorité que Charlemagne exerçoit dans les royaumes qu'il avoit donnés à ses fils? qu'on lise la lettre qu'il écrivit en 807 à Pepin son fils, roi d'Italie. (*Dom Bouquet, T. 5, p. 629.*)

[69] *Neque aliquis illorum hominem fratris sui pro quibuslibet causis sive culpis ad se confugientem suscipiat, nec intercessionem quidem pro eo faciat; quia volumus ut quilibet homo peccans vel intercessione indigens, intrà regnum domini sui vel ad loca sancta vel ad honoratos homines confugiat, et indé justam intercessionem mereatur.* (Char. divis. Imper. Car. Magni, artic. 7.) *Quapropter præcipiendum nobis videtur ut post nostrum ab hac mortalitate discessum, homines uniuscujusque eorum accipiant beneficia unusquisque in regno domini sui, et non in alterius, ne fortè per hoc, si aliter fuerit, scandalum aliquod accidere posset.* (Ibid. art. 9.) *Præcipimus ut nullus ex his tribus fratribus suscipiat de regno alterius à quolibet homine traditionem seu venditionem rerum immobilium, hoc est, terrarum, vinearum atque silvarum, servorumque qui jam casati sunt, sive cæterarum rerum quæ hæreditatis nomine censentur.* (Ibid. art. 11.) *Si quæ autem fœminæ, sicut fieri solet, inter partes et regna fuerint ad conjugium postulatæ, non denegentur justè poscentibus, sed liceat eas vicissim dare et accipere, et adfinitatibus populos inter se sociari.* (Ibid. art. 12.)

[70] *Volumus ut semel in anno, tempore opportune, vel simul vel sigillatim, juxtà quod rerum conditio permiserit, visitandi et videndi, et de his quæ necessaria sunt, et quæ ad communem utilitatem vel ad perpetuam pacem pertinent, mutuo fraterno amore tractandi gratiâ ad seniorem fratrem cum donis suis veniant. Et si fortè aliquis illorum quâlibet inevitabili necessitate impeditus venire tempore solito et opportuno nequiverit, hoc seniori fratri legatos et dona mittendo significet; ità dùntaxat ut cum primùm possibilitas congruo tempore adfuerit, venire quâlibet cavillatione non dissimulet.* (Chart. divis. Imp. Lud. Pii, art. 4.) Ces présens dont il est parlé dans ce passage, étoient une espèce d'hommage ou de tribut par lesquels on reconnoissoit la supériorité ou la juridiction de celui de qui on approchoit. Tels étoient les dons que les seigneurs faisoient tous les ans au roi, en se rendant à sa cour ou au champ

de Mai. C'est en se conformant à l'esprit de cette disposition établie par Louis-le-Débonnaire, que Lothaire, Louis-le-Germanique et Charles-le-Chauve, insérèrent la convention suivante dans leur premier traité de paix. *Ut regum filii legitimam hæreditatem regni, secundùm definitas præsenti tempore portiones, post eos retineant, et hoc quicumque ex his fratribus superstes fratribus fuerit, consentiant; si tamen ipsi nepotes patruis obedientes esse consenserint.* (Art. 9.)

Volumus atque monemus ut senior frater, quandò ad eum aut unus aut ambo fratres suis cum donis, sicut prædictum est, venerint, sicut cum major potestas, Deo annuente, fuerit attributa, ità et ipse, pro fraterno amore, largiori dono remuneret. (Chart. Divis. Imp. Lud. Pii, art. 5.) *Item volumus ut nec pacem nec bellum contrà exteras et inimicas nationes absque consilio et consensu senioris fratris nullatenùs suscipere præsumat.* (Ibid. art. 7.) *Volumus etiam ut si alicui illorum post decessum nostrum tempus nubendi venerit, ut cum consilio et consensu senioris fratris uxorem ducat.* (Ibid. art. 13.)

Si autem, et quod Deus avertat, et quod nos minimè optamus, venerit ut aliquis illorum propter cupiditatem rerum terrenarum, quæ est radix omnium malorum, divisor aut oppressor ecclesiarum vel pauperum extiterit, aut tyrannidem, in quâ omnis crudelitas consistit, exercuerit, primò secretò, secundùm Domini præceptum, per fideles legatos semel, bis et ter de suâ emendatione commoneatur; et si renisus fuerit, accersitus à fratre coràm altero fratre, paterno ac fraterno amore moneatur et castigetur. Et si hanc salubrem admonitionem penitùs spreverit, communi omnium sententiâ quid de illo agendum sit decernatur; ut quem salubris ammonitio à nefandis actibus revocare non potuit, imperialis potentia communisque omnium sententia coerceat. (Ibid. art. 10.)

Je n'ai point parlé ici de Pepin, roi d'Aquitaine. Il mourut avant son père, et à sa mort, Louis-le-Débonnaire déshérita ses enfans. Ce Pepin eut un fils nommé Pepin comme lui, qui causa beaucoup de troubles dans le royaume. Il obtint un établissement considérable en Aquitaine, et son ambition n'en fut point satisfaite. Il fit la guerre, fut battu et fait prisonnier par son oncle Charles-le-Chauve, qui le força à prendre l'habit de religieux. Il finit par apostasier, et se mit à la tête d'une bande de Normands qui ravageoient le royaume.

[71] Je ne parlerai ici que d'une dévotion commode pour les pécheurs, et qui contribua beaucoup à enrichir l'église. Au lieu de se dépouiller pendant leur vie de leurs biens, pour se racheter des peines de l'enfer, ce qui auroit exigé une conversion sincère et véritable, on leur persuada qu'il suffisoit qu'ils changeassent leurs terres en précaires: c'est-à-dire, qu'ils les donnoient à quelque église ou à quelque monastère qui leur en laissoit la jouissance pendant toute leur vie et s'en emparoit à leur mort. *Ideò unà cum consensu fratrum nostrorum hanc epistolam tibi emittendam decrevimus, ut ipsum locum cum omni integritate, unà cum Dei gratiâ, et nostrâ voluntate, absque præjudicio sancti illius diebus vitæ tuæ usualiter tibi liceat tenere, et post tuum quoque discessum ipse locus cum omni*

integritate vel re ameliorata vel supraposito partibus nostris vel ipsius Basilicæ revertatur. (Form. Sirm. 34, Baluz. T. 2, p. 488.)

[72] *Mandat enim* (Carolus calvus) *ut recordemini Dei et vestræ christianitatis, et condoleatis atque compatiamini huc sanctæ ecclesiæ quæ à vobis et ab illis miserabiliter est oppressa et deprædata, et quæ crudeliter ex alterâ parte persequitur à paganis.* (Cop. Baluz. T. 2, p. 85.) Lupus, abbé de Ferrières, écrivoit en 844, que Charles-le-Chauve vouloit le chasser de son abbaye pour la donner à Egilbert. Dans d'autres lettres le même abbé se plaint amèrement de ce qu'on enlevoit des terres à son monastère. (*Dom Bouquet, T. 7, p. 488.*)

Je n'ajouterai qu'une charte de Charles-le-Chauve, citée par Ducange, dans son glossaire au mot *vassus*, article *vassallus indominicatus*. *Concedimus ibidem auctoritate regiâ omnes res ejusdem ecclesiæ, quæ quondam fuerunt ab eâ abstractæ, et quas modo nostri indominicati vassalli tenent, ut quia ipsi nobis secum dimicaverunt fideliter, in vita sua tantùm, consensu ejusdem supradicti episcopi eos teneant.*

CHAPITRE V.

[73] *SI vos adhuc talem causam postulare volueritis quæ ad suum honorem et ad vestrum profectum pertineat, paratus est etiam in hoc secundùm vestram petitionem facere juxtà consilium fidelium suorum.... Quoniam si omnes converti ad alium volueritis, paratus est vos omnes secundùm sanctæ ecclesiæ utilitatem et suum honorem et vestrum communem profectum recipere et salvare et honorabiles semper habere, et nulli unquam imputare, in quantùm ad se pertinet, quidquid negligenter factum habetis de ejus servitio, aut in istâ causâ contrà illum egistis... Et si aliqua pars ex vobis ad ejus senioratum et ad ejus fidelitatem reverti voluerit, similiter est paratus eos benignè recipere, et ergà illos omnimodò adimplere quæ superiùs scripta sunt.* (Cap. au. 856. Baluz. T. 2, p. 85 et 86.)

Rogavit fideles suos ut sine ullâ malâ suspicione de illius iracundiâ aut animi commotione communiter quærant et inveniant; atque describant hoc quod ille secundùm suum ministerium facere debet, et quæ facere illum non condeceant. Et ubicumque inventum fuerit quod fecit, quod facere non debuit, paratus est ut cum Dei adjutorio et fidelium suorum consilio hoc, quàm citiùs cum ratione et possibilitate emendare potuerit, emendet, et in ante corrigat et correcta custodiat. Et quod facere debuit quod ad salutem et honestatem illius pertinuit, et aliquid minùs fecit, hoc cum Dei adjutorio et fidelium suorum consilio et auxilio facere, quàm citiùs cum ratione et possibilitate potuerit, faciat. (Ibid. art. 8.)

Quantùm sciero et potuero, Domino adjuvante; absque ullâ dolositate, et consilio et auxilio secundùm meum ministerium et secundùm meam personam fidelis vobis adjutor ero, ut illam potestatem quam in regio nomine et regno vobis Deus concessit, ad ipsius voluntatem et ad vestram ac fidelium vestrorum salvationem cum debito et honore et vigore tenere et gubernare possitis, et pro ullo *homine non me indè retraham, quantùm Deus mihi intellectum et possibilitatem donaverit. Et ego* (Carolus) *quantùm sciero et rationabiliter potuero, domino adjuvante, unumquemque vestrùm secundùm suum ordinem et personam honorabo, et honoratum ac salvatum absque ullo dolo ac damnatione, vel deceptione conservabo, et unicuique competentem legem et justitiam conservabo, sicut fidelis rex suos fideles per rectum honorare et salvare et unicuique competentem legem et justitiam in unoquoque ordine conservare et indigentibus et rationabiliter petentibus rationabilem misericordiam debet impendere. Et pro nullo homine ab hoc, quantùm dimittit humana fragilitas, per studium aut malevolentiam, vel alicujus indebitum hortamentum deviabo, quantùm mihi Deus intellectum et possibilitatem donaverit. Et si per fragilitatem contrà hoc mihi subreptum fuerit, cum hoc recognovero, voluntariè illud emendare curabo.* (Capit. an. 858, Baluz. T. 2, p. 99.)

Cette pièce est une des plus importantes du règne de Charles-le-Chauve, qui soient parvenues jusqu'à nous. Ce serment réciproque devint le seul lien politique entre les Français, et servit d'unique base au droit public que nos pères connurent tant que dura le gouvernement féodal. Je prie le lecteur de faire une attention particulière à ce capitulaire.

[74] *Volumus ut cujuscumque nostrûm homo, in cujuscumque regno sit, cum seniore suo in hostem* (les guerres privées que se faisoient les seigneurs) *vel aliis suis utilitatibus pergat, nisi talis regni invasio quam Lanteveri dicunt, quod absit, acciderit, ut omnis populus illius regni ad eam repellendam communiter pergat.* (Capit. an. 847, ad Marsnam, art. 1, Baluz. T. 2, p. 44.)

[75] En 815 Louis-le-Débonnaire accorda à un seigneur nommé Jean et à ses descendans, un bénéfice considérable dans la comté de Narbonne; *omnia per nostrum donitum habeant ille et filii sui et posteritas illorum.* (Dom Bouquet, T. 6. p. 472.) Dans le même volume, p. 574, pareille donation faite en 832 à Aginulfus p. 581; à Adalbertus en 832, p. 611; à Sulbertus en 836, p. 628; à Eccarius en 839. Voyez encore les pages 646, 647, 648, etc. Un si grand nombre de chartes de cette nature conservées jusqu'à nos jours, prouve que Louis-le-Débonnaire consentoit aisément à rendre ses bénéfices héréditaires.

Si aliquis ex fidelibus nostris post obitum nostrum, Dei et nostro amore cumpunctus, sæculo renuntiare voluerit et filium vel talem propinquum habuerit qui reipublicæ prodesse valeat, suos honores, prout meliùs voluerit, ei valeat placitare. (Cap. an. 877, art, 10, Baluz. T. 2, p. 259.) Dom Bouquet, dans sa collection des historiens de France, T. 8. a publié un très-grand nombre de chartes de Charles-le-Chauve, par lesquelles ce prince confère des bénéfices avec droit d'hérédité. Quand il publia ce capitulaire, il y a grande apparence qu'il ne lui restoit que fort peu de bénéfices dont il fût le maître de disposer. On pourroit même penser que par le mot *honores* de l'article qu'on vient de lire, il ne faut pas moins entendre les comtés que les simples bénéfices.

[76] *Si comes de isto regno obierit, cujus filius nobiscum sit, filius noster cum cæteris fidelibus nostris ordinet de his qui eidem comiti plùs familiares propinquiores fuerunt, qui cum ministerialibus, ipsius comitatûs, et cum episcopo in cujus parochiâ fuerit ipse comitatus, ipsum comitatum prævideant usquedùm nobis renuncietur, ut filium illius qui*

nobiscum erit de honoribus illius honoremus. Si autem filium parvulum habuerit, iisdem filius ejus cum ministerialibus ipsius comitatus, et cum episcopo in cujus parochiâ consistit, eumdem comitatum prævideant donec obitus præfati comitis ad notitiam perveniat, et ipse filius ejus per nostram concessionem de illius honoribus honoretur. (Capit. an. 877, art. 3, Baluz. T. 2, p. 269.) Il paroît par cet article que Charles-le-Chauve s'étoit seulement réservé le droit de donner l'investiture des comtés à l'héritier. Les rois ses successeurs ne jouirent pas long-temps de cet avantage; du moins il n'en étoit plus question, quand Hugues-Capet parvint à la couronne.

Parmi les chartes de Louis-le-Débonnaire, que Dom Bouquet a fait imprimer, la 21me. intitulée: *Securitas*, et qui se trouve, T. 6, p. 643, prouve que les comtes commençoient à s'arroger le droit de conférer les bénéfices du roi, situés dans l'étendue de leur province ou comté, et que les pourvus demandoient seulement la confirmation du prince.

Dans le diplome que Louis-le-Débonnaire donna en 815 aux Espagnols qui s'étoient retirés sur les terres de sa domination, pour éviter les mauvais traitemens des Sarrasins, on lit: *Noverint tamen iidem Hispani sibi licentiam à nobis esse concessam, ut se in vassalicum comitibus nostris more solito commendent. Et si beneficium aliquod quisquam eorum ab eo, cui se commendavit, fuerit consecutus, sciat se de illo tale obsequium seniori suo exhibere debere, quale nostrales homines de simili beneficio senioribus suis exhibere solent.* (Art. 6, Baluz. T. 1, p. 549.) L'expression *more solito*, fait conjecturer que Charlemagne avoit déjà permis aux comtes, pour leur donner plus d'autorité et de considération, de conférer des bénéfices royaux. Sans doute que cette permission ne fut accordée qu'aux comtes des provinces les plus éloignées, et qu'ils ne disposoient que des bénéfices les moins importans. C'est de-là que naquit l'abus dont les progrès durent être très-rapides pendant le cours des désordres qui agitèrent les règnes de Louis-le-Débonnaire et de ses fils.

[77] *Episcopi, singuli in suo episcopio, missatici nostri potestate et auctoritate fungantur.* (Cap. an. 846, art. 12.)

[78] Si on a lu mes remarques avec quelque attention, on y aura trouvé mille passages qui prouvent que la jurisprudence des appels fut pratiquée par les Français sous les Mérovingiens et les premiers Carlovingiens. Voyez Hincmar de Ord. Pal. Il est certain, d'un autre côté, que toutes les justices dans le royaume étoient souveraines, quand Hugues Capet monta sur le trône; j'en donnerai des preuves dans le livre suivant: il faut donc que cette révolution soit arrivée sous les derniers princes de la seconde race.

[79] Sous la première race on ne connoissoit que deux sortes de biens, les bénéfices dont j'ai assez parlé dans le cours de mon ouvrage, et les alleux qu'on distinguoit en propres et en acquêts. On me permettra de m'étendre sur cette matière. Par acquêts on entendoit ce que nous entendons encore aujourd'hui, c'est-à-dire, des biens que le propriétaire avoit acquis; et par

propres, les biens qu'on tenoit de ses pères; on les appeloit aussi *terres saliques*. *De terrâ verò salicâ, nulla portio hæreditatis mulieri veniat, sed ad virilem sexum tota terræ hæreditas perveniat.* (Leg. Sal. Tit. 6.) Pour connoître ce que la loi des Français saliens appelle terre salique, il suffit d'ouvrir la loi ripuaire; on y lit, Tit. 56: *dum virilis sexus extiterit, fœmina in hæreditatem aviaticam non succedat.* Cette loi contient visiblement la même disposition que la loi salique; et j'en conclus que ce que l'une appelle *hæreditatem aviaticam*, des biens dont on a hérité de ses pères, l'autre le nomme terre salique.

J'appuie mon observation par une des formules anciennes que le célèbre J. Bignon a recueillies et mises à la suite de celle de Marculfe: *Dulcissimæ atque in omnibus amantissimæ filiæ meæ illi, ego vir magnificus ille, omnibus non habetur incognitum quod sicut lex Salica continet de rebus meis, de eo quod mihi ex Allode parentum meorum obvenit, apud germanos tuos, filios meos, minimè in hæreditate succedere poteras. Proptereà mihi præpatuit plenissima et integra voluntas, ut hanc epistolam hæreditariam in te fieri, et adfirmare rogarem, ut si mihi in hoc sæculo superstes apparueris, in omnes res meas, tam ex Alode parentum meorum, quàm ex meo contractu mihi obvenit, &c.* (Form. 49.)

Ce n'est pas tout, je placerai encore ici une formule de Marculfe même. *Diuturna sed impia inter nos consuetudo tenetur, ut de terrâ paternâ sorores cum fratribus portionem non habeant sed ego perpendens hanc impietatem, sicut mihi à Domino æqualiter donati estis, ità et à me sitis æqualiter diligendi, et de rebus meis post meum discessum æqualiter gratulamini, ideò que per hanc epistolam, te, dulcissima filia mea, contrà germanos tuos, filios meos illos in omni hæreditate meâ, æqualem et legitimam esse constituo hæredem, ut tam de Alode paternâ, quàm de comparato, vel mancipiis, aut præsidio nostro, vel quodcumque morientes reliquerimus æquâ lance cum filiis meis, germanis tuis, dividere vel exequare debeas, &c.* (F. 12. L. 1.)

Ce seroit trop me défier des lumières de mes lecteurs, que de m'étendre en raisonnemens, pour faire voir que ces deux formules nous apprennent que les terres saliques n'étoient que des propres, et que les pères pouvoient par un acte particulier, déroger à la coutume ou à la loi qui rendoient les femmes inhabiles à cette succession. Que deviennent donc tous les systèmes de plusieurs de nos historiens et de nos jurisconsultes sur la nature des terres saliques? Tout le monde se fait un système de l'histoire de France, pour s'épargner la peine de l'étudier. Mais je rentre dans mon sujet.

Sous les successeurs de Charles-le-Chauve, toutes les possessions furent distinguées en biens roturiers et en terres seigneuriales. Les terres roturières furent celles sur lesquelles les seigneurs établirent des redevances, des contributions, des corvées. Les terres seigneuriales furent appelées fiefs, quand le propriétaire, en vertu de sa possession, étoit obligé de prêter hommage à un autre seigneur; ainsi la Normandie, par exemple, étoit un fief, parce que son duc prêtoit hommage au roi de France. Les terres seigneuriales étoient appelées alleux, quand le propriétaire, ne prêtant hommage à aucun seigneur, ne relevoit que de Dieu et de son épée; c'est-à-dire, ne reconnoissoit sur terre aucun suzerain ou supérieur par rapport à sa possession: ainsi la seigneurie de Hugues-Capet, comme roi de France, étoit un alleu.

Il y eut dans l'étendue du royaume de France, plusieurs seigneuries qui furent des alleux. *Dictus enim episcopus et successores sui vivarienses episcopi qui pro tempore fuerint, jurare debebunt se esse fideles de personis et terris suis nobis et successoribus nostris regibus Franciæ; licet terram suam à nemine tenere, sed eam habere Allodialem noscantur.* (Tract. Inter Phib. Pulc. et Episc. Vivar. art. 2.) Ce traité, qui est du 2 janv. 1307, se trouve dans le recueil des ordonnances des rois de France, commencé par de Laurière, et continué par Secousse, (*T. 7, p. 7.*) Je désignerai désormais ce recueil par ordonnances du Louvre.

[80] Cette juridiction étoit ancienne, j'en tire la preuve d'un capitulaire de 779. *Si vassus noster justitias non fecerit,* déni de justice, *tunc et comes et missus ad ipsius casam sedeant et de suo vivant quòusque justitiam faciat.* (Art. 11.) Cette juridiction subsistoit encore du temps de Charles-le-Chauve et de son petit-fils Carloman; on verra par les passages suivans en quoi elle consistoit.

Mandet comes vel publicæ rei minister episcopo, vel abbati, vel illi quicumque locum episcopi, vel abbatis, vel abbatissæ tenuerit, vel potentis hominis in cujus potestatem vel proprietatem confugerit (reus) *ut reddat ei reum. Si ille contradixerit et eum reddere noluerit, in primâ contradictione, solidis 15 culpabilis judicetur; si ad secundàm inquisitionem eum reddere noluerit, 30 solidis culpabilis judicetur.... Ipse comes veniens licentiam habeat ipsum hominem intrà immunitatem quærendi, ubicumque eum invenire potuerit... Si verò intranti in ipsam immunitatem vel in cujuslibet hominis potestatem vel proprietatem comiti collectâ manu quislibet resistere tentaverit, comes hoc ad regem vel principem deferat... Ità qui comiti collectâ manu resistere præsumpserit, sexcentis solidis culpabilis judicetur.* (Cap. Pist. an. 864. art. 18.) *De nostris quoque dominicis vassallis jubemus, ut si aliquis prædas egerit, comes in cujus potestate fuerit, ad emendationem eum vocet. Qui si comitem aut missum illius audire noluerit, per forciam illud emendare cogatur.* (Cap. an. 882.)

CHAPITRE VI.

[81] BOSON, beau-frère de Charles-le-Chauve et gendre de l'empereur Louis II, fut plus ambitieux que les autres seigneurs. Ne se contentant pas d'usurper tous les droits de la souveraineté dans son gouvernement ou comté d'Arles, il voulut porter le titre de roi de Provence. Cette première usurpation devint un exemple contagieux. Rodolphe s'établit dans la Bourgogne Transjurane, c'est-à-dire, au-delà du Mont-Jura, et donna naissance à un second royaume de Bourgogne, qui fut bientôt considérable par l'union du royaume d'Arles ou de Provence. Ce sont les provinces que ces princes ont occupées, qu'on

a appelées le pays de l'Empire dans les Gaules, et qui relevèrent des successeurs de Louis-le-Germanique, et non de ceux de Charles-le-Chauve.

Arnould, fils naturel de l'empereur Carloman, et que la tache de sa naissance excluoit du trône; *Si verò absque legitimis liberis, aliquis eorum* (les fils de Louis-le-Débonnaire) *decesserit, potestas illius ad seniorem fratrem revertatur, et si contigerit illum habere liberos ex concubinis, monemus ut ergà illos misericorditer agat.* (Chart. divis. Imp. Lud. Pii, art. 5.) Arnould, dis-je, usurpa le royaume de Germanie, qu'il laissa à son fils Louis IV; et ce prince eut pour successeur Conrad I, duc de Franconie, que les Allemands élurent pour roi. En Italie, plusieurs seigneurs se disputèrent le titre d'empereur et de roi, jusqu'à ce que les rois de Germanie y firent reconnoître leur autorité, et furent couronnés empereurs.

[82] Personne n'ignore à quel prix Charles-le-Chauve acheta l'empire, après la mort de Louis II, son neveu. Voyez l'acte de son couronnement à Pavie. La donation de Constantin passoit alors pour une pièce authentique; on croyoit de bonne foi que Rome appartenoit aux apôtres S. Pierre et S. Paul, et que le pape, revêtu de leurs pleins pouvoirs, étoit l'organe de leur volonté. Le pape qui avoit été si petit avant le règne de Pepin, et qui, après avoir couronné Charlemagne, le salua comme son maître, croyoit actuellement, en nommant un empereur, ne donner qu'une espèce de vidame ou d'avoué à son église.

Pontifici consultissimum visum Ottonem sibi defensorem adsciscere eodem ferè, quo anteà Carolum jure; et quidem ut deinceps protectio illa sedis romanæ regno Germaniæ ità conjuncta foret ut qui eo regno potiretur, ad hanc quoque statim jus nancisceretur. (Sev. de Monsanbano, de Stat. Imp. Germ. L. 1, § 13.) Tout le monde sait que cet ouvrage publié sous le nom de Severin de Monsanbano, est du célèbre Puffendorf.

[83] *Ut nemo suo pari suum regnum aut suos fideles, vel quod ad salutem sive prosperitatem ac honorem regium pertinet, discupiat.* (Pact. inter Car. Cal. et ejus fratres, art. 2.) *Ut unusquisque fideliter suum parem, ubicumque necessitas illi fuerit, aut ipse potuerit, aut per se, aut per filium, aut per fideles suos, et consilio et auxilio adjuvet.* (Ibid. art. 3.)

[84] Philippe-Auguste possédant un fief qui relevoit de l'évêque d'Amiens, passa un acte avec ce prélat, dans lequel il est dit: *Voluit hæc ecclesia et benignè concessit ut fœodum suum absque faciendo hominio teneremus, cum utique nemini facere debeamus vel possimus.* De ces dernières paroles, Brussel conclut, dans son traité, de l'usage des fiefs, p. 152, que le roi ne prêtoit jamais hommage à aucun seigneur. Mais si ces paroles, *cum utique nemini facere debeamus vel possimus*, sont une preuve de la proposition de Brussel, pourquoi Philippe-Auguste, si jaloux de ses droits, et si habile à les étendre, regarde-t-il l'exemption de faire hommage à l'évêque d'Amiens, comme une grâce? C'est ce que signifie *benigne concessit*. Pourquoi traite-t-il avec ce prélat? Pourquoi se rachete-t-il d'un

hommage qu'il ne doit pas, en consentant de ne plus jouir chez cet évêque du droit de gîte?

Brussel, fort savant dans nos antiquités, et dont l'ouvrage est plein de recherches très-curieuses et très-instructives, savoit mieux que moi, qu'il ne faut lire nos anciennes chartes qu'avec une extrême précaution. On doit souvent s'arrêter plutôt à l'esprit général d'une pièce, qu'à quelques expressions particulières qu'on y a glissées avec art. L'évêque d'Amiens aura regardé comme une petite vanité dans Philippe-Auguste, de dire qu'il ne devoit ni ne pouvoit faire hommage à personne; il lui aura permis d'insérer cette prétention dans son acte, parce qu'elle ne portoit aucun préjudice aux droits de l'église d'Amiens, et que le prince n'en avoit pas moins été obligé de se racheter de la prestation de l'hommage, en renonçant à son droit de gîte.

Brussel rapporte dans son ouvrage un autre acte du même prince, avec l'évêque de Térouenne. *Noverint universi quod Lambertus, Morinensis episcopus, nos et successores nostros absolvit et in perpetuùm quitos dimisit ab hommagio quod <u>sibi</u> facere debeamus de Feodo Hesdin.* Pourquoi Philippe-Auguste apprendroit-il à tout le monde, *noverint universi*, que l'évêque de Térouenne l'a exempté de l'hommage, si c'eût été un droit du roi de n'en point prêter? Il reconnoît dans cette charte, qu'il devoit l'hommage pour le fief d'Hesdin: il avoit donc tort, en traitant avec l'évêque d'Amiens, de dire qu'il ne devoit ni ne pouvoit faire hommage à personne. Il y a apparence que l'évêque de Térouenne étoit plus exact et moins complaisant que l'évêque d'Amiens.

Je suis d'autant plus surpris de cette méprise de Brussel, qu'il remarque avec raison, p. 154, que quand le roi possédoit quelque terre relevante d'un seigneur, il étoit obligé d'en faire acquitter les services et les charges par un gentilhomme, sous peine de confiscation. Dans un temps postérieur à Philippe-Auguste, et où le gouvernement féodal touchoit à sa ruine, Louis Hutin lui-même convenoit avec les gentilshommes de Champagne, qu'il n'acquerroit aucune possession dans les terres de ses barons sans leur consentement; et que, quant aux fiefs qui lui écherront, ou par confiscation, ou par succession, dans les hautes-justices des seigneurs, il les fera desservir, ou en payera l'indemnité. (*Ordon. du Louvre, ordon. de Mai 1315, rendues à la requête des nobles du comté de Champagne, t. 1, p. 573.*) Brussel rapporte, p. 156, que le roi Charles VII, en 1439 et 1442, prêta hommage, par procureur, à l'évêque de Beauvais et à l'abbé de S. Denis.

[85] Hugues-Capet étoit duc de France, c'est-à-dire, de la province appelée aujourd'hui l'isle de France, comte de Paris et d'Orléans. Son frère étoit duc de Bourgogne. Il avoit une sœur mariée à Richard, duc de Normandie.

[86] Les raisons que je rapporte dans le corps de mon ouvrage, pour prouver qu'il ne put point y avoir d'assemblée de la nation qui déférât la couronne à

Hugues-Capet, me paroissent former, dans le genre historique, une démonstration à laquelle on ne peut rien répondre. Cependant, je rapporterai dans cette remarque, tout ce qu'on trouve dans nos anciennes chroniques, au sujet de l'avénement de Hugues-Capet au trône.

Ludovicus, Francorum rex, obiit eodem anno (987); Hugo Dux, rex Francorum est elevatus Noviomi. (Ex chron. Floriacensi.) *In primario flore juventutis obiit (Ludovicus) in quo deficit generatio regum ex familia Caroli Magni, et succedit ex aliâ familiâ Hugo rex.* (Ex chron. Virdunensi.)

Ludovico, Francorum rege, mortuo, Francis regnum transferre volentibus ad Karolum ducem fratrem Lotharii regis, dum ille rem ad consilium defert, regnum Francorum usurpat Hugo, filius Hugonis. (Ex chron. Sigiberti.) *Eodem anno rebellavit contra Karolum, dux Francorum Hugo, eo quòd accepisset Karolus filiam (Agnetem) Herberti comitis Trecarum. Collecto igitur Hugo exercitu copioso valdè, obsedit Laudunum ubi commanebat Karolus cum conjuge suâ.* (Ex Chron. Hug. Floriacensis Mon.) *Regnum pro eo accipere voluit patruus ejus Karolus, sed nequivit; quia Deus judicio suo meliorem eligit. Nam episcopus Ascelinus montis Laudunensis urbis hebdomadâ ante Pascha post convivium in lecto quiescentem cum dolo cepit, et consensu plurimorum Hugo dux in regem elevatus est.* (Ex chron. Odoranni.) Après avoir lu ces trois autorités, que doit-on conclure d'un fragment imprimé par Dom Bouquet, T. 8, p. 307; il y est dit: *eodem anno, id est, 987. Franci assumentes Hugonem memoratum ducem, Noviomo illum sublimant in regni Solio.* Traduire *Franci* par assemblée de la nation, ne seroit-ce pas vouloir se tromper?

Je conviens que Hugues-Capet assembla à Noyon, ses amis et ses parens, dont il forma une assemblée; mais le duc Charles avoit aussi rassemblé ses partisans d'un autre côté. Ces assemblées n'étoient point légales, c'étoient des conventicules qui ne représentoient en aucune manière la nation. *Immatura adolescens (Ludovicus) præventus morte, destitutum proprio hærede, Francorum dereliquit regnum. Sanè patruus ejus Carolus conabatur, si posset, à sui generis authoribus diù possessum sibi vendicare regnum sed ejus voluntas nullum sortitur effectum. Nam Franci primates, eo relicto, ad Hugonem qui ducatum Franciæ strenuè tunc gubernabat, magni illius Hugonis filium, se convertentes, Noviomo civitate Solio sublimant regio.* (Ex chron. S. Benigni Divion.)

Par *Franci primates*, il ne faut entendre que les partisans de Hugues-Capet, les principaux seigneurs du duché de France, et non pas de la nation française. En effet, il est impossible de citer quelque passage de nos anciens monumens, d'où l'on puisse inférer que les vassaux immédiats de la couronne, les seuls qui eussent alors quelque droit d'en disposer, se soient trouvés à Noyon, pour élever Hugues-Capet sur le trône. La chose est même démontrée impossible par le peu de temps qui s'écoula entre la mort de Louis V et le couronnement de Hugues-Capet. L'un mourut le 21 Mai de l'an 987; et l'autre, d'abord reconnu pour roi à Noyon, fut sacré à Rheims, le 3 Juillet de la même année.

Remarquez encore que depuis que les peuples de chaque province avoient leurs souverains particuliers, on commençoit à ne les plus appeler que du nom particulier et distinctif de leurs pays. *Burgundiones, Aquitani, Britanni, Normanni, &c.* On ne donnoit le nom de *Franci* qu'aux habitans du duché de France.

Je ne citerai plus qu'un fragment imprimé par Dom Bouquet, t. 8, p. 299, car, je ne veux pas abuser de la patience de mes lecteurs. *Patruus autem ipsius Carolus quem privatum senuisse suprà prælibavimus, paternum volens obtinere regnum, incassùm laborabat. Nam ejus voluntas nullum habuit effectum. Eo enim spreto, Francorum primates communi consensu Hugonem qui tunc ducatum Franciæ strenuè gubernabat, Magni Hugonis filium, cujus jam mentio facta est, Noviomo sublimant regio solio, eodem anno quo Ludovicus adolescens obiit.* Les mots *communi consensu* de ce passage, prouvent bien qu'il ne faut entendre par *Francorum primates*, que les seigneurs les plus considérables du duché de France; car, il est certain que le duc Charles avoit dans le royaume plusieurs amis puissans, qui, bien loin de reconnoître la nouvelle dignité de Hugues-Capet, lui firent la guerre avec chaleur. Les chroniques de S. Denis parlent de cette révolution, comme d'un événement, dont la violence et la force décidèrent.

Fin des remarques du livre second.

REMARQUES ET PREUVES
DES
Observations sur l'histoire de France.

LIVRE TROISIÈME.

CHAPITRE PREMIER.

[87] SACHE bien ke selon Diex ke tu n'as mie plenière poote seur ton vilain. Donc se tu prens du sien fors les droites redevances ki te doit, tu le prens contre Diex et seur le péril de t'ame et come Robierres, et ce kon dit, toutes les coses que vilain a sont son seigneur, c'est voirs à garder. Car, s'ils étoient son seigneur propre, il n'avoit nule différence entre serf et vilain. Mais par nostre usage n'a entre toi et ton vilain juge fors Diex tant com il est tes coukans et tes levans s'il n'a autre loi vers toi fors la coutume. Pierre-de-Fontaine, (*C. 21, §. 8.*)

[88] *Placuit mihi ut statum ingenuitatis meæ in vestrum deberem obnoxiare servitium, quod ità feci, undè accepi à te prætium in quod mihi benè complacuit, solidos tantos, ità ut ab hodiernâ die quidquid de me servo tuo, sicut et de reliquâ mancipiâ tuâ, facere volueris, à die præsente liberam et firmissimam in omnibus habeas potestatem.* (Cap. Baluz. T. 2, p. 474.)

Beaumanoir, (*Coutumes de Beauvoisis, chap. 45*), en rapportant les causes qui avoient si fort multiplié les serfs dans le royaume, dit que plusieurs hommes libres s'étoient vendus eux et leurs hoirs, soit par misère, soit pour avoir la protection d'un maître contre leurs ennemis: il ajoute que quand les seigneurs convoquoient autrefois leurs sujets pour la guerre, ils leur ordonnoient de se rendre au Ban, sous peine de servitude pour eux et leurs descendans. Il dit encore que des hommes libres s'étant engagés par dévotion, pour eux et pour leur postérité, à rendre de certains services ou à payer de certaines redevances à une église ou à un monastère, on oublia l'origine de cette sujétion, et qu'enfin, on la regarda comme la preuve d'une véritable servitude.

[89] *Burgensis*, *Burgi incola*, bourgeois. C'est le nom qu'on donnoit aux hommes libres qui habitoient les villes. Je me sers ici de cette expression, quoique les bourgeoisies ne fussent pas encore établies du temps de Hugues-Capet; je parlerai dans le dernier chapitre de ce livre, de l'établissement des bourgeoisies, ou des communes, qui ne remonte pas plus haut que le règne de Louis-le-Gros. De villa, on appeloit *villanus* en latin, et vilain en français, un homme libre domicilié à la campagne.

[90] Cela est démontré par l'accord dont les évêques et les seigneurs convinrent sous le règne de Philippe-Auguste, pour arrêter les fraudes des hommes libres, qui, par des donations ou des ventes simulées, s'affranchissoient de toute charge, en mettant tout leur bien sur la tête de quelque clerc qui n'étoit qu'un prête-nom. *Quod nullus burgensis vel villanus potest filio suo clerico medietatem terræ suæ, vel plus quàm medietatem donare si habuerit filium*

vel filios. Et si dederit ei partem terræ citrà mediam, clericus debet reddere tale servitium et auxilium quale terra debebat dominis quibus debebatur; sed non poterit talliari nisi fuerit usurarius vel mercator; et post decessum suum terra redibit ad proximos parentes, et nullus clericus potest emere terram quin reddat domino tale servitium quale terra debet. (Capit. Philip. Aug. art. 4.)

[91] «Quand li seigneur voit que ses homs, de cors devient clercs, qu'il traie à l'évesque, et que il le requerre que il ne li fache pas couronne; et se il l'a fete que il l'oste, et li évesque i est tenus, mes que il en soit requis, avant que il ait greigneur ordre que de clerc et se il atant tant que il ait greigneur ordre, li clerc demeure en estat de franchise.» (*Beaum. C. 45.*) Cet usage étoit connu sous la seconde race. *Ut nullus episcopus ad clericatus officium servum alterius sine domini sui voluntate promovere præsumat.* (Capit. an. incerti, art. 24. Baluz. T. 1, p. 155.)

[92] «Servitude vient de par les meres, car tuit li enfant que chele porte qui est serve sont serf. Tout soit il ainssint que li peres soit frans homs; neis se li peres estoit chevaliers, et il épousoit une serve si seroient tuit li enfant serf que il avoit de li. (*Beaum. C. 45.*)

Se uns hom de grand lignaige prenoit la fille à un vilain à fame, ses enfans porroient bien estre chevaliers par droit. Se aucuns homs estoit chevalier, et ne fust pas gentishome de parage, tant le fust-il de par sa mere, se ne le pourroit-il estre par droit.» (*Estab. de S. Louis, L. 1, chap. 128.*) On voit par ce passage que les mésalliances ne sont pas une chose nouvelle parmi nous, et qu'elles ne portoient aucun préjudice à la famille d'un gentilhomme.

«Quant la mere est gentil femme, et pere ne l'est pas, li enfant si ne pueent estre chevaliers, et ne pourquant li enfant ne perdent pas l'estat de gentillesce dou tout, ainchois sont de mené comme gentilhomme dou fet de leur cors.» (*Beaum. C. 45.*) Si ce gentilhomme par mère, avoit des enfans, il n'y a aucune difficulté qu'ils ne pussent être armés chevaliers par droit, puisqu'ils étoient gentilshommes de parage. On appeloit gentilhomme de parage, celui dont le père étoit noble. Je prie de remarquer ces anoblissemens connus sous les premiers Capétiens, et qui n'étoient qu'une suite des coutumes de la première et de la seconde race. Après de pareilles autorités, comment le comte de Boulainvilliers et quelques autres écrivains ont-ils pu avancer que les roturiers ne commencèrent à être anoblis que sous le règne de Philippe-le-Bel? Il est vrai que ce prince fut le premier qui donna des lettres de noblesse, telles qu'on les donne aujourd'hui; mais il ne faut pas en conclure que les anoblissemens fussent inconnus avant lui. Je vais ajouter ici les autorités qui prouvent que la possession d'un fief ou d'une terre noble donnoit la noblesse.

«Se aucuns home coustumier conquéroit, ou achetoit chose qui fust à mettre homage, ou il porchasse envers son seigneur comment il le mette en foy ou en homage en tous ses héritages, ou en partie, en tele foy, comme est la chose qui seroit pourchaciée, si auroit autant li uns comme li autres, fors li aisné qui seroit la, li auroit la moitié selon la grandeur de la chose, et pour faire la foy, et pour gerir les autres en parage, et tout ainsi départira toujours mes jusques en la tierce foy, et d'ileques en avant si aura l'aisné les deux parties, et se départira toujours mes gentiment.» (*Estab. de S. Louis, l. 1, chap. 141.*) Les fils d'un roturier partageoient également entre eux la succession de leur père. On voit par ce passage, que le fils aîné d'un roturier anobli par la possession d'un fief, commençoit par avoir la moitié de la succession de son père, et que ses frères partageoient entre eux l'autre moitié. Les enfans de ce fils aîné suivoient encore la même règle dans le partage du bien de leur père; mais ces enfans se trouvant à la tierce foi, c'est-à-dire, étant les troisièmes de leur famille, qui rendoient successivement la foi et hommage pour le fief que leur grand-père avoit acquis, leur succession se partageoit gentiment, et le fils aîné, au lieu de la moitié, avoit les deux tiers de la succession.

«Se li homs de poote maint en franc-fief, il est demenés comme gentishoms, comme de ajournemens et de commandemens, et peut user des franchises dou fief. (*Beaum. C. 30.*) La franchise des personnes ne afranchit pas les hiretages vilains, mais li franc-fief franchissent le personne qui est de poote, en tant comme il i est couchans et levans, il use de la franchise du fief.» (*Ibid. C. 48.*) On ne doit pas être surpris du privilége que les fiefs avoient d'anoblir, après ce que j'ai dit des seigneurs dans le premier livre de cet ouvrage; elles devinrent le seul titre de distinction entre les familles; et cet usage s'accrédita tellement chez les Français, que malgré les efforts qu'ont faits les rois pour s'attribuer à eux seuls le privilége d'anoblir, ce n'est qu'en 1579 que la possession d'un fief n'a plus été un titre de noblesse. (*Voyez l'ordonnance de Blois de 1579.*)

Ce que dit Beaumanoir, «que la franchise des personnes ne afranchit pas les hiretages vilains,» ne détruit pas ma conjecture, que sous le règne de Hugues-Capet, la noblesse des personnes passoit aux possessions, c'est-à-dire, que les possessions roturières d'un gentilhomme n'étoient sujettes à aucune redevance, ni à aucune corvée. Beaumanoir parle de ce qui se pratiquoit sous S. Louis et Philippe-le-Hardi, et moi, de ce qui se passoit sous Hugues-Capet. Quand Beaumanoir écrivoit, il est certain que les seigneurs avoient déjà beaucoup restreint les priviléges des gentilshommes et des clercs. L'accord fait entre les évêques et les seigneurs, sous le règne de Philippe-Auguste, et que j'ai rapporté dans la remarque 90 de ce chapitre, en est une preuve certaine. Il est dit dans cet acte qu'un bourgeois et un vilain ne pourront point faire passer leur bien sur la tête d'un clerc, pour s'exempter des redevances dues au seigneur. Si les gentilshommes n'avoient pas alors possédé leurs biens roturiers en toute franchise, ils n'auroient pas, sans doute, manqué de faire la même fraude que les roturiers, et on n'auroit certainement pas négligé d'y remédier.

[93] «Nus gentishom ne rend coustumes ni peages de riens qu'il achate ne qu'il vende, se il n'achate pour revendre et pour guaigner. (*Estab. de S. Louis, L. 1, C. 58.*) Se gentilhomme avoit meson qui lui fust encheoite en sa terre le roy ou en chastel à baron, qui soit taillable, en quelque manière que li gentil l'ait, soit d'eritaige ou d'écheoite, ou d'autre chose elle est taillable, se il i fet estage pour lui, pourcoi il la tiegne en sa main, elle ne sera pas taillable: me se il l'avoit louée ou affermée à home coustumier, il ne le porroit pas garantir de taille. (*Ibid. L. 1, C. 93.*)

«Voirs est que clers ne gentiex homs, ne doivent point de travers des choses que il achatent pour leur user, ne de choses que il vendent qui soit creué en leur hiretage, me se ils achatent pour revendre si comme autres marcheans, il convenroit que les denrées s'aquitassent dou travers et des chaussiés et des tonlieus en la maniere que les denrées as marchans s'aquitent, et che que je ai dit des travers je entends de toutes manieres des peages et de tonlieus. (*Beauma. C. 30.*) Se gentilshoms tient vilenage, et il meffet de ce qui appartient à vilenage, les amendes sont dau tele condition comme se il estoit hons de poote. De tous autres cas il est demenés ainsint comme hons de poote seroit, excepté le fet de son cors, car se il fesoit aucun meffet de son cors, il seroit selon la loi des gentilshommes.» (*Ibid.*)

CHAPITRE II.

[94] COMMENÇANT à parler des droits et des devoirs respectifs des seigneurs, je ferai ici une observation préliminaire, et bien importante. La plupart des écrivains qui ont traité du gouvernement féodal, ont rassemblé pêle-mêle tout ce qu'ils ont trouvé dans nos anciens monumens qui pouvoit y être relatif, sans chercher à distinguer les différentes époques de la naissance de chaque coutume. Il n'étoit pas difficile cependant de se douter que plusieurs de nos coutumes n'ont pu subsister ensemble. Ce soupçon, si on l'avoit eu, auroit servi de fil dans le labyrinthe obscur de nos antiquités. Les établissemens de S. Louis nous parlent de plusieurs coutumes dont l'origine remonte visiblement jusqu'au temps où Charles Martel établit ses bénéfices, et qui, quoique affoiblies et altérées, subsistoient encore dans le troisième siècle. Mais ils contiennent aussi plusieurs usages nouveaux qui commençoient à avoir force de loi, et d'autres encore qui se formulent, et que S. Louis vouloit accréditer. Il faut dire la même chose des ouvrages précieux de Pierre de Fontaine et de Beaumanoir, les deux hommes les plus éclairés de leur temps sur la jurisprudence féodale.

Avec le secours de cette remarque, dont on sentira, je crois, la vérité, en étudiant les ouvrages dont je viens de parler, et en les conférant entre eux ou avec les autres monumens plus anciens ou contemporains, tout devient assez clair dans notre histoire de la troisième race. La plupart des difficultés s'aplanissent; et on démêle, avec assez de certitude, les différentes époques où les droits et les devoirs différens des suzerains et des vassaux, ont pris naissance; j'aurai soin dans les remarques suivantes d'indiquer les raisons sur lesquelles je me fonde pour fixer l'origine de chaque coutume.

[95] Je ne conçois point comment on a pu croire que les appels pratiqués pendant la première et la seconde race, et dont on a trouvé les preuves dans les remarques des deux livres précédens, fussent encore en usage sous les premiers Capétiens, où tous les procès se décidoient par le duel judiciaire. Le combat auquel les parties, les juges et les témoins étoient soumis, rendoit par sa nature les appels impraticables. Ne pas s'en tenir alors à cette preuve de l'équité d'un jugement, c'eût été douter de la justice ou de la puissance de Dieu; puisque c'étoit une foi vive en ces deux attributs de la divinité, qui avoit fait adopter aux Français la procédure meurtrière des Bourguignons.

Pour que l'appel d'un tribunal subalterne à un tribunal supérieur puisse avoir lieu, il faut que le plaideur ne puisse pas empêcher les juges de prononcer la sentence qui le condamne, ou qu'il puisse les soupçonner d'avoir jugé injustement, par ignorance ou par corruption. Or, c'étoient deux choses impossibles dans la jurisprudence du duel judiciaire; car, le plaideur étoit en droit de défier et d'appeler au combat le premier des juges qui ouvroit l'avis de le condamner; il pouvoit aussi défier le témoin qui déposoit contre lui. On ordonnoit enfin le combat, et le tribunal ne faisoit que prononcer qu'un tel étoit vainqueur ou vaincu; fait qui, se passant en public et sous les yeux de mille témoins, ne pouvoit jamais être douteux ni équivoque.

Fausser une cour de justice, ou l'accuser d'avoir porté un jugement faux, c'étoit lui faire l'injure la plus grave, l'interdire de toutes ses fonctions, et rendre tous ses membres incapables de faire aucun acte judiciaire. Un plaideur qui avoit eu cette témérité, étoit obligé, sous peine d'avoir la tête coupée, de se battre dans le même jour, non-seulement contre tous les juges qui avoient assisté au jugement dont il appeloit, mais encore contre tous ceux qui avoient droit de prendre séance dans ce tribunal. S'il sortoit vainqueur de tous ces combats, la sentence qu'il avoit faussée, étoit réputée fausse et mal rendue, et son procès étoit gagné. Si, au contraire, il étoit vaincu dans un de ces combats, il étoit pendu. Cette jurisprudence, dont nous sommes instruits par les Assises de Jérusalem, c'étoit la jurisprudence même des Français dans le onzième siècle, puisque Godefroi de Bouillon, élevé en 1099 sur le trône de Jérusalem, fit rédiger les lois de son royaume, ainsi qu'il nous en avertit lui-même dans son code, sur les coutumes qui étoient pratiquées en France, quand il partit pour la Terre-Sainte.

Quand il arrivoit qu'un plaideur, après avoir vaincu deux ou trois de ses juges, étoit lui-même vaincu par un quatrième, je voudrois bien savoir par quels bizarres raisonnemens, on justifioit alors la Providence divine, qui avoit permis que l'injustice et le mensonge triomphassent deux ou trois fois de la justice et de la vérité? La foi absurde de nos pères devoit être certainement très-embarrassée.

Beaumanoir, qui écrivoit la coutume de Beauvoisis, en 1283, sous le règne de Philippe-le-Hardi, nous apprend, (*C. 61 et 62,*) que dans les terres où l'ancien usage du duel judiciaire subsistoit encore, un plaideur étoit forcé de se battre contre tous les juges du tribunal, si, au lieu d'appeler ou de défier le premier ou le second d'entre eux qui disoit son avis, il attendoit, pour fausser le jugement, que la sentence fût prononcée. Je demande si une pareille forme de procédure ne rendoit pas impraticables les appels tels que nous les connoissons aujourd'hui, et qu'ils étoient pratiqués sous les deux premières races?

«Tous cas de crieme quelque il soient, dont l'en puet perdre la vie, appartiennent à haute-justiche, excepté le larron; car tant soit il ainssint que lierres pour son larrecin perde la vie, et ne pour quant larrecins n'est pas de la haute-justice.» (*Beaum. C. 58.*) Voici, selon cet auteur, le cas de haute-justice; meurtre, trahison ou assassinat, homicide, viol, incendie, fausse monnoie, trèves et assuremens brisés ou violés. Les établissemens de S. Louis, (*L. 1, C. 40,*) ajoutent le cas de chemins brisiés, et de meffet de marchié.

Quoique aucun monument de la troisième race, antérieur au règne de S. Louis, ne parle de cette différente attribution ou compétence des justices, on ne sauroit, je crois, douter avec quelque fondement qu'elle ne fût déjà connue du temps de Hugues-Capet, et pratiquée comme une coutume féodale. Cette différente compétence des justices avoit été établie par Charlemagne. *Ut nullus homo in placito centenarii neque ad mortem neque ad libertatem suam amittendam aut ad res reddendas vel mancipia judicetur; sed ista aut in presentiâ comitis vel missorum nostrorum judicentur.* (Capit. 3, an. 812, art. 4.)

La distinction de la haute et de la basse-justice se trouve encore expressément énoncée dans la charte ou diplome que Louis-le-Débonnaire donna en 815 aux Espagnols qui s'étoient réfugiés sur les terres de la domination française, pour se soustraire à la tyrannie des Sarrasins. *Ipsi verò pro majoribus causis, sicut sunt homicidia, raptus, incendia, deprædationes, membrorum amputationes, furta, latrocinia, aliarum rerum invasiones, et undecùmque à vicino suo aut criminaliter aut civiliter fuerit accusatus, et ad placitum venire jussus, ad comitis sui mallum omnimodis venire non recusent. Cæteras verò minores causas more suo, sicut hactenùs fecisse noscuntur inter se mutuo definire non prohibeantur.* (art. 2.) *Et si quisquam eorum in partem, quam ille ad habitandum sibi occupaverat, alios homines undecùmque venientes adtraxerit, et secum in portione suâ, quam adprisionem vocant, habitare fecerit utatur illorum servitio absque alicujus contradictione vel impedimento; et liceat illi eos distinguere ad justitias faciendas, quales ipsi inter se definire possunt. Cætera verò judicia, id est, criminales actiones, ad examen comitis reserventur.* (Art. 3.)

N'est-il pas naturel de penser que pendant les désordres auxquels le gouvernement féodal dut son origine, les seigneurs les plus puissans furent les plus grands usurpateurs? Ils ne laissèrent à leurs vassaux que la basse-justice appelée Voirie, quand ils purent les dépouiller de la haute. Ils gênèrent, et restreignirent la compétence des tribunaux dans les fiefs qui relevoient d'eux, et y exercèrent même la justice, lorsqu'il s'agissoit d'y juger des affaires graves et majeures. Règle générale et sûre de critique; il faut reconnoître pour des coutumes subsistantes sous le règne de Hugues-Capet, celles dont il est fait mention dans les établissemens de S. Louis, et les écrits de Beaumanoir, et dont on trouve l'origine dans les lois de la seconde race; à moins qu'on ne soit averti par quelque monument postérieur, qu'elles ont été oubliées et détruites par la révolution qui ruina la maison de Charlemagne.

La haute-justice et la basse n'eurent pas vraisemblablement la même compétence, ou ne connurent pas des mêmes délits dans toutes les provinces du royaume; car, rien n'étoit, et ne pouvoit être général et uniforme en France. Chaque tribunal étendit sa juridiction autant que les circonstances le permirent. Il ne nous reste point assez de monumens pour connoître ces différentes révolutions. Nous ignorons, par exemple, pourquoi le vol, puni de mort, et dont la haute-justice connoissoit seule sous les premiers Carlovingiens, appartenoit à la basse-justice, sous le règne de S. Louis.

Il est encore évident que chaque seigneur gêna et limita, autant qu'il put, la souveraineté que ses vassaux exerçoient dans leurs terres. Un très-grand nombre de ces vassaux furent forcés de se servir de la monnoie que leur suzerain fabriquoit, puisqu'il est certain qu'on ne comptoit guères plus de 80 seigneurs en France, qui eussent droit de battre monnoie.

[96] *Volumus atque jubemus ut vassalli episcoporum, abbatum et abbatissarum, atque comitum et vassorum nostrorum, talem legem et justitiam apud seniores suos habeant, sicut eorum antecessores apud illorum seniores tempore antecessorum habuerunt.* (Capit. Car. Cal. Baluz. T. 2, p. 215.)

[97] *Si rex Philippus Regnum Angliæ invadere voluerit, comes Robertus, si poterit, regem Philippum remanere faciet.... et si Rex Philippus in Angliam venerit et Robertum comitem secum adduxerit, comes Robertus tam parvam fortitudinem hominum secum adducet, quàm minorem poterit; ità tamen ne indè feodum suum ergà regem Franciæ foris faciat.* (Tract. Fœd. inter Henr. Reg. Ang. et Rob. Com. Fland. art. 2.) *Et si rex Henricus comitem Robertum in Normanniam vel Maniam, in auxilio secum habere voluerit, et eum indè summonuerit, ipse comes illùc ibit.... nec dimittet quin eat, donec rex Francorum judicari faciat comiti Roberto, quod non debeat juvare dominum et amicum suum regem Angliæ cujus feodum tenet, et hoc per pares suos qui eum judicare debent.* (Ibid. art. 16.)

Et si illo tempore rex Philippus super regem Henricum in Normanniâ intraverit, comes Robertus ad Philippum ibit cum decem militibus tantùm. (Ibid. art. 19.)

Ce traité passé entre deux des plus puissans vassaux de la couronne, qui contractoient une alliance étroite en pleine paix, est très-propre à nous faire connoître la nature des devoirs auxquels ils se croyoient assujettis envers le roi de France leur suzerain, et des droits attachés à la suzeraineté. Ces devoirs et ces droits devoient être regardés comme incontestables, puisque Henri, qui donnoit en fief au comte Robert un subside annuel de 400 marcs d'argent, pour se faire aider de ses forces dans les guerres qu'il auroit contre le roi de France, ne les contredit pas. *Propter prædictas conventiones et prædictum auxilium, dabit rex Henricus comiti Roberto, unoquoque anno 400 marcas argenti in feodo.* (Ibid. art. 31.)

FIN DU TOME PREMIER.

Milton Keynes UK
Ingram Content Group UK Ltd.
UKHW010803110624
444053UK00004B/459